中国特色高水平高职学校项目建设成果系列教材

高等职业教育教学改革特色教材 · 电子商务专业

Fundamentals of Mobile Commerce

移动商务基础

黄 芳 姜 宇 主 编

梁丽丽 王雪茹 副主编

东北财经大学出版社 大连

Dongbei University of Finance & Economics Press

图书在版编目（CIP）数据

移动商务基础 / 黄芳，姜宇主编 . —大连 ： 东北财经大学出版社，
2025.7.—（高等职业教育教学改革特色教材·电子商务专业）. —ISBN 978-
7-5654-5628-2

Ⅰ. F713.36

中国国家版本馆CIP数据核字第202533CIH6号

移动商务基础
YIDONG SHANGWU JICHU

东北财经大学出版社出版

（大连市黑石礁尖山街217号　邮政编码　116025）

网　　　址：http://www.dufep.cn

读者信箱：dufep@dufe.edu.cn

大连市东晟印刷有限公司印刷　　东北财经大学出版社发行

幅面尺寸：185mm×260mm　　　字数：362千字　　　印张：15.5

2025年7月第1版　　　　　　　2025年7月第1次印刷

责任编辑：张晓鹏　　　　　　　责任校对：刘贤恩

封面设计：原　皓　　　　　　　版式设计：原　皓

书号：ISBN 978-7-5654-5628-2　　　定价：45.00元

中国特色高水平高职学校项目建设成果系列教材
编审委员会

本书编写说明

中国特色高水平高职学校和专业建设计划（简称"双高计划"）指党中央、国务院为建设一批引领改革、支撑发展、中国特色、世界水平的高等职业学校和骨干专业（群）而实施的重大决策建设工程。哈尔滨职业技术大学（原哈尔滨职业技术学院）入选"双高计划"建设单位，学校对中国特色高水平高职学校建设项目进行顶层设计，编制了定位高端、理念领先的建设方案和任务书，并扎实地推进人才培养高地、特色专业群、高水平师资队伍与校企合作等项目建设，借鉴国际先进的教育教学理念，开发具有中国特色、国际标准的专业标准与规范，深入推动"三教改革"，组建模块化教学创新团队，推进"课程思政"实施，开展"课堂革命"，出版校企双元开发的活页式、工作手册式新形态教材。为适应智能时代先进教学手段的应用，学校加大力度进行优质在线资源的建设，丰富教材的载体，为开发以工作过程为导向的优质特色教材奠定基础。按照教育部发布的《职业院校教材管理办法》的要求，教材编写的总体思路是：依据学校"双高"建设方案中的教材建设规划、国家相关专业教学标准、专业相关职业标准及职业技能等级标准，服务学生成长成才和就业创业，以立德树人为根本任务，融入课程思政，对接相关产业发展需求，将企业应用的新技术、新工艺和新规范融入教材中。教材编写遵循技术技能人才成长规律和学生认知特点，适应相关专业人才培养模式创新和优化课程体系的需要，注重以真实生产项目、典型工作任务、生产流程及典型工作案例等为载体开发教材内容，将理论与实践有机融合，满足"做中学、做中教"的需要。

本系列教材是哈尔滨职业技术大学中国特色高水平高职学校项目建设的重要成果之一，也是哈尔滨职业技术大学教材改革和教法改革成效的集中体现。教材体例新颖，具有以下特色：

第一，教材研发团队组建创新。按照学校教材建设的统一要求，遴选教学经验丰富、课程改革成效突出的专业教师担任主编，邀请相关企业作为联合建设单位，形成了一支由学校、行业、企业和教育领域高水平专业人才组成的开发团队，共同参与教材编写。

第二，教材内容整体构建创新。精准对接国家专业教学标准、职业标准、职业技能等级标准，确定教材内容体系，参照行业企业标准，有机融入新技术、新工艺、新规范，构建基于职业岗位工作需要的、体现真实工作任务与流程的内容体系。

第三，教材编写模式形式创新。与课程改革相配套，按照"工作过程系统化""项目+任务式""任务驱动式""CDIO式"四类课程改革需要设计四种教材编写模式，形成新型活页式或工作手册式教材编写形式。

第四，教材编写实施载体创新。依据专业教学标准和人才培养方案要求，在深入企业调研岗位工作任务和职业能力分析的基础上，按照"做中学、做中教"的编写思路，以企业典型工作任务为载体进行教学内容设计，将企业真实工作任务、真实业务流程、真实生产过程纳入教材之中，并开发与教学内容配套的教学资源，以满足教师线上线下混合式教学的需要。本套教材配套资源同时在相关平台上线，以满足学生在线自主学习的需要。

第五，教材评价体系构建创新。从培养学生良好的职业道德、综合职业能力、创新创业能力等角度出发，设计并构建评价体系，注重过程考核和学生、教师、企业、行业、社会参与的多元评价；在学生技能评价上，借助社会评价组织的"1+X"考核评价标准和成绩认定结果进行学分认定，每部教材根据专业特点设计综合评价标准。为确保教材质量，哈尔滨职业技术大学组建了"中国特色高水平高职学校项目建设成果系列教材编审委员会"。教材编审委员会由职业教育专家组成，同时聘用企业技术专家指导。学校组建了专业与课程专题研究组，对教材编写持续提供培训、指导、回访等服务，同时制定常态化质量监控机制，能够为修订完善教材提供稳定支持，确保教材的质量。

本系列教材是在国家骨干高职院校教材开发的基础上，经过几轮修改，融入课程思政内容和课堂革命理念编写而成的，既具教学积累之深厚，又具教学改革之创新，凝聚了校企合作编写团队的集体智慧。本系列教材充分展示了课程改革成果，力争为更好地推进中国特色高水平高职学校和专业建设及课程改革做出积极贡献！

哈尔滨职业技术大学
中国特色高水平高职学校项目建设成果系列教材编审委员会
2025年

前　言

随着移动互联网的迅猛发展，移动商务给人们的生活带来了巨大的便捷和利益，它的深入开发和成熟应用使得越来越多的企业纷纷加速布局，移动商务应用型技术技能人才需求逐步提升。精准匹配移动商务人才需求、加强移动商务人才培养已迫在眉睫。

根据《国家职业教育改革实施方案》《职业教育提质培优计划（2020—2023年）》等文件精神，深入贯彻党的二十大关于"实施科教兴国战略，强化现代化建设人才支撑"的战略部署，以教育部发布的《职业教育专业目录》为指引，我们重点梳理了移动商务领域的新知识、新技术、新成果，紧扣党的二十大报告提出的"深化产教融合、校企合作"要求，坚持问题导向、应用导向、效果导向，围绕产教融合、校企"双元"育人，编写了本教材，内容涵盖了移动商务认知、移动商务技术、移动商务支付、移动商务运营、移动商务营销、移动商务保障等。

本教材采用章节式编写所例，每章由知识讲解、实训项目等模块组成，穿插设计了"知识拓展""素养课堂"等栏目，突出商务技能、应用技能、综合职业素质方面的培养。融教、学、做为一体的内容设计，能够让学生在真实任务中探索学习、激发兴趣，在学习过程中体现互动、交流、协作的基本特征。

本教材具有以下特色：

1.理论联系实际，注重实践能力的提升。教材编写积极响应党的二十大"加强实践型、应用型人才培养"的号召，采用案例驱动与综合实训相结合的方式，把理论知识的学习贯穿到具体项目的实施和拓展训练的完成过程中，将知识传授、能力培养和价值塑造有机结合，适应专业建设、课程建设、教学模式与方法改革创新等的需要，满足案例学习、模块化学习等不同学习方式的要求，有效激发学生的学习兴趣和创新潜能。

2.融入"岗课赛证"内容。本教材落实"岗课赛证"综合育人机制，践行党的二十大关于"健全终身职业技能培训制度"的改革方向，内容选取充分考虑职业性和应用性，融入移动商务岗位技能要求、职业技能竞赛、职业技能等级证书标准等内容；将与岗、赛、证等内容相关的重要技能点设计成实训项目，通过教师示范、学生演练、学生创新的方式贯穿于教学过程中，突出教学做一体化的特色。

3.提供立体配套的数字资源。为落实党的二十大"推进教育数字化"的战略部署，本教材依托黑龙江省精品在线开放课程"移动商务基础"，构建线上线下混合式教学模式，落实"教师、教材、教法"三教改革，通过课堂讨论、随堂测验、单元作业、考试、答疑等手段，促进师生间的交流互动以及学生间的协作学习，实现以学习者为中心的教学模式。

　　本教材由哈尔滨职业技术大学黄芳、姜宇担任主编，梁丽丽、王雪茹担任副主编。其具体编写分工如下：第一章由王雪茹编写，第二章由梁丽丽编写，第三、四章由姜宇编写，第五、六章由黄芳编写。全书最后由黄芳统稿。

　　由于编者水平有限，教材中难免存在不足之处，敬请同行、专家和广大读者在使用和阅读中给予批评指正。

编　者

2025 年 3 月

目　录

第一章　移动商务认知

【学习目标】

知识目标：

（1）掌握移动商务基本知识，能够阐述移动商务与传统电子商务的区别。

（2）了解移动商务模式，能够阐述O2O移动商务模式的特点。

（3）熟悉移动商务的主要应用领域，能列举各领域的典型应用。

能力目标：

（1）能够从不同角度判断主流移动商务平台的类型。

（2）能够开展移动商务发展情况调研并形成调研报告。

（3）能够完成典型移动商务应用的基本操作流程。

（4）能够制定适合自己的移动商务职业岗位规划。

素养目标：

（1）培养学生的家国情怀、大局意识、爱国精神。

（2）引导学生有效沟通、团队协作，创新性地完成学习任务。

（3）树立利用移动商务服务乡村振兴的意识。

第一节　移动商务概述

一、移动商务的特征

1.移动商务的定义

随着移动互联网技术的不断进步、国家政策的放开、手机等移动终端设备的普及，移动商务的建设与发展已经成为潮流和趋势。

移动商务（M-business或Mobile Business）是指在网络信息技术和移动通信技术的支撑下，在手机等移动终端之间，通过移动商务解决方案，在移动状态下开展的便捷的、大众化的、具有快速管理能力和整合增值能力的商务实现活动。移动商务是在移动终端开展的商务活动，移动是手段，商务是目的，其本质上仍属于电子商务，是新技术条件与新市场环境下的新电子商务形态。

狭义的移动商务指基于移动通信网络，通过手机、平板电脑等移动设备开展的商品或服务交易的商务活动，且只包含涉及货币类交易的商务模式；广义的移动商务则指人们通过随身携带的移动设备随时随地获得的一切服务，服务领域涉及通信、娱乐、旅游、学习、农业、金融等。我们所讲的移动商务通常是指广义的移动商务。

2. 移动商务的具体特点

（1）移动性。移动商务的出现意味着当用户开展某些商务活动（如使用电子银行、网络购物等）或下载音乐、玩游戏时，不需要枯坐在计算机前，仅需要一些移动终端（如PDA、手机等）即可实现。

（2）即时性。移动商务不仅可以满足用户在移动状态下工作、开会、旅行、社交及购物等的需求，还可以满足用户在移动状态下产生的实时需求，如获得视听信息、图文信息、定制信息和相关服务等。

（3）联通性。处于相同位置或具有相同兴趣的用户可以方便地通过文本消息和移动聊天的方式联系；广告商可以通过这种途径促销商品，并做出特别的提议，以期望订阅者能接收和回复它们的信息。

（4）便携性。移动终端大部分可以随身携带，使人们不再受时间和空间的限制，并且可以省去一些生活上的麻烦，如在等电话、堵车时，用户可以通过移动商务应用浏览喜欢的网页、处理一些事务。

（5）位置相关性。采用全球定位系统（GPS）和基于位置服务（LBS）技术，可以帮助服务提供商更准确地识别用户所在位置，从而向用户提供与其位置相关的信息，如紧急医疗事故服务、汽车驾驶导航服务、旅游向导服务等。

（6）可识别性。移动终端一般由单独个体使用，用户的个人信息能被内置在移动终端中，而每个移动终端都有唯一的标识，因此，用户身份不但容易被分辨，而且信息容易被收集和处理，这使得商家基于个体的目标营销更易实现。

（7）个性化。用户可以根据自己的需求和喜好来定制移动商务服务和信息，并根据需要灵活选择访问和支付方法，设置个性化的信息格式。用户还可以让商家根据自己的要求提供一定的隐私保护措施，商家要在实现个性化服务和尊重消费者隐私之间进行权衡。

（8）安全性。每个移动设备都有一个或多个访问控制机制来保护，其中最常见的是使用密码，此外还有触控ID技术、面部ID技术等；同时，手机作为个人通信工具，可以通过短信验证、身份认证等方式避免虚假信息，最大限度地提升交易的安全性。

3. 移动商务与传统电子商务的区别

（1）不受时空限制的移动性。同传统的电子商务相比，移动商务的一个最大优势，就是移动用户可随时随地获取所需的服务、应用、信息和娱乐。移动用户可以在自己方便时，使用移动终端查找、选择及购买商品与服务。

（2）提供更好的私密性。移动终端一般是个人使用的，不是公用的，移动商务使用的安全技术也比传统电子商务使用的安全技术更先进，因此可以更好地保护用户的私人信息。

（3）提供个性化服务。移动商务能更好地提供移动用户所需的个性化服务，移动计算环境能为移动用户提供更多的动态信息（如各类位置信息、手机信息），这为个性化服务的提供创造了更好的条件。移动用户能更加灵活地根据自己的需求和喜好来定制服务与信息。开展与私人身份认证相结合的业务是移动商务一个很有前途的方向。

（4）获取信息的及时性。在移动商务中，移动用户可实现随时随地地访问信息，这本身就意味着信息获取的及时性。但需要强调的是，同传统的电子商务系统相比，移动终端更具有专用性。从运营商的角度来看，移动终端本身就可以作为用户身份的代表。因此，商务信息可以直接发送给移动终端，这进一步增强了移动用户获取信息的及时性。

（5）基于位置的服务。移动通信网能获取和提供移动终端的位置信息，与位置相关的商务应用成为移动商务领域的一个重要组成部分，如GPS全球定位系统。

（6）网上支付更加方便快捷。在移动商务中，用户可以通过移动终端访问网站、开展商务活动，服务付费可通过多种方式进行，以满足用户的不同需求。就移动商务的特点来看，移动商务非常适合大众化应用。移动商务不仅能提供在移动互联网上进行的直接购物服务，还是一种全新的营销渠道。此外，移动商务不同于目前的销售方式，它能完全根据用户的个性化需求和喜好来定制，用户随时随地都可以使用这些服务。

二、移动商务分类

1.按照交易对象分类

按照交易对象不同，移动商务可以分为B2B移动商务、B2C移动商务、C2C移动商务、O2O移动商务、C2B移动商务等类型。

（1）B2B移动商务

B2B移动商务，即企业与企业之间的移动商务，包括非特定企业间的电子商务和特定企业间的移动商务。B2B移动商务包括垂直型B2B移动商务、水平型B2B移动商务和分销式B2B移动商务。

垂直型B2B移动商务主要以产业链为核心。基于移动互联网平台与移动推广手段，实现产业链上、下游企业之间或上游原材料供应商、生产商与下游经销商之间的资讯传递、沟通和交易。

水平型B2B移动商务是将各个行业中相近的交易过程集中在一个移动端平台，为企业的买方和卖方提供交易机会。

分销式B2B移动商务是移动商务模式中较为常见的一种。以北京口袋时尚科技有限公司开发的微店App为例，任何人通过手机都可开通自己的店铺，通过一键分享到SNS平台上来宣传店铺并促成交易。

典型的B2B移动商务平台有阿里巴巴1688、慧聪网等。

（2）B2C移动商务

B2C移动商务，即企业与消费者之间的移动商务，是企业通过移动互联网向个人网络消费者直接销售商品或服务的经营方式，也称网络零售。B2C移动商务包括提供虚拟服务模式和实物商品交易模式两种。

提供虚拟服务模式包括订阅模式（如在线娱乐、在线阅读、在线出版等）、付费浏览模式、广告支持模式等。例如，优酷网等采用会员包月制，使用户能够享受节目更新快、播放流畅、画质清晰等服务。

实物商品交易模式主要是借助移动端和中介平台进行实物商品的销售，减少销售过程的中间环节，扩大销售范围，可以看作传统电子商务平台向移动端的扩展。

典型的B2C移动商务平台有爱奇艺、京东等。

（3）C2C移动商务

C2C移动商务，即消费者与消费者之间的移动商务，是消费者之间通过移动网上商务平台实现交易的一种移动商务模式。传统的商务模式不能提供便利的方式让消费者出售其持有的产品，而利用互联网就可以很好地解决该问题。产品持有者发布其产品信息，产品需求者对其所需要的产品出价。产品持有者最终将产品卖给出价最高的买方。卖方能以较高的价格出售产品，买方也能以自己接受的价格购买产品，这种交易方式类似于拍卖，所以又称为网上拍卖。

典型的C2C移动商务平台有淘宝、瓜子二手车、闲鱼等。

【知识拓展1-1】

C2C移动商务模式近年来已发生一些变化，部分厂商和商家也开始利用这一系统在互联网上销售产品和服务，将B2C和C2C逐步地融合在一起，形成了新的B2C2C或B2B2C移动商务模式。

（4）O2O移动商务

O2O移动商务即线上网店、线下消费，商家通过网店将商家信息、商品信息等展现给消费者，消费者在线上进行服务筛选并付费，线下进行消费验证和消费体验。

O2O作为一种新兴的商业模式，正在改变电子商务的业态和格局。对商家来说，O2O降低了商家的运营成本，扩大了商品销售的客源；对消费者来说，O2O提供更加丰富、全面、及时的商品信息，可以方便快捷地选择和订购产品或服务；对O2O应用平台商来说，该模式可以带来大量高黏度的消费者，提高平台的影响力。随着移动商务和二维码等新技术的普及，O2O移动商务的市场规模将进一步扩大。

典型的O2O移动商务平台有美团、滴滴、携程等。

（5）C2B移动商务

C2B移动商务，即消费者对企业的交易模式，狭义上的理解是有别于B2C的反向电子商务模式，通过将分散但数量庞大的用户聚合起来形成一个强大的采购集团，向商家集中采购，也叫反向定制或聚定制。广义的C2B可以理解为由消费者发起需求，企业进行快速响应的商业模式，即客户需要什么，企业就生产什么。C2B的核心是消费者角色的变化，由传统工业时代的被动响应者变为真正的决策者。B2C模式是典型的Push模式，而C2B模式是Pull模式，按需定制，降低甚至清除了库存和相应的成本。

2.按照服务类型分类

按照服务类型，移动商务一般分为推式服务、拉式服务和交互式服务三种。

（1）推式服务

移动商务的推式（Push）服务是根据特定用户的习惯、兴趣、爱好、风俗、专业背景等信息，向用户推送其需要的个性化服务。

（2）拉式服务

移动商务的拉式（Pull）服务是一种被动服务，用户根据商家在移动App或者移动Web网站上发布的信息，自主选择所需的服务。比如，用户用手机浏览或登录京东手机App，通过比较后购物。

（3）交互式服务

移动商务最常用的服务方式是交互式服务。交互式服务是介于推式服务和拉式服务之间的一种服务，商家可以为用户推送个性化信息，用户也可以在商家的移动站点或 App 应用中自主选择服务。

3.按照商务实现技术分类

按照商务实现技术的不同，移动商务可分为移动通信网络（GSM/CDMA）的移动商务、无线网络（WLAN）的移动商务、其他技术（如超短距通信、卫星通信、集群通信等）的移动商务。

4.按照确认方式分类

按照确认方式的不同，移动商务可分为密码确认型移动商务、短信回复确认型移动商务。

第二节　移动商务应用

一、移动商务应用场景

移动商务的应用形式多样，除了从传统 PC 电子商务中扩展而来的一些应用外，还有许多新的应用正被逐渐开发出来，下面介绍目前较为成熟的移动商务应用形式。

1.移动娱乐

移动娱乐，简而言之就是传统娱乐方式在手机等移动终端上的应用。随着各种新技术的产生和应用，娱乐创新的表现形式越来越丰富，交友、资讯、音像、游戏等娱乐方式已成为移动产业非常重要的组成部分。移动娱乐的业务种类也变得更加丰富，如微信、钉钉、QQ 等以即时通信为主的社交类移动服务，微博、移动广播等以信息服务为主的移动服务，移动音乐、移动游戏和移动视频等以纯娱乐为主的移动服务。这些移动服务可以直接在网站或应用商店中下载或共享，并且能够给移动运营商、内容提供商和服务商带来附加的收入，是影响范围较广的移动商务应用场景。

（1）移动社交

社交类移动服务基于自身在时间和空间上的相对无限性，能够充分满足个体的临时性、随机性和即时性的社交需求；与此同时，社交类移动服务线上非面对面的特征，也使得移动社交具有更低成本、更安全、更好的私密性等新属性优势。更为重要的是，线上的社交活动在有效扩展社交活动的时空范围、降低社交成本的同时，也为存在特定社交障碍的个体提供了替代方案，且对社交活动向线下迁移并不形成障碍。

（2）移动游戏

移动游戏是移动终端上的电子游戏应用程序，属于在移动设备上运行的视频游戏。它能迅速给用户带来娱乐体验。当前的智能手机技术支持游戏采用炫目的图像和动画。此类游戏利用设备的传感器，如加速传感器、陀螺仪、摄像头 API 以及地理位置信息类软件等营造极具沉浸感的游戏体验。用户可以随时随地地进行游戏，突破了时空限制；利用移动网络，用户可以知道自己的位置，甚至是其他用户的位置，给游戏带来了全新的体验。移动游戏具有很强的开发价值，商业价值明显。

（3）移动音乐

狭义的移动音乐是指提供数字音乐播放、下载等服务的综合音乐类App平台；广义的移动音乐还涵盖音频类App、电台类App、K歌类App等，如酷狗音乐、QQ音乐、酷我音乐、网易云音乐等。

（4）移动视频

移动视频是指在各种平台上播放的、适合在移动状态和短时休闲状态下观看的、高频推送的视频内容，几秒到几分钟不等。其内容融合了技能分享、幽默搞怪、时尚潮流、社会热点、街头采访、公益教育、广告创意、商业定制等主题。

相对于其他主流媒体，移动视频有以下三个方面的特点：

① 贴近生活，让用户可以随时在多场景使用，满足一般用户希望被看见、被认同、被记录等的需求。

② 具有新鲜性和时效性，网络化、亲民化的传播方式更受年轻群体喜爱，能够更快把握热点并分享。

③ 制作流程相对简单，没有特定的表达形式和配置要求，制作门槛较低，用户参与性强。

2. 移动办公

移动办公是利用手机等移动设备中的移动信息化软件，与企业的办公系统进行连接，将原本公司内部的局域网变为安全的广域网，从而摆脱传统办公时间和办公场所对工作的限制，满足随时随地移动办公的需求，如短信提醒服务、远程会议、信息浏览与查询、远程内部办公网络访问等。特别是新冠肺炎疫情期间，移动办公有效解决了一些企业的管理与沟通问题，使企业整体运作更加协调，在保就业稳就业、助力"新就业形态"方面发挥了重要作用。典型应用有企业微信服务、钉钉等。

移动办公是云计算技术、通信技术与终端硬件技术融合的产物，成为继计算机无纸化办公、互联网远程办公之后的新一代办公模式。下游在线办公产业的需求增加，进一步推动上游云计算产业加速发展，产业链条愈加完善。移动办公已是大势所趋。

（1）移动办公的特点

① 使用方便。移动办公不需要电脑，不需要网线，只要一部可以上网的手机，免去了携带笔记本的麻烦，即使下班也可以很方便地处理一些紧急事务。

② 高效快捷。无论是在外出差，还是正在上班的路上，都可以及时审批公文、浏览公告、处理个人事务等，将以前不可利用的时间有效利用起来，自然就提高了工作效率。

③ 功能强大。随着移动终端功能的日益智能化，以及移动通信网络的日益优化，大部分计算机上的工作都可以在移动终端上完成。

④ 灵活先进。针对不同行业领域的业务需求，可以对移动办公进行专业的定制开发，大到软件功能，小到栏目设置，都可以自由组装。

⑤ 信息安全。利用移动VPN、专有APN、SSL、CA数字签名、GUID与远程自毁等安全措施，足以保证系统通信数据的安全性。

（2）移动办公的发展历程

办公人员由于要出差，会经常远离办公室，人们一直期望着能在任何地方都可以访问自己需要的信息，然而这个过程由于技术的局限性，经历了一个逐步演变的过程。随着移动设备和网络通信技术的发展，移动办公自动化系统建设主要经历了以下三个阶段：

① 离线式移动办公。20世纪90年代出现的笔记本为这种需求首次提供了技术上的支持，人们带着笔记本走到任何地方均可以工作，但是由于通信技术的局限性，访问内部网基本上无法实现。此时，信息交换是通过回到办公室后的同步来实现的。这也是邮件同步、日程同步技术出现的时期。

② 有线移动办公。VPN技术的出现，给移动办公带来了重要的契机，人们借助VPN提供的安全通道，利用通信接入提供商和运营商提供的网络，可以在旅馆或国际会议现场接入公司内部网，实现有线的移动办公。

③ 无线移动办公。CDMA和GPRS移动通信技术的出现，给移动办公带来了质的飞跃，移动办公正式进入了无线时代。随着通信技术的发展，移动通信已经由4G进入了5G时代，为移动办公提供了更加先进的移动通信平台。

（3）移动办公的实现方式

① 通过短信实现公文、邮件提醒服务。当企业的办公系统内有涉及员工的公文和电子邮件到达时，办公系统能够自动地以短信的方式将相关信息发送到员工的手机上，提供及时的提醒服务。

② 通过WAP服务浏览详细公文、邮件内容。企业员工可以使用手机通过WAP界面的方式访问公司OA办公系统，进行公文、邮件等详细信息的浏览。

③ 通过无线局域网实现在公司内部的移动办公。员工不需要在固定的地点办公，可以在一定范围内应用移动终端访问企业内联网，或者通过手机的即时通信工具，与客户和其他员工进行实时的信息传递。

（4）移动办公的意义

移动办公是一种新型的低碳办公模式，能为企业和社会节约资源，减少废气排放。

移动办公是一种无纸化低碳办公模式。移动办公系统通常支持pdf、jpg、doc、xls等多种文件格式，这些文件格式基本上覆盖了大多数企业内的文件审批格式。现在，领导使用手机等移动终端即可打开各种待审核和待审批公文，远程进行批复。之前，业务人员在与客户会谈前总是需要先打印出各种准备资料，自从有了装有移动办公系统的智能手机之后，在会谈期间，业务人员可以根据需要随时进入公司系统进行查阅。

移动办公是一种电能消耗极少的低碳办公模式，与大约每小时消耗0.2～0.3度电的计算机相比，手机消耗的电量几乎可以忽略不计。企业是电能消耗大户，对移动办公任务较多的企业来讲，通过移动办公每月可节约的电量将是一笔不小的数字，同时可为社会节约电力资源。移动办公大大减少了用户在交通工具所需的汽柴油等燃料方面的消耗，同时减少了含有大量二氧化碳的尾气的排放。这是一种典型的污染物排放少的低碳办公方式。业务型员工和领导移动办公任务重，在外忙碌了一天之后往往还要返回公司，处理一些收尾工作，如将业务信息录入系统中，查询最新的通知公告等。现在，移动办公系统使用户无须返回公司，大大减少了乘坐交通工具所需的燃料方面的消耗。

移动办公已不仅仅是一种节约能源、减少二氧化碳排放的低碳办公模式，还是提高企业综合竞争力、提升公众形象的一种手段。

3.移动教育

移动教育是以移动互联网为依托，借助相关技术，将教学内容、教育者、教育机构等教育资源及体系重构并开展教学活动的一种新业态。目前，移动教育按照不同用户的需求，可以分为K12教育、高等教育、兴趣教育、语言学习、职业培训及综合平台几个细分领域。当前，移动教育已经成为学习的一种重要模式，并受到越来越多年轻用户的喜爱，典型应用有"学习强国"、作业帮、腾讯课堂等。

（1）移动教育的特点

① 具有受众的广泛性，拓宽了教育范围。移动教育提供了更灵活和更方便的学习方式，大大拓宽了教育范围，为更多的受众群体提供了学习机会，使教育资源辐射到了更多的人员和地区。

② 具有学习的开放性，拥有更多的自由。学习者通过移动终端进行学习，摆脱了传统学校教室的限制，帮助学习者实现随时随地学习，利用零散时间进行碎片化学习，从而使自主学习更易发生。

③ 具有高度的双向交流和互动性。移动学习具有即时性和情景化的特征，学习者可随时、直接与教师或其他学习者交流，参加丰富、平等的交互活动，信息传递快、反馈及时，能够动态地评价学生的学习进展。

④ 具有学习资源的获取便利性与使用高效性。移动教育拥有形式多样的媒体学习资源和资源共享渠道，学习者可以通过网络获取高质量的学习资源，进行独立学习或协作学习。

⑤ 以学习者为中心，满足个性化学习的需求。学习者可以根据自身需求选定学习内容；选择合适的学习方式，合理安排学习进度；可以重复检视学习材料，取得复习、巩固的效果。学习模式灵活多样，可以组合使用各种设备和各种技术，以取得较好的教学效果。

（2）移动教育的发展趋势

① 监管趋严，市场良性竞争。未来，移动教育行业必将出台更加细化和更明确的规定，以便更好地发挥监管作用。在强监管下，移动教育行业将进入转型发展期和良性竞争阶段。

② 移动教育与知识付费相结合。移动教育相对来说是高门槛、重交付、高客单价，知识付费相对来说是低门槛、轻交付、低客单价。一个移动教育的典型用户在注意、兴趣、意愿阶段，可理解为"愿意支付小额费用进行尝试的阶段"，即知识付费阶段。如果能把知识付费作为移动教育的流量入口，将会有效扩大移动教育的潜在用户接触面，降低获客成本。

③ 用户下沉，细分领域与学习场景两端延伸。移动教育红海市场逐步从中间年龄段的K12、考研、成人教育向前后两个端点延伸，前端延伸到幼教市场，后端延伸到留学后服务市场，总体上沿着应试教育→应用教育→素质教育的方向推进。

④ "直播+AI"逐渐成为未来商业模式。在"直播+AI"相关尝试中，教育企业间出现了两大派：一派以真人老师为主、AI功能为辅，真人老师负责授课核心环节；另一派是以AI老师（虚拟老师）为主、真人老师为辅，两位老师角色互换。

4.移动购物

随着移动商务的发展，传统电子商务商家纷纷进军移动商务市场，如淘宝、京东等大型电商平台都开发了手机购物 App，用户下载并安装这些 App 后，即可直接进行网上购物。此外，外卖市场竞争日趋激烈，美团、饿了么等 App 的上线，加速推进本地生活服务生态进一步形成，带动餐饮企业加速进行数字化转型。移动购物改变了用户的传统购物方式，为用户提供了更加方便和快捷的服务。

（1）移动购物的特点

① 移动性。移动购物并不受光纤电缆的限制，也不受接入点的限制，用户可以随身携带手机、PDA 等移动通信设备随时随地进行购物（要有无线网络覆盖）。

② 无处不在性。移动技术可以让用户在任何具有移动通信信号及网络覆盖的地方获取信息。

③ 个性化。移动硬件有存储容量上的限制，内存软件可以更好地帮助用户进行信息存储和分类，以满足用户的需求。

④ 灵活与便捷。移动通信设备的便捷性表现为用户可以不受时间、地点的限制进行购物。用户不论是忙于旅行、工作还是开展其他活动，都可以通过手机或移动电脑互相交流，也可以单向接收信息。

⑤ 传播性和本地化。零售商或其他信息编写人员可以通过无线网络向部分或者全部进入这个区域的移动服务用户发送特定信息。

（2）移动购物的发展趋势

当前，移动购物正向专业化、本地化等方向发展。

① 构建核心优势，形成特色定位。在电商流量加速分散的背景下，各平台为保持竞争力，持续强化自身优势。如京东加大在物流领域的投入力度，通过收购德邦快递，加速打造一体化供应链物流服务；拼多多专注于农产品电商和农业科技，通过农产品"零佣金"等策略推动涉农订单增长，通过"百亿农研"等项目加快农业科技研究和应用转化。

② 探索自营模式，增强用户体验。相较于第三方电商，自营电商的供应链优势更加明显。目前，各电商平台纷纷加大对自营模式的探索和投入力度，业务布局持续向物流配送及用户服务倾斜。例如，阿里巴巴上线主打产品自营的天猫猫享频道，美团电商增加自营专卖店模式，抖音电商组建酒水自营团队等。

③ 本地化相关业务发展提速。当前，时效性敏感、本地化属性强的消费需求加速向线上延伸。京东、美团等平台纷纷加速布局，外卖生鲜、社区团购、即时买药等即时零售模式快速发展。从短期看，本地化业务模式的末端配送效率优势已得到体现；从长期看，本地化业务模式通过向上下游延伸，有助于打通全领域数字化通路，提升消费品的供给效率。

5.移动出行

智能设备的快速普及和城市生活节奏的加快，使移动出行服务的出现成为可能。移动出行是指基于出行场景的互联网服务。移动出行细分领域及产品服务极具多元性，在满足各类出行需求、提升用户出行体验和改善城市交通等方面表现出色，便捷和高质量的移动出行服务也促进了用户线上使用和消费的习惯的养成。移动出行本质上分为硬件共享和服务共享两大类：硬件共享指用户使用自行车、电动车、汽车、公共交通等硬件，其共享模式包括分时租赁、互联网租赁自行车、私人汽车共享等；服务共享指由司机为用户提供服务，如城市叫车、拼车、代驾和巴士等，共享模式有合乘、网约车等。典型应用有滴滴出行、神州租车等。

根据运营模式的不同，移动出行包含网约车、共享单车和共享汽车等。

根据《网络预约出租汽车经营服务管理暂行办法》，网约车服务是指以互联网技术为依托构建服务平台，整合供需信息，使用符合条件的车辆和驾驶员，为用户提供非巡游的预约出租汽车服务。网约车与传统出租车相比，最大的区别在于非巡游性质，即网约车不能巡游揽客，只能通过预约的方式经营。当前，网约车平台服务模式涵盖快车、专车、拼车和顺风车，但顺风车并不属于法律定义上的网约车服务。

共享汽车是指利用移动互联网、全球定位等信息技术构建网络服务平台，以提供自助式车辆预订、车辆取还和自助式费用结算为主要运营方式的小微型客车租赁服务；共享单车指共享单车企业在一些公共场所提供的单车租赁服务，采用分时计费的运营模式，一定程度上解决了市民出行"最后一公里"的问题。

6.移动票务

通过移动互联网预订机票、车票或入场券已经成为移动商务的一个主要应用场景，且其规模还在继续扩大。移动票务省时省力，订票后无须等待送票，通过二维码电子门票在场地入口处的识读终端上验票即可入场，实现了无纸化的订票、结账和验票手续；移动门票安全性高、不易伪造；用户可以方便地核查票证的有无，并进行购票和确认，能在票价优惠或班次取消时立即得到通知，也可办理补票手续或在旅行途中临时更改航班或车次。其典型应用有携程、去哪儿、12306等。

7.移动物流

移动物流充分运用信息化手段和现代化方式，对物流市场做出快速反应，对物流资源进行全方位整合，实现了物流信息系统的移动化，是移动商务近几年来发展比较迅猛的一种应用场景。常见的移动物流应用包括路况信息、车源信息和货源信息的查询，车辆管理、调度管理等。其提高了运输质量和运输效率，增强了客户服务能力，典型应用有顺丰、中铁快运等。

8.移动金融

移动金融包含的内容较多，如移动银行、移动支付和移动股票等。用户可以随时随地通过移动设备开展金融业务，如账户余额查询、转账、付款、话费充值、水电气费缴纳、股市行情查询和股票交易等。此外，用户还能获得实时财务信息并进行金融信息的查询和浏览，快速掌握金融市场动向。典型应用有各大银行App、支付宝、财付通等。

9.移动医疗

移动医疗也称为移动健康，2007年首次被提出，2009年被公众所接受。医疗卫生信息与管理系统协会（HIMSS）给出的定义为，移动医疗指通过使用移动通信设备，如便携式计算机、移动电话和卫星通信系统来提供医疗服务和信息，具体到移动互联网领域，以基于安卓和iOS等移动终端系统的医疗健康类应用为主。相比传统医疗，移动医疗实现了对医疗资源配置的优化，可以让患者和医生、医院管理者更省时、更省心。

随着互联网普及程度的提高以及移动支付工具、远程视频系统等的发展，移动医疗的推广速度更快，覆盖用户类型更多。移动医疗可以分担线下医院的压力，促进线上问诊、复诊、购药常态化，使居民对医药电商、互联网医疗平台的使用需求进一步增加，推动用户规模快速扩大。

我国移动医疗在传统医疗的基础上，着力从改变医疗模式、重塑服务形态、再造服务流程和降低医疗成本等方面解决传统医疗痛点，在线挂号、在线问诊、远程会诊、电子处方、医疗影像、辅助诊断等移动医疗服务新模式不断涌现。移动医疗健康市场的快速发展，有助于解决地区和收入差异导致的医疗资源的供给分配不均的问题，也可以在一定程度上解决目前"排队难、挂号难、看病难"的问题。新冠肺炎疫情期间，平安健康、阿里健康、好大夫在线等移动医疗应用为抗击疫情做出了重大贡献。

【素养课堂1-1】

移动商务在服务乡村振兴等国家战略中的作用

党的二十大报告第四部分"加快构建新发展格局，着力推动高质量发展"中提出"全面推进乡村振兴"，这是对党的十九大报告中"实施乡村振兴战略"的进一步发展，也是一个大国大党对新征程的深远谋划。电商扶贫作为脱贫攻坚工作的新渠道、新动能，也为乡村振兴打下了坚实的基础。近年来，国家有关部门积极做好电商扶贫有关工作，推动应用"电商企业+基地+合作社+贫困户"的利益联结模式，带动贫困地区农产品销售，帮助贫困户增加收入。

首先，移动商务通过信息化手段促进了乡村公共服务体系的构建。在部分乡村地区，基础设施滞后，信息化设备的部署和维护成本高昂，导致教育、医疗等公共服务体系的建设困难重重。移动商务凭借轻巧便捷的移动设备，如移动电脑，赋能医疗、教育等机构，推动其向信息化、智慧化方向转型，从而提升乡村公共服务水平。

其次，移动商务在乡村产业振兴中发挥了重要作用。通过加速乡村信息基础设施建设，缩小城乡数字鸿沟，移动商务为乡村产业振兴注入了强劲动力。例如，在湖南某县，移动商务通过为村级医疗机构配备移动电脑，简化了工作流程，实现了在线开药、医保报销、远程会诊等功能，提升了医疗服务的可及性和效率。此外，移动商务还通过构建农业云平台和数字农业方案，满足农业对环境监测、设施联动、资源管理、数据可视等的需求，推动了农业的精准种植和智能化管理。

最后，移动商务在文化振兴方面也有突出贡献。中国移动依托其数智化技术优势，启动了"文化兴农央企行"专项行动，通过短视频和视频彩铃等数智化手段，展示乡村文化和旅游资源，推动了乡村文化的传播和发展。这一举措不仅展示了乡村的自然风光和民俗风情，还通过大数据算法精准推送当地文旅资源，提升了乡村文化的知名度和吸引力。

二、移动商务商业模式

成功的企业必然有成功的商业模式，商业模式决定着企业的命运。移动商务的商业模式核心在于企业能给用户提供什么价值，其一切内容都是围绕如何为用户提供价值并获得回报来展开的。目前，在移动商务活动中，运用较多的商业模式有O2O模式、平台模式、免费模式、C2B模式等。

1. O2O 模式

（1）O2O 模式概述

O2O 是 Online to Offline 的简写，是将线下商务的机会与互联网结合在一起，即线上订购、线下消费，让互联网成为线下交易的平台，把线上的消费者带到现实的商店中去，真正使线上的虚拟经济与线下的实体经济融为一体。企业可以通过在线招揽客户到其线下的实体经营场所购物或消费，而消费者可以在线筛选企业的产品或服务，交易可以在线结算。O2O 模式的核心很简单，就是把线上的消费者带到现实的商店中去，在线购买线下的商品和服务后，再到线下去享受服务。通过打折，提供信息、服务的方式，把线下商店的信息推送给互联网用户，从而将他们转换成为自己的线下客户。此外，O2O 模式的关键点还在于，平台通过在线方式吸引消费者，但真正消费的服务或产品须由消费者在线下体验，这就对线下服务提出了更高的要求。

O2O 模式的交易流程如图 1-1 所示，具体表现为如下过程：

图1-1　O2O模式交易流程图

① 线上平台（移动网站、移动 App 应用、PC 网站等）通过与线下商家沟通，针对商品或服务及开展经营活动的时间达成协议。

② 线上平台通过各种渠道和推广手段将准备开展的经营活动向自身的用户推介，用户向线上平台付款，从而获得线上平台提供的商品或服务消费"凭证"。

③ 用户持"凭证"到线下商家获取商品或享受服务。

④ 用户获得商品或享受服务后，线上平台与线下商家进行结算，线上平台获得一定比例的佣金，线下商家获得提供商品或服务的款项，完成交易。

O2O 模式是电子商务业务针对用户个性化、情景感知等特点及移动网络强大的定位与搜索能力在商业模式方面取得的重大突破。随着物流、支付等问题的解决，社交网络、LBS、二维码的有效结合，移动商务将给用户带来更多更丰富的购物体验。O2O 模式将带动整个移动互联网产业的发展，而移动互联网也将成为 O2O 发展的重要助推剂。

（2）O2O 模式分类

互联网的迅猛发展为 O2O 提供了无限想象的空间。消费者通过手机连接互联网，在O2O 网站、App 商店、社交网店或通过在线下实体店或传单上扫描条形码、二维码等方式，查找和获得自己需要的产品和服务，然后利用手机支付进行购买，再到线下实体店进行消费。随着 SNS 的迅猛发展、LBS 应用的普及以及二维码技术的成熟和应用，O2O 模式更趋多元化，表现出旺盛的市场需求。按本地服务的介入程度，O2O 可以分为轻型 O2O 和重型O2O。

①轻型O2O

电子商务平台解决人与商品的关系，而本地生活消费平台即O2O解决人与服务的关系。轻型O2O本地服务介入程度浅，如大众点评、美团等。它的优势是资产相对较轻，属网络型应用，易于跟踪数据，流量购买相对容易，团队构成单一，文化冲突较少。

O2O团购实际上跟虚拟团购业务没有什么本质的区别，只是把虚拟业务换成了穿戴类的实物，并且让消费者主动来到店铺。可以想象一种场景，当某个消费者来到一个台球室，掏出手机开始购买这个台球店铺的团购券的时候，同样可以立刻购买，立刻体验。对传统商家而言，最直接、最明显的特点是减少了物流配送环节的费用。商家可以把这部分费用分摊到店铺的租金成本上，进行打折。

轻型O2O面对的挑战是对服务体验缺少真正的控制，容易导致同质化竞争，初期商家合作中议价能力较低，佣金获取面临一定挑战。例如，大众点评的触角延伸到了线下的传统店铺，开始涉足线下商品的O2O团购。就本地生活消费而言，其服务的对象就是消费者和店家，而消费者有三大需求：找信息、找优惠和享受服务。移动互联网对大众点评最大的价值在于，它是形成O2O闭环的关键。这就好比物流对电子商务的意义，电商和O2O都连接买卖双方，电商是"零售+物流"，物流把商品带到消费者家里；而O2O是"服务+移动"，即"移动把互联网带到了服务中"。

②重型O2O

线下服务业的标准化和规范化程度低、从业人员IT水平低、业务定位随时间和市场改变等特性，推动了重型O2O本地服务的出现。重型O2O本地服务的介入程度较深，如安居客、神州租车等。重型O2O的优势包括对服务体验有较强的控制和保障，在商家合作中有较强的议价能力，能很快收到佣金，能提供个性化服务，而且不易被复制。重型O2O面对的挑战主要包括实体资产比重大、规模化难度大、推广有较大限制、团队构建难度高。

租车行业是重资产，是一种基础的生活服务行业，其最核心的特质是"本地化"。本地服务的便捷性，是租车服务中不逊于价格的另外一种核心体验。重视线下，立足本地，提高地理渗透率，将服务推到客户身边，是租车B2C公司目前突破价格战困局的唯一选择。应该说，在短时间内，或者较长一段时间内，互联网巨头们基本上无暇顾及一些小城市，它们基本上都把火力集中在一线城市，因而本地租车企业可以借这个机会发展起来，即使日后互联网巨头们的战略延伸到了二三线城市，本地的创业团队也是有实力与其抗衡的。

随着4G/5G网络的日益成熟和智能手机的大量普及，越来越多的用户开始通过手机获得各种服务，传统PC未来必然被智能手机所替代。O2O只有抓住移动互联网带来的机遇，才能真正获得爆炸式的发展。

（3）O2O模式的盈利点分析

当前，O2O已经逐渐成为电子商务投资的热点领域，正吸引着众多企业的加入，其中不乏成功企业，如携程网、去哪儿等。它们发展得如火如荼，在人们工作和生活中发挥着重要作用。一旦形成强大的O2O平台，其盈利模式将更加清晰、多元化，从而支撑企业和O2O平台的良性发展。O2O的盈利模式是比较清晰的，有面向用户收费的，也有面向商家收费的，更有通过广告来收费的。总体来说，O2O模式的收入来源主要有以下几种：

①销售佣金收入

O2O运营企业通过打造O2O平台，聚集了大量的商家，平台通过打折、优惠券、促销等活动吸引线上客户到线下商家购买商品。由于线上资源增加的顾客并不会给商家带来太多的成本，这样商家在销售产品中能获得更多利润，O2O运营企业根据商品销售或代理向商家收取销售佣金。

②广告收入

广告收入是O2O运营企业的主要收入来源。O2O运营企业通过业务运营、业务模式的创新，结合社交、LBS等移动互联网应用，丰富O2O平台的应用，为消费者提供互动良好的客户体验；平台整合海量商户资源，通过线上流量聚集消费者，然后将这些流量导向商家；通过关键字搜索、电子优惠券等形式开展广告宣传，O2O运营企业可以借此向商家收取广告费。同时，O2O运营企业聚集了海量的用户消费行为、消费能力、消费习惯、消费需求等数据，通过数据分析针对商家开展精准营销，在准确的时间将与之需求相适应的商家信息推送给潜在用户，从而向商家收取精准广告推送费用。如大众点评通过"点评模式"聚集了海量的用户资源，采取精准广告模式向商家收取广告费，针对商家开展关键字搜索、电子优惠券、客户关系管理等多种营销推广活动。

③数据服务收入

当O2O平台每天的访问量达到上百万次或上千万次时，O2O平台积累了海量的用户数据，成为电子商务企业最大的"金矿"。大数据商业价值主要体现在：针对每个消费群体制定有针对性的策略，运用大数据模拟实境，发掘新的需求和提高投入的回报率；利用大数据成果为商家等生态系统伙伴服务，提高商家整个管理链和产业链的投入回报率，O2O运营企业可以将用户数据集成，开发客户关系管理（CRM）系统，进行数据分析和挖掘及有意义的消费行为分析，从而制订有针对性的营销方案，为商家的商业模式、产品和服务创新提供服务，并向商家收取一定的费用。

④增值服务收入

O2O运营企业还可以借助自身的平台优势和媒体优势，与商家合作进行多元化业务的开发，挖掘一些增值业务。

上述是当前O2O模式的主要盈利点，针对不同的O2O运营企业，在制定盈利模式时，要根据企业发展所处的阶段、平台运营状况灵活确定，收入来源可以是上述几种方式的组合。

2.平台模式

（1）平台模式概述

在互联网的帮助下，企业和消费者实现了一对一的互动交流，运营商、内容提供商和终端厂商等产业链上的不同角色打破传统的分工限制，纷纷直接面对客户。这时，企业可以选择搭建自己的网络平台来吸引参与者（产业链上的其他伙伴和消费者），或联合一个优质的平台企业，形成新的产业体系。

在网络环境下，平台不是一种传递供需信息的技术，而是一种新的商业模式：生产者在平台上进行价值创造，消费者进入平台，选择自己所需的相关产品或服务。平台模式最核心的功能就是连接多个参与方（供应商和消费者），通过价值传递和价值创造让双方交互。平台开放的商业模式已经成为主流，各个垂直领域都出现了平台型服务商，如鸿蒙操作平台、腾讯的社区开放平台和微信开放平台、新浪的微博开放平台、阿里巴巴的电子商务开放平台、360安全平台等。

平台就是为合作伙伴和客户提供一个合作和交易的软硬件相结合的环境。平台模式是利用双边或多边市场效应和平台的集群效应，形成符合定位的平台分工。在这个平台上有众多的参与者，有明确的分工，大家都可以做出自己的贡献；每个平台都有一个运营商，负责聚集社会资源和合作伙伴，为客户提供好的产品，通过聚集人气，扩大用户规模，使参与各方受益，从而实现平台价值、客户价值和服务最大化。

平台为了吸引参与者，让生产者和消费者进行交互，首先会构建一个动机，激励参与者重复性进入平台；其次，平台会提供参与者创造价值、传递价值的中心基础设施，如淘宝网会提供网络店铺、营销工具和物流工具，方便买卖双方进行交易；最后，平台还可以通过生产的内容、商品、服务，匹配参与双方的需求，如饿了么通过提供网络订餐服务，实现了餐馆和消费者之间的联结。

（2）平台模式的四个条件

从形式上看，超市就是一种交易平台，各种商品和顾客在这里集中交互，而超市提供场地、环境、收银、促销等各种服务。股票交易市场同样是一种平台，无数买家和卖家在这里对接，而交易市场则提供信息服务和交易服务。

平台要健康运营、取得成功，应具备开放、共赢、平等、共享四个必要条件。

①开放

所谓开放，是指平台不一定依托互联网，但互联网是最佳的开放平台，有着数据库和信息化管理方面的优势，与互联网结合可以最大化地集聚参与主体。平台型企业越开放，它与其他企业或个人的联结就越频繁。在一个网状社会，"个人"与"企业"的价值是由联结点的广度和厚度共同决定的。双方的联结越广、越厚，其价值就越大，这也是纯信息社会的基本特征，由信息含量决定价值。所以开放变成生存的一个必要条件，你不开放，就没有办法去获得更多的联结。

②共赢

平台型企业若要获取盈利，平台生态圈就必须达到一定规模；而要达到一定规模，就必须吸引主体参与者，那么共赢就必须成为一个前提。因此，平台的交易结构设计必须基于多方共赢的考虑。平台模式下的共赢需要认识"多边性"的特征。单边无法构建一个平台，搭建平台的首要工作就是定义双边或多边群体。比如，淘宝、招聘网站属于双边模式（供需双方），搜索平台属于三边模式（供需双方+广告方）。

③平等

平等是互联网运营非常重要的基本原则，平台必须是一个平等的平台。对传统商业来说，渠道管控是一贯的思维。但是互联网思维不是这样的。这是由技术决定的，就像生产力决定生产关系。一个网状结构的互联网是没有中心节点的，它不是一个层级结构。虽然不同的点有不同的权重，但没有一个点是绝对的权威。所以互联网的技术结构决定了它内在的精神，是去中心化、分布式、平等、互动。

④共享

共享就是对生产资料、资产及资本的共同开发和使用。平台思维的共享有两个特点：

一是互动性。无论是从互联网还是从大数据的角度，共享一定是双向的，只有互动才能创造价值。比如，微信最大的特点是多向互动，任何人与任何群体之间，都可以在瞬间发生互动交流。共享强调的重点就是双向互动的正循环，双方都给对方贡献了数据价值。

二是共用平台。互联网中经常出现开放源代码的词汇，开放源代码就是一种共享机制。它是一个能够通过相互协作孕育重大创新的途径。开放源代码的途径是使用平台的技术，即搭建一个典型的公用平台，使得开源技术提供者和使用者可以共建共享。另外一种共用平台是云技术服务，如云存储、云计算等。这种平台未来会像电网和通信一样成为社会的基础设施。

移动互联网发展到今天，市场情况契合了这四项基本条件，因此平台模式出现也就是必然的。

在互联网经济的背景下，平台化商业模式呈现出快速发展之势，出现在社交网络、电子商务、移动通信、搜索引擎、线上游戏等诸多领域。

（3）平台模式的分类

①按业务属性分类。当前，应用型平台模式是移动互联网平台模式的主流。应用型平台模式主要有：

•新媒体平台模式，如新浪、搜狐、微博、微信以及各类媒体 App 应用等。

•垂直应用平台模式，主要是专注某类产品或某一类目标市场而打造的平台，如阿里巴巴、优酷、唯品会等。

•电子商务平台模式，如京东商城、当当网、淘宝网等。

•综合服务平台模式，即通过与产业链伙伴合作，为客户提供多种产品和服务的平台。如腾讯的模式就是综合服务平台模式，腾讯不仅提供即时通信服务，还向客户提供游戏、音乐、视频、安全软件、支付等各类服务；百度的模式也属于综合服务平台模式。

当前，由垂直应用平台向综合服务平台和新媒体平台模式转变是一大趋势。对进入移动互联网的企业来说，一开始选择垂直应用平台模式是最佳策略，只要集中资源，做专、做精、做深，就一定能在垂直市场处于领先地位。

②按产业链运营主体分类。按照产业链运营主体不同，平台模式主要分为终端商、互联网公司和移动运营商三类。

•终端商的平台模式。智能终端本身就是一个平台，它汇聚操作系统、浏览器，内嵌各种应用和客户端。如今智能终端的功能越来越强大，消费者可随时随地上网，使用购物、音乐、影视、阅读、游戏、交友等各种应用，当然这些应用未必都是由终端平台商自己开发的。

智能终端竞争很大程度上是操作系统之间的竞争，只要掌握了操作系统，也就获得了更多的用户；而掌握了平台的主动权，终端平台模式就能成功。对终端平台商来说，只有以终端厂商、软件开发企业、消费者多赢为目标，通过整合产业链合作伙伴，强化自主创新，开发自己的应用商店，实施软硬件融合，终端平台模式才能真正建立起来。

•互联网公司的平台模式。该模式的最大特点是基于做大核心应用，提升平台价值并向其他服务延伸。像百度就是专注搜索核心应用，通过技术创新、商业模式创新、客户体验创新以及平台开放，使得搜索信息更加精细化，"即搜即用"的实现让用户的搜索体验大大增强。

•移动运营商的平台模式。移动运营商拥有网络，因此其搭建的平台也必须与自己的网络绑定。移动运营商可以通过开放自己的一部分能力，如短信、计费以及位置服务等能力，给内容开发者开发相应的应用；同时也可以发展移动互联网业务（如我国三大运营商成立基地，大力拓展手机视频、阅读、音乐、电子商务等业务）和打造自己的应用商店，通过提供平台，聚集合作伙伴和应用开发者，满足客户多元化需求和长尾需求。移动运营商的平台面向的操作系统可以有很多，终端也可以有很多，但是用户一般只能是自己网络的用户。

对开发者和终端商而言，自由度越大，对用户的控制力越强。中国移动的MM商城、中国电信天翼空间就是这一模式的代表产物。目前来看，三种平台模式各有特点，差异化比较大。终端商的平台模式无论是操作系统还是终端，都是单一的，既有封闭的，也有开放的。互联网公司的平台模式是开放的，优势是其拥有的核心应用及在此基础上打造的互联网平台，互联网公司是平台的领导者。移动运营商的平台模式也是完全开放的，但由于运营商既不掌控终端、操作系统，又没有内容优势，因此，这种模式比较脆弱。运营商的平台模式要成功，就必须做好战略定位工作，聚焦垂直应用，只有通过战略创新、模式创新、市场创新、机制创新才能获得成功。

3. 免费模式

（1）免费模式概述

手机用户使用的Android操作系统是免费的、微信通信软件是免费的、360手机卫士是免费的、高德地图和导航功能也是免费的。俗话说"天下没有免费的午餐"，与此相悖的是，移动互联网当中处处可见免费的服务。由此可见，"免费"已经成为移动商务企业的一个竞争利器。

早在20世纪初期，"免费"的商业模式就十分盛行。例如，剃须刀厂商免费派送剃须刀具，从后续的销售刀片中盈利，形成了典型的捆绑销售模式；早期的电视节目也是免费向观众播放的，通过第三方广告商预付的广告费来盈利；中国电信运营商在用户安装宽带时免费提供ADSL调制解调器；银行提供免费的银行卡等等。腾讯QQ、微信、电子邮箱、360软件等免费网络工具或网络服务给人们的工作和生活提供了很大的便利，甚至在一定程度上改变了人们的工作和生活方式；利用互联网可以收看免费的电影以及收听海量音乐；大量的门户网站和专业类细分网站免费为人们提供无穷无尽的信息资源。诸如此类的免费商业模式数不胜数，可见，这种模式并非一个新生事物，而是通过不断地改变其模式形式来呈现，免费似乎改变了人们数千年来的等价交换法则。20世纪末的互联网革命诞生了互联网经济，互联网经济的发展使它逐渐成为免费经济的代名词，以数字时代的"免费"模式踏上了历史的舞台。提出长尾理论的经济学家克里斯·安德森惊叹："这个世界太疯狂，全世界都在发送免费的午餐。"

移动互联网时代，用户需求在变，业务类型在变，盈利模式在变，唯一不变的就是用户规模，只有先把用户留住，才能考虑如何在用户身上挣钱。在对价格非常敏感的中国互联网市场，免费是移动互联网企业赢得海量用户的重要手段。以免费模式吸引用户、做大规模受到众多移动互联网企业的青睐。另外，免费商业模式还是增强"网络效应"的有效手段。所谓网络效应，是指一个产品的网络价值取决于该产品网络用户的数量，用户数量越多，该产品的网络价值就越大，它越是受到人们的欢迎，人们对它的评价就越高，需求量也就越大。互联网企业深知网络效应的重要性，很多企业在产品推向市场的早期，为了产生网络效应，都采取了种种措施，免费就是其中的一种。例如，淘宝网在成立之初，为了迅速打开市场，就采用了免费的策略，最终从消费市场中获得了更大的份额。

（2）免费模式的分类

①免费+收费模式

免费+收费模式又称为免费增值模式，是互联网中最常见的一种商业模式。免费+收费商业模式最早由美国风险投资人弗雷德·威尔森（Fred Wilson）提出，这种商业模式是企业为用户提供免费服务，借助口碑营销、良好的客户体验聚集大规模用户和流量，然后向用户提供增值产品和服务，以实现企业的盈利。在Web平台，免费是一种普遍的商业模式。相比Web平台，在移动商务平台上，从免费到收费是一种更自然的过渡方式。随着技术的成熟与用户行为的改变，商业模式也在悄然变革。用户行为已经从Web时代的浏览器主导逐渐演绎到现在的App应用，人们越来越多地采取订阅的模式来消费内容，因此，在Web时代盛行的免费模式，在移动互联网时代逐渐变成一种免费+收费的商业模式。当一个网络或平台拥有足够多的用户和流量时，它就不必担心赚不到钱，因为总有一些人去购买他们的收费产品，而且庞大的用户规模和流量提升了平台的广告价值，盈利模式逐步多元化。

免费增值模式的兴起有两股主要推动力量：一方面，业务多元化的发展使得交叉补贴被越来越多地使用；另一方面，在移动互联网领域，随着用户规模的不断扩大，每个用户的边际服务成本加速下降，并趋近于零，这为免费增值模式提供了基础。

免费增值模式是目前移动互联网企业普遍使用的商业模式。在国内，知名的互联网企业如百度、腾讯、360等，都是这种模式的践行者。众所周知，360是杀毒软件永久免费的开创者，对普通用户而言，360就是杀毒软件的代名词，那么360是怎样利用庞大的用户规模实现盈利的呢？实际上，免费杀毒软件的盈利与其安全产品并没有直接关系，免费的安全产品只是吸引用户的诱饵，它以安全产品为入口，将海量用户牵引到其他前端产品，如浏览器、安全桌面等，再将浏览器用户进一步转化为导航站及游戏用户，通过带给第三方流量和用户，从第三方获得收入。正是提供免费产品所起到的广告和导向作用，才使付费产品拥有了庞大的潜在市场。

②免费+广告模式

这种模式又称作"三方市场"或"双边市场"，就是由第三方付费来参与前两方之间的免费商品交换。"免费+广告"模式的一个典型例子就是电视媒体：电视媒体负责向观众免费播放新闻、娱乐节目以及广告，而广告商向电视媒体支付广告费；如果广告产生了较好的效应，可以增加广告商的产品或者服务的销量，最终弥补广告费；媒体运营商用广告费收入来弥补运营成本并获得利润。观众虽然免费收看了电视节目，但是只要观众中有极少的一部分人在观看广告后购买了广告发布商的产品，那么广告发布商就能获得广告效用的回报。

比如，搜索类网站的共同特点是为广大网民免费提供方便、快捷的搜索服务，从而聚集大量的用户和流量，它们并不直接从使用者身上赚钱，而是向发布信息的企业收取费用。因为大量上网用户使用搜索类网站的搜索服务，为其创造了巨大的"注意力"，"注意力"就是价值，从而吸引无数企业在这个网站上投放广告。

　　中国用户更偏向免费应用软件的使用，这是中国消费者在互联网时代形成的消费理念与免费习惯导致的，手机用户要养成付费下载的习惯还需要一个较长时间的培养过程。在这样的背景下，移动应用免费下载+广告植入模式，就责无旁贷地成为推动移动应用产业在中国成长以及快速实现收益的另一根救命稻草。移动应用的"免费+广告"模式，可以大大降低手机用户参与的门槛，因为免费可以让中国的移动应用市场积累起庞大的用户群体，成为行业发展初期的最佳选择。"免费+广告"模式将成为移动应用"付费下载模式"的有力补充，更符合中国手机用户的习惯，也更容易解决移动应用开发者的商业模式问题，并成为移动应用开发者盈利模式的重要手段之一，从而盘活整个产业链。

　　移动应用"广告+免费"模式之所以能走向舞台，是因为开放的传统宽带互联网已经培养了广大网民免费化的消费心理，转入移动互联网时代，由于传统宽带互联网业务与移动互联网业务具有很多的相似性，因此免费化的消费心理也逐渐影响到移动互联网用户的行为。从整个产业的发展角度来看，针对前向用户的免费应用和服务将会培育出更大的有效用户规模，从而对后向广告主更具吸引力，而移动互联网本身所固有的个人化及社会化特征也是众多广告主愿意花大资金投入的重要原因。

　　③非货币市场模式

　　非货币市场模式来自个人行为的外部性。由于互联网信息传播的成本很低，人们上网几乎是免费的，唯一花费的就是时间成本，这也是互联网能迅速普及的一个重要原因。如今互联网已经成为一个大的平台，人们可以在互联网上完成各种各样的互动，以满足自己的各种需求，或者进行交换。只要存在一个大型的平台，就存在交换的可能性，人们通过交换各取所需，彼此增加对方的福利。例如，为了满足自己的表达欲或者提升在某个组织的认同感，人们倾向于在网上发表自己的观点，或者告知他人一些信息。随着大量人群在互联网社区的聚集，在网络效应的作用下，就会吸引更多的人参与进来，从而形成更大规模的聚集，使互联网具有一定的公共性。个人行为的外部性给其他人带来的效用的增强，使公众处于一个有利的外部性平台上，这就是互联网商业模式中非货币市场模式的本质。

　　移动互联网中的非货币市场模式比比皆是，如抖音拥有丰富的视频内容，积极打造用户创造内容（UGC）平台，用户可以通过多元互动形式自主上传内容。用户创造内容将是未来互联网传播的主导力量。再如，用户在旅游景点拍照上传与朋友分享，同时也共享了其所在的地理位置，从而帮助更多的潜在游客了解其周边的景色。大众点评是一个典型的UGC移动网站，用户可以对消费过的餐馆、娱乐场所进行点评，提供相关的用餐资讯，这些信息对其他用户挑选餐馆有着很好的参考价值。在大量用户点评的基础上，大众点评深入挖掘自身的营销和渠道优势，推出了点评卡等多种服务，用户凭此卡可在其联盟店享受一定的折扣优惠，这实际上是一种劳动交换。可以看出，点评的用户越多，对提高网站或服务的价值、品牌的知名度的作用就越大。大众点评凭借其平台优势拓展服务领域，通过增值服务、线下服务、佣金收入和广告等实现了盈利。

　　总之，科学技术的进步成就了互联网，也得益于互联网的广泛应用。新型的"免费"商业模式不断地攻城略地，向传统的商业模式发出强有力的挑战。环顾四方，一片片的商业沃土上遍插"免费"的大旗，这已经是一个用户对"免费"习以为常、商家视"免费"为盈利模式的时代。可以预言，"免费"的商业模式最终将成为改变人们生活及消费模式的重要因素。

4.C2B模式

（1）C2B模式概述

C2B模式指消费者对企业的交易模式，狭义上的理解是有别于B2C的反向电子商务模式，通过聚合分散但数量庞大的用户从而形成一个强大的采购集团向商家集中采购，也叫反向定制或聚定制。但这种理解低估了C2B带来的商业变革力量。广义的C2B可以理解为由消费者发起需求，企业进行快速响应的商业模式，即客户需要什么，企业就生产什么。C2B的核心是消费者角色的变化，由传统工业时代的被动响应者变为真正的决策者。B2C模式是典型的推动（Push），而C2B模式是拉动（Pull），即按需定制，降低甚至消除了库存和相应的成本。C2B的另一个特征是积少成多、聚沙成塔，企业利用社会的零碎资源和个人的能力及零碎时间，低成本地帮助自身完成需要大量劳动力、短生命周期或企业不具有能力和资源的项目。B2C模式的特点之一是信息对称，比拼的是价格，这严重挤压了供应商和电商的生存空间。供应商难过，B2C企业更难过。然而，从消费者的角度看，他们有太多的选择，这让他们无所适从。这样的恶性竞争是注定无法长久的。消费者需要的是性价比，而不仅仅是简单的便宜，移动互联网的发展推动了C2B模式的演进。与之对应，C2B模式是消费者发起需求，更加贴近生产。通过博弈数据的挖掘，可以对消费者的层次进行分类，从而更有针对性地为消费者提供适合他的高性价比产品；对供应商而言，其产品也更加贴近消费者的需求，降低了风险，提高了效率。

C2B模式的竞争优势达成，是消费者在商品的某些属性上的交换，商品价格的优势背后是"时间""选择权"等属性的丧失。从商家的角度，在固定沉没成本和对既有消费群体利益影响较小的情况下，追求利益的最大化。其中，信息技术的应用起到了至关重要的作用。数据智能体系是C2B模式的核心内容。C2B模式更适宜作为具有庞大资源和用户的综合性平台的组件，对其他业务模式有着提升和促进作用，特别是对社交关系具有其他商业模式难以替代的作用。C2B模式的典型应用就是用户个性化定制，由消费者主导，提出自己的需求，由厂商根据消费者的需求定制相应的个性化产品。

（2）C2B模式的分类

①聚合需求形式

C2B模式是通过预售、集体团购等形式将分散的用户需求集中起来，对于一些还没有生产出来的产品，可以根据集中需求进行快速的生产，在用户需求完全表达的理想情况下，这使得商家的供给正好与用户的需求相匹配，避免了资源的浪费。

对商家而言，即需即产实现了零库存，而且由于知道需求的分布，甚至可以选择不同的生产地点进行生产，从而降低了运输成本；同时，由于用户已经付费而确定了收益，商家也不必担心调研时口碑很好的商品大规模生产后出现"叫好不叫座"的情况。这种形式整体降低了商家的成本，在一定程度上避免了商家的损失。对用户而言，由于商家的成本降低，通过预售购买的用户可以享受到更低的价格，其实在某种程度上可以理解为用"时间"换"价格"。很多用户对一些物品的时间属性并不十分敏感，而低价正好迎合了这些用户的需求，可见聚合需求的形式给商家和用户都会带来许多好处。

目前，聚合需求形式也存在着许多问题，其中最大的一个问题就是商家是否可以根据用户的需求实现快速生产。一方面，如果聚合的需求较少，生产起来单位成本则会很高，商家一般不会生产这些产品，而已经预订的用户情感也许就会受到伤害；另一方面，如果需求较多，商家是否有能力实现快速生产？虽说弱化了时间属性，但时间过长的话用户必定不能忍受。此外还有个行业问题，如服装等季节性较强的行业，也许就不适合这种形式。针对这个问题，可以考虑在进行预售或团购时就注明预售数量达到多少时该预售生效，让用户有心理准备；同时，商家要衡量自身的生产能力和运送能力能不能满足即需即销的要求，也许通过与其他商家或平台合作能在一定程度上解决这个问题，但关键还是商家的能力与规模。聚合需求形式整体上还是要有较大的用户群体，如果商家有足够的能力，这种形式还是很有发展空间的。

②要约形式

近年来，随着中国经济的持续快速发展，人们的消费观念已经发生转变，部分高收入者和崇尚自我个性的人群并不很在乎过去人们看重的消费最重要的影响因素——价格，而是把产品的品质和特性的重要性置于价格之上。他们消费时往往更看重产品的质量、样式、品位等，由此催生出团购的另一大潜在市场：通过自发或者第三方平台聚合为数众多的该类用户，促使企业按他们的需求进行设计和生产，甚至可能改变企业所提供的产品内容，如材质、外观设计、组合方式等。

这种形式的典型例子是 Priceline，即将销售方与购买方的传统位置调换，用户自己出价，商家选择是否接受。从商家的角度来说，这种形式最理想的状况是使消费者剩余趋零，从而提高利润率。Priceline 平台帮助用户在商品的品牌、特性和卖家（通常是航空公司、酒店、金融服务公司）的低价格之间求得平衡，用户可以向 Priceline 提交他们的期望价格和产品，卖方通过 Priceline 了解用户的产品需求和价格，然后根据用户需求的特征提供他们所需要的产品来完成交易。

所谓消费者剩余，是指消费者为取得一种商品所愿意支付的价格与他取得该商品而支付的实际价格间的差距。比如，一款商品价格为50元，用户A愿为这款商品支付55元，用户B愿意支付60元，那么用户A消费者剩余为5元，用户B为10元。对商家而言，最理想的情况是将商品以55元卖给A，以60元卖给B，但由于50元的公开定价，商家在A、B用户身上共损失了15元。而要约形式对商家而言是将价格隐藏，并根据用户的出价来进行判断是否销售，这种方法可以降低消费者剩余，对商家有利。对用户而言，如果对一款产品愿意支付的价格是60元，尽管产品实际价格为50元（尽管用户都想越便宜越好），但在用户不知道实际价格的情况下，60元买到了产品同样会感到高兴。

③个性化定制

由用户提出个性化需求，商家根据需求生产个性化产品，用户为此付出一定的溢价，这听上去不错但做起来很难。其实，目前也有一些商品在销售时可以个性化定制，但这种个性化定制一般都是针对某个小模块的。比如 iPad mini 订购时背面的刻字服务、购买手机时外壳的颜色和样式等。这些定制可以给用户提供一定的个性化元素，让用户体验到产品的不同。但这还不够，仅仅是某一个模块的定制并不能带来实质性的变化，某一商品的外观、功能、包装、销售过程等都应该实现个性化的定制，这在目前看来并不容易实现，但却是未来的发展趋势。人们都有从众的内在倾向，也可能正因为如此，我们才更想让自己看起来与众不同，打造唯一属于用户自己的产品，这会迎合许多用户的需求。

当然，为了这种个性化，用户也需要付出更多的金钱。目前，为个性化埋单的理念虽有发展，但并没有完全普及，随着人们自我展现需求的不断加强以及个性化意识的不断提升，为个性化埋单，买属于自己的产品的理念终会深入人心。这种深度个性化的定制也对商家的设计与生产提出了更高的需求，商家在设计产品时就要考虑如何让产品更有可配性；同时，要为生产做铺垫，要考虑这样的个性化是否有利于生产，生产流程可能也需要一定改变，这无疑会增加成本。可见，个性化定制同样要求商家有较强的实力，因此普及真正的个性化定制还需时日。

这个阶段的C2B商业模式将极具创新性，对企业而言，需要在满足用户个性化定制所需更高成本和群体采购所要求的低价格之间实现平衡；对用户而言，则需要在个性化产品所需支付的高价格和群体采购可能出现的个性弱化之间寻求平衡。作为国内率先提出"全屋定制"概念的家居品牌，尚品宅配通过"C2B+O2O"创新商业模式，为消费者提供一站式家居个性化定制服务，逐渐发展成为著名的现代家居服务企业，并且以软件技术、创新能力、先进的柔性化生产工艺、云计算和大数据实践，成为中国工业4.0的样本。尚品宅配从前端的设计、生产制造到末端的物流配送，利用大数据原理，以信息化手段对全流程进行优化，不仅破解了定制家具难以批量化生产的问题，同时在生产制造环节仍保持着高效。

第三节　移动商务岗位

一、移动商务岗位的职责

移动商务涉及很多工作，这些工作需要不同岗位的员工分工合作，不同岗位有不同的职责。

1.移动营销类岗位的职责

移动营销类岗位主要负责在移动端开展营销，其主要职责如下：

（1）明确营销目标，收集市场及竞争对手的信息。

（2）制定微信、微博、抖音等平台的营销策略，提升品牌或产品的影响力。

（3）负责App/小程序的策划、设计和功能调研，使用各种营销策略提升App/小程序的用户量和用户活跃度。

（4）制订LBS营销计划，针对目标用户开展LBS营销。

（5）统计并分析营销数据，实时调整营销策略，总结营销活动。

2.移动端UI设计类岗位的职责

UI（User Interface），即用户界面，移动端UI设计的效果对用户体验有很大的影响，因此移动端UI设计类岗位非常重要，其主要职责如下：

（1）负责主流系统的App/小程序界面和图标设计。

（2）负责App/小程序的设计，并不断优化界面，提高App/小程序界面的美观度，增强用户的使用体验。

（3）统筹H5的视觉制作，完成H5创意设计，对H5的整体视觉呈现效果进行把控。

3.新媒体运营类岗位的职责

当前，微信、微博、抖音、小红书等移动新媒体平台非常热，很多企业都在新媒体平台上开设账号，以推广自己的产品，为用户提供服务或拉近与用户的距离。因此，新媒体运营类岗位的人员需求量很大，其主要职责包括：

（1）收集、整理相关资料，根据企业品牌战略，撰写有吸引力的新媒体推广文案。

（2）策划、拍摄、剪辑并发布短视频，以吸引用户关注并推广产品和品牌。

（3）负责微信、微博、抖音、小红书等新媒体平台账号的日常运营，积极与用户互动，增强用户黏性。

（4）收集用户信息，监测和分析运营数据，优化运营方案。

4.移动网店运营类岗位的职责

当前，用户的网购习惯已从 PC 端转向移动端，移动网店已成为主流，因此移动网店运营也是移动商务中的一个重要岗位。其主要职责如下：

（1）负责移动网店（微店、手机淘宝店、小程序网店等）的日常维护，包括选品、产品上下架、经营数据分析、网店装修、网店优化等。

（2）制订移动网店促销方案，定期评估促销效果并及时调整促销方案。

（3）使用营销工具对移动网店进行推广，并根据数据表现优化营销策略。

二、移动商务岗位的能力要求

1.移动营销类岗位的能力要求

移动营销类岗位对从业者的分析能力、宏观把控能力要求较高，具体能力要求如下：

（1）具备资料收集能力和市场分析能力，能够收集并分析各种信息。

（2）熟悉并能够独立运用各类网络营销手段，针对产品或服务进行营销。

（3）具备创新意识和互联网思维，具有较强的学习能力、适应能力，对网络新鲜事物较为敏感。

2.移动端 UI 设计类岗位的能力要求

移动端 UI 设计类岗位强调创造性和审美能力，对从业者的具体能力要求如下：

（1）具备较强的创新、设计和审美能力，有良好的美术功底，能独立完成创意设计。

（2）熟悉主流系统的设计规范，能熟练使用 Photoshop、Dreamweaver、CorelDRAW、Illustrator、After Effects 等设计软件。

（3）热爱设计，工作认真踏实，有较强的团队合作精神，对设计工作抱有精益求精、力求完美的态度。

3.新媒体运营类岗位的能力要求

新媒体运营类岗位的员工既需要进行宏观的策划、分析，又需要完成具体的工作。其具体能力要求如下：

（1）具备一定的策划能力，包括对运营内容和方式的定位、对运营渠道的确定等，能够策划出对用户有吸引力的活动。

（2）具备较强的内容创作能力，包括短视频制作能力和文案写作能力，能够自如地运用书面语言进行表达，灵活地转换文案语言风格，善于利用图片、音乐、视频、超链接等元素丰富文案，同时掌握一定的图文排版技能。

（3）善于整合各种网络资源，对网络热点（如网络热点话题、网络热点词汇、网络热点表情包等）有较高的敏感度，并能快速做出反应，自然地将企业产品或品牌精神与网络热点结合起来，打造具有吸引力的运营内容。

（4）能够利用新媒体平台的数据分析功能和第三方数据分析平台（如百度指数、蝉妈妈等）分析新媒体运营数据，包括内容阅读量、点赞数、转发数、账号新增粉丝数等，进而把握用户的喜好和需求。

4.移动网店运营类岗位的能力要求

移动网店运营类岗位涉及的工作面很广，对从业者的具体能力要求如下：

（1）熟悉主流电商平台的运营流程及规则，能够完成网店的日常维护工作。

（2）能灵活地运用电商平台的各种推广工具来提升网店的流量，并优化销售数据，能够通过各种手段为小程序网店引流。

（3）具备一定的数据分析能力，能对网店中的产品标题、主图、详情页等进行优化。

（4）能够通过建立会员体系等方式增强用户黏性，培养忠实用户。

（5）具备一定的法律意识、互联网思维以及创新精神，具有较强的自学能力、沟通能力和团队协作意识。

【素养课堂1-2】

移动商务从业人员职业守则

移动商务从业人员典型的职业面向是移动电子商务岗位群和互联网营销岗位群。我国人力资源和社会保障部重新修订了电子商务职业技能等级标准，并发布了新职业互联网营销师的职业技能等级标准，在两个标准中明确了相应从业人员的职业守则。

1.电子商务师职业守则

（1）遵纪守法，爱岗敬业；

（2）诚信为本，热情服务；

（3）保守秘密，注重安全；

（4）勇于开拓，积极创新。

2.互联网营销师职业守则

（1）遵纪守法，诚实守信；

（2）恪尽职守，勇于创新；

（3）钻研业务，团结协作；

（4）严控质量，服务热情。

资料来源　参见电子商务师国家职业技能标准（2022年版）、互联网营销师国家职业技能标准.

【实训项目】

移动商务应用模式分析

一、实训目的

（1）学生掌握移动商务的主要应用领域。

（2）完成移动商务模式分析，加深对移动商务的理解。

（3）帮助学生掌握前沿知识、技术，培养其创新意识。

二、实训要求

（1）具备分析和解决问题的能力。

（2）具备互联网及办公软件的基本操作能力。

（3）小组分工完成实训，具有团结协作意识。

三、实训内容

（1）从拼多多、唯品会、小红书、抖音、得到、网易云音乐等移动App中任选一个，分析其所属的应用领域及其特征。

（2）分析该移动App的商务模式，了解其特点并找到其创新点。

四、实训方法与步骤

（1）确定分析对象：小组商定所要分析的移动App，然后从权威网站收集资料。

（2）资料筛选与整理：筛选有用信息，并对其按所列问题进行归类、整理。

（3）资料分析：根据收集到的信息，分析该移动App的所属领域、主要特征、商务模式、创新点等。

（4）形成成果：教师引导，学生分组制作移动商务应用模式分析PPT。

（5）实训考评：教师根据学生实训成果的汇报情况，对各组学生的表现进行点评，并进行总结。

【本章测试】

【本章小结】
本章测试

答案

一、单项选择题

1.下列技术不属于无线通信技术的是（　　）。

A.蓝牙　　　　　　　B.Wi-Fi　　　　　　C.GPS　　　　　　D.4G

2.5G技术的主要特点是（　　）。

A.低速率、广覆盖　　　　　　　　B.高速率、低覆盖

C.高速率、广覆盖　　　　　　　　D.低速率、低覆盖

3.下列（　　）不是移动终端的特点。

A.移动性　　　　　　B.固定性　　　　　　C.即时性　　　　　　D.便携性

4.华为鸿蒙系统是（　　）类型的移动操作系统。

A.封闭系统　　　　　　　　　　　B.分布式操作系统

C.单任务系统　　　　　　　　　　D.专用系统

5.Android系统的开发公司是（　　）。

A.苹果公司　　　　B.谷歌公司　　　　C.微软公司　　　　D.华为公司

6.二维码的主要特点是（　　）。

A.信息容量小　　　　B.编码范围窄　　　　C.容错能力强　　　　D.译码可靠性低

7.LBS技术的核心是（　　）。

A.定位技术　　　　　B.通信技术　　　　　C.地图服务　　　　　D.数据分析

8.HTML5相较于之前的HTML版本，增加了对（　　）的支持。

A.音频文件　　　　　B.视频文件　　　　　C.文本文件　　　　　D.图片文件

9.云计算的核心理念是（　　）。

A.一切皆是软件　　　　　　　　　B.一切皆是数据

C.一切皆是服务　　　　　　　　　D.一切皆是硬件

10.大数据技术的特点不包括（　　）。

A.数据体量大　　　　　　　　　　B.数据处理速度慢

C.数据类别多　　　　　　　　　　D.数据真实性高

二、多项选择题

1.移动通信技术经历的发展阶段包括（　　　）。

A.1G　　　　　　B.2G　　　　　　C.3G　　　　　　D.4G E.6G

2.无线网络技术按覆盖范围可以分为（　　　）。

A.无线广域网　　　B.无线个域网　　　C.无线局域网　　　D.无线城域网

3.移动操作系统的种类包括（　　　）。

A.iOS　　　　　　B.Android　　　　　　C.Windows Phone

D.Linux　　　　　　E.Harmony OS

4.HTML5的主要特性有（　　　）。

A.语义特性　　　　B.本地存储特性　　　C.设备兼容特性

D.连接特性　　　　E.安全特性

5.云计算的服务模型主要包括（　　　）。

A.SaaS（软件即服务）　　　　　　B.PaaS（平台即服务）

C.IaaS（基础设施即服务）　　　　D.DaaS（数据即服务）

E.HaaS（硬件即服务）

三、简答题

1.简述无线通信技术的主要类型及其特点。

2.简述LBS技术的主要特点及其应用领域。

3.请列举并简述二维码的主要特点及其应用领域。

4.请阐述云计算技术的优点。

5.简述大数据技术的核心分析方法及其作用。

第二章　移动商务技术

【学习目标】

知识目标：

（1）熟悉移动商务基础技术，能掌握无线通信技术、移动终端技术、移动操作系统与应用程序的相关知识。

（2）了解移动商务领域新技术，能总结云计算、大数据、人工智能等技术的前沿成果。

（3）掌握移动商务应用技术，能列举二维码、LBS定位服务技术、HTML5在实际中的应用。

能力目标：

（1）能够灵活使用三种移动操作系统。

（2）能够体验新技术在移动商务领域中发挥的效用。

（3）能够制作移动商务应用中不同种类的二维码。

素养目标：

（1）工欲善其事，必先利其器，培养工匠精神。

（2）树立科技自立自强的意识，把"饭碗"牢牢地端在自己的手里。

（3）立志在移动互联网、人工智能、大数据等领域创新发展，制胜未来。

第一节　移动商务基础技术

一、无线通信技术

移动商务应用的是无线通信技术，包括移动通信技术和无线网络。

1.移动通信技术

移动通信（Mobile Communications）技术简单来说就是通信双方中至少有一方在移动中（或临时停留在某一非预定的位置上）的通信方式。近十多年来，我国移动通信技术高速发展，移动通信网业已实现从模拟网（语音传输服务）向数字网（包括语音、数据和多媒体传输服务）的转换。

移动通信网主要由两个特征来描述：数据速率和覆盖范围。移动通信网的数据速率已由几比特每秒（bps）的窄带低速率发展到1Gbps甚至更高的宽带高速率；覆盖范围由户内、城区向高速移动拓展。各种移动终端可以在不同地点和运动状态下实现无线网络接入，获得各种网络信息与网络服务。

移动通信技术共经历了1G、2G、3G、4G和5G等几个阶段，6G技术尚在研发当中。

（1）1G：模拟之王——摩托罗拉

摩托罗拉作为模拟通信技术的佼佼者，在移动通信及电脑处理器领域都是市场先锋，更在1989年被选为世界上最具前瞻力的公司之一。可惜的是，一代巨头终究未能随市场趋势转型，最终轰然倒下。

（2）2G：GSM与CDMA之争

1982年，欧洲邮政电信管理会议成立了"移动特别行动小组"，负责通信标准的研究。GSM即"移动特别行动小组"（法语 Groupe Spéciale Mobile）的缩写，后来这一缩写的含义被改为"全球移动通信系统"（Global System for Mobile Communications），以向全世界推广GSM。

美国同一时间开发出了三套通信系统，其中两套是基于TDMA技术的，第三套则是高通推出的码分多址技术（CDMA）。TDMA的信道一次仅供一个人使用，容量有限；CDMA采用加密技术，所有人同时讲话也不会被其他人听到（好比编号1只能与编号1通话、编号2只能与编号2通话，互不干扰），容量大幅提升。

（3）3G：智能手机火起来

2009年1月7日，工业和信息化部为中国移动、中国电信和中国联通发放3张第三代移动通信（3G）牌照，此举标志着我国正式进入3G时代。真正让3G火起来、让高通大赚的，还是源于移动通信设备的革新——智能手机。

（4）4G：速度飞起来

随着数据通信与多媒体业务的发展，适应移动数据、移动计算及移动多媒体运作需要的第四代移动通信开始兴起。4G系统能够以100Mbps的速度下载，比拨号上网快2 000倍，上传的速度也能达到20Mbps，并能够满足几乎所有用户对无线服务的要求。2013年12月4日，工业和信息化部正式发放4G牌照，宣告我国通信行业进入4G时代。

（5）5G：炙手可热

目前，5G正在工业、医疗、教育、交通等多个行业发挥赋能效应，形成多个具备商业价值的典型应用场景，如工业互联网、智慧城市、智慧健康医疗、智慧矿山、智慧能源等。2023年度5G十大应用案例集中体现了5G深耕行业、以科技成果落地实践、凸显科技创新赋能社会进步的成果。

2.无线网络

无线网络是在射频技术的基础上，使用电磁波取代旧式双绞铜线所构成的无线局域网络。它既包括允许用户建立远距离无线连接的全球语音和移动通信网，也包括为近距离无线连接进行优化的红外线技术及射频技术。无线网络具有灵活性、可扩充性和经济实用性等。

从覆盖范围的角度，无线网络可以分为无线个域网和无线局域网两类。

（1）无线个域网

无线个域网（WPAN）为用户提供了一种小范围内无线通信的手段。目前，主要的WPAN技术是蓝牙和红外通信。

蓝牙：用于实现移动设备之间短距离的数据交换，一般为10米左右。

红外通信：被广泛应用于小型移动设备互换数据，一般有效距离为1～2米。

（2）无线局域网

无线局域网是利用无线通信技术在一定的局部范围内建立的网络。它同时具备局域网和无线网络的特征，能随时随地接入宽带网络。

无线局域网系统由计算机、服务器、网络操作系统、无线网卡和无线接入点等组成，其技术标准主要包括IEEE 802.11和HiperLAN。

无线局域网的典型应用场景有：楼宇之间的网络连接；餐饮、零售及医疗场景中的网络服务；企业办公地、家庭、仓储、会展等场所中的网络接入；监控系统的网络连接等。组建无线局域网如图2-1所示。

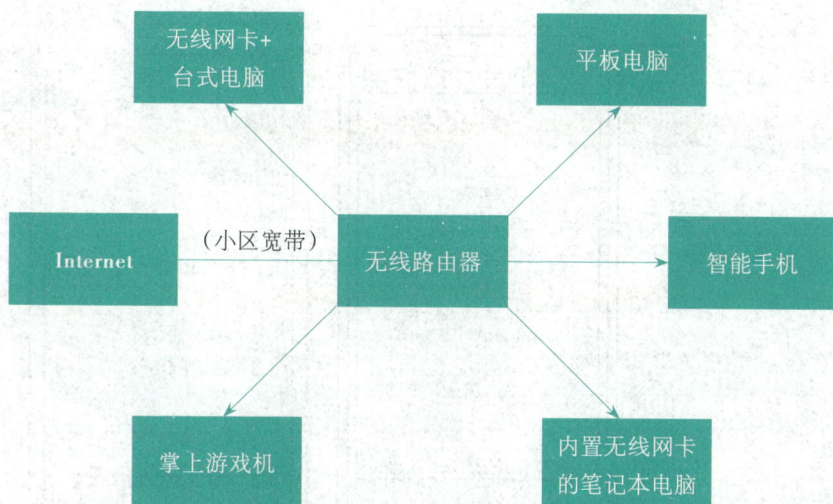

图2-1 组建无线局域网示意图

二、移动终端

1.移动终端技术

移动终端是指可以在移动网络中使用的计算机设备，包括智能手机、笔记本电脑、平板电脑、POS机甚至车载电脑。移动终端特别是智能移动终端具有如下特点：

（1）在硬件体系上，移动终端拥有中央处理器、存储器、输入部件和输出部件。也就是说，移动终端往往是具备通信功能的微型计算机设备。另外，移动终端具有多种输入方式，如键盘、鼠标、触摸屏、送话器和摄像头等，并可以根据需要进行调整输入。同时，移动终端也具有多种输出方式，如受话器、显示屏等，也可以根据需要进行调整。

（2）在软件体系上，移动终端必须具备操作系统，如鸿蒙、Android、iOS、WebOS、Windows等。目前，这些操作系统越来越开放，基于这些开放的操作系统开发的个性化应用软件层出不穷，如通信簿、日程表、记事本、计算器以及各类游戏等，极大地满足了个性化用户的需求。

（3）在通信能力上，移动终端具有灵活的接入方式和高带宽通信性能，且能根据所选择的业务和所处的环境，自动调整所选的通信方式，从而方便用户使用。移动终端支持

GSM、WCDMA、CDMA2000、TD-SCDMA、Wi-Fi以及WiMAX等，从而适应多种制式网络，不仅支持语音业务，更支持多种无线数据业务。

（4）在功能上，移动终端更注重人性化、个性化和多功能化。随着计算机技术的发展，移动终端从"以设备为中心"的模式进入"以人为中心"的模式，集成了嵌入式计算、控制技术、人工智能技术以及生物认证技术等，充分体现了以人为本的宗旨。由于软件技术的发展，移动终端可以根据个人需求调整设置，更加个性化。同时，移动终端本身集成了众多软件和硬件，功能也越来越强大。

2.智能手机的硬件构成

智能手机硬件主要由SoC、GPU、CPU、RAM、ROM、屏幕、摄像头、电池、传感器、射频芯片等组成（如图2-2所示）。

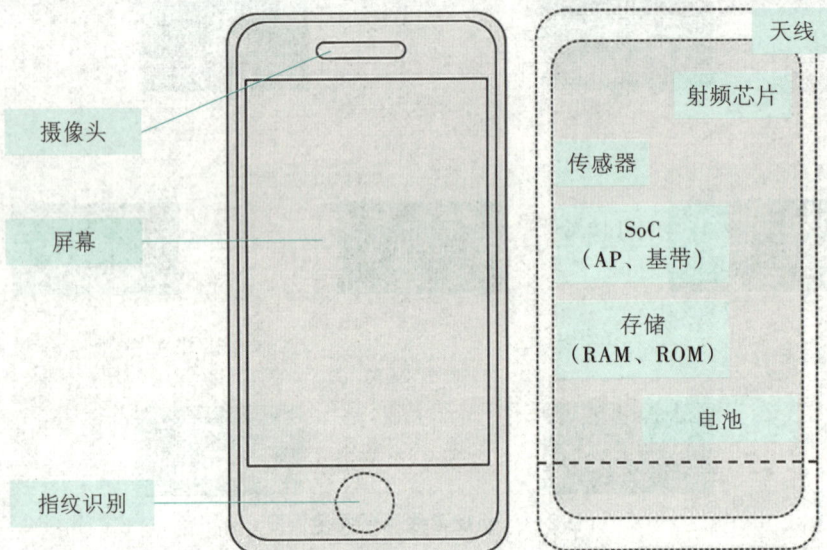

摄像头

屏幕

指纹识别

天线

射频芯片

传感器

SoC
（AP、基带）

存储
（RAM、ROM）

电池

图2-2　智能手机的硬件示意图

SoC（System on Chip）就是片上系统，一个手机的SoC同时包括GPU、CPU、协处理器、ISP、基带等几部分，可以把它理解成将原本应该独立存在的多个芯片打包，封装在一个芯片里的结合体。

GPU（Graphics Processing Unit）是图形处理器，又称显示核心、视觉处理器、显示芯片，是一种专门在个人电脑、工作站、游戏机和一些移动设备（如平板电脑、智能手机等）上进行图像运算工作的微处理器。它与电脑上的显卡不同的是，手机的GPU和CPU一起被集成到了SoC上。随着图形处理技术的发展，用户对手机的图像处理能力有了更多的要求，GPU也足以和CPU相提并论了，尤其是在玩3D游戏的时候，GPU的重要性远在CPU之上。

CPU（Central Processing Unit）是中央处理器，相当于手机的大脑，是处理器最核心的组成部分之一，与手机的运行速度和运行效率都有着莫大的关系。一款强劲的CPU可以给手机带来更高的运算能力，也会增强用户玩游戏、看电影的速度体验。CPU的主要参数有两个：核心数和主频。这两个性能参数不是越大越好，合理够用即可，因为多核心高主频意味着更耗电。

RAM（Random Access Memory）是随机存储器，可随时读写且速度快，常作为操作系统或正在运行中的程序的临时数据存储媒介。手机常用的内存规格是LPDDR（Low Power Double Data Rate），中文名为低功率双重数据比率，专门用于移动式电子产品。同电脑上所使用的内存条一样，RAM容量越大，手机运行速度越快，多任务机制越流畅。

ROM（Read-only Memory）是只读存储器，又称闪存，顾名思义，就是这样的存储器只能读，不能像RAM一样可以随时读和写。它只允许在生产出来之后有一次写的机会，数据一旦写入则不可更改。它的另外一个特点是断电后里面的数据不丢失，可以存放上千年。手机ROM指的是存放手机固件代码的存储器。手机刷机指的就是重新构建自己的手机ROM部件，如手机的操作系统、一些应用程序等。

屏幕是大家最熟悉的部件，大家对手机最直观的印象就来自屏幕，它也是手机中成本占比最大的部分。现在智能手机基本上都采用触摸屏，触摸屏又称为触控面板，是可接收触头等输入信号的感应式液晶显示装置。手机触摸屏分为电阻屏和电容屏两种，目前流行的触摸屏多数都为lens屏，就是纯平电阻和镜面电容屏。

电池的容量是使用者最关心的问题之一。毕竟多媒体时代，手机娱乐功能的应用越来越丰富，手机的使用频率也越来越高。电池容量的大小标志着一款手机的续航能力。

手机传感器是手机上通过芯片来感应的元器件。手机里的传感器，如距离传感器、加速度传感器、重力传感器、陀螺仪、气压计等，就是手机的耳、鼻、眼、手，能够采集周围环境的各种参数并传送给CPU，使得手机真正智能。

摄像头也是喜欢拍照的人群购买手机的一个重要参考标准。像素包括有效像素（Effective Pixels）和最大像素（Maximum Pixels）。与最大像素不同的是，有效像素是指真正参与感光成像的像素值，而最大像素的数值是感光器件的真实像素值。在选购摄像头时，还会遇到光圈这个参数，光圈大小一般用F值表示，F值越大，光圈越小。大光圈意味着同样环境下，照片会变得更明亮，特别是弱光环境下效果会更加明显。手机摄像头产品受技术等的限制，还无法和真正的相机相提并论，不过，相信手机摄像头会随着技术的发展越来越接近专业相机的拍照效果。

手机里有很多与射频相关的芯片，叫作射频芯片，主要包括射频发射芯片、GPS导航天线芯片、Wi-Fi无线网络芯片、NFC近场传输芯片、蓝牙芯片等。这些芯片的数量和性能，决定了手机通信手段的多少和通信能力的强弱。

三、移动操作系统与应用程序

1.移动操作系统

（1）华为的鸿蒙系统

鸿蒙系统（Harmony OS）是华为公司在2019年8月9日于东莞举行华为开发者大会时正式发布的操作系统。

华为鸿蒙系统是一个全新的面向全场景的分布式操作系统，它创造一个超级虚拟终端互联的世界，将人、设备、场景有机地联系在一起，将消费者在全场景生活中接触的多种智能终端实现极速发现、极速连接、硬件互助、资源共享，用合适的设备提供场景体验。

Harmony OS系统架构整体上遵从分层设计，从下向上分为内核层、系统服务层、框架层和应用层。

内核层：分为内核子系统和驱动子系统。内核子系统采用多内核设计，支持针对不同资源受限设备选用合适的OS内核；驱动框架是鸿蒙系统硬件生态开放的基础，它提供统一外设访问能力和驱动开发、管理框架。

系统服务层：是鸿蒙系统的核心能力集合，通过框架层对应用程序提供服务。其包括系统基本能力子系统集、基础软件服务子系统集、增强软件服务子系统集、硬件服务子系统四个部分。

框架层：为应用程序提供Java/C/C++/JS等多语言用户程序框架和Ability框架，及各种软硬件服务对外开放的多语言框架API，也为搭载鸿蒙系统的电子设备提供多语言框架API。

应用层：包括系统应用和第三方非系统应用，鸿蒙系统应用由一个或多个FA或PA组成。

（2）苹果的iOS系统

iOS是由苹果公司开发的移动操作系统。苹果公司最早于2007年1月9日的Macworld大会上公布了这个系统，最初是设计给iPhone使用的，后来陆续套用到iPod touch、iPad以及Apple TV等产品上。iOS与苹果的Mac OS操作系统一样，属于类Unix的商业操作系统。原本这个系统名为iPhone OS，因为iPad、iPhone和iPod touch都使用iPhone OS，所以2010年WWDC大会上宣布改名为iOS。

iOS为应用程序开发提供了许多可使用的框架，并构成iOS操作系统的层次架构。它分为四层，从上到下依次为：Cocoa Touch Layer（可触摸层）、Media Layer（媒体层）、Core Services Layer（核心服务层）、Core OS Layer（核心操作系统层）。低层次框架提供iOS的基本服务和技术；高层次框架建立在低层次框架的基础之上，用来提供更加复杂的服务和技术；较高级的框架是基于较低级的框架构建的，并为其提供面向对象的抽象接口，在开发应用时一般使用较高级的框架。

（3）谷歌的Android系统

Android由Google公司和开放手机联盟领导及开发，2007年11月5日正式向外界展示。它是一种基于Linux的自由及开放源代码的操作系统，主要用于移动设备，如智能手机和平板电脑。

Android的系统架构和其操作系统一样，采用了分层的架构，共分为五层，从下到上依次是Linux内核层、硬件抽象层、系统运行库层、应用框架层和应用层。

Android平台最大的优势在于它的开放性，它开发的平台允许任何移动终端厂商加入安卓联盟。显著的开放性使它拥有越来越多的开发者，随着用户和应用程序的不断丰富，一个全新的平台很快就会成熟。小米的MIUI、华为的EMUI、魅族的Flyme、vivo的Funtouch OS等都是手机厂商基于Android系统二次深度开发后打造的手机操作系统。

（4）其他操作系统

除了上述三大移动操作系统外，市场上还存在其他移动操作系统，如LG的WebOS、微软的Windows Phone等。

2.应用程序

（1）App的概念

App就是应用程序，英文全称是Application，狭义的App指的是智能手机的第三方应用程序，广义的 App 是指所有客户端软件，现多指移动应用程序。自苹果公司的 App Store 开创了手机软件业发展的新篇章之后，第三方软件的提供者参与其中的积极性空前高涨。随着智能手机越发普及，用户越发依赖手机软件商店，早在 2012 年，App 开发已变成一片"红海"。

（2）App 的分类

根据 App 的开发应用情况，现在 App 移动应用大致分为五类：工具类 App、社交类 App、生活服务类 App、休闲娱乐类 App、行业应用类 App。

①工具类 App

工具类应用可以理解为用户在一定环境下了解某事物所使用的工具，在移动客户端上所使用的就是工具类 App。这种对工具的需求并不具有普适性，并不是每位用户都需要此类工具，如手电筒、安全卫士、流量监控器等。从工具类 App 的发展来看，它的发展周期很长，有一个先苦后甜的过程，用户数量与盈利都是困扰其中的问题，和游戏 App 完全相反。

②社交类 App

社交类 App 是能够支持用户之间相互通信交流的移动应用软件。它主要指可以使用户同步沟通的 IM（Instant Messaging，即时通信/实时传讯），用户可以通过该应用相互传送图文、声音、视频。此外，还包括支持用户之间一步沟通的移动邮箱。目前，常见的社交类 App 有微信、网易邮箱等。

③生活服务类 App

生活服务类 App 通常扮演智能"生活助理"的角色，为人们的日常生活提供便利。生活服务类 App 又分为生活信息处理和生活智能助理两部分：生活信息处理为用户提供生活中衣食住行等方面的信息，使用户的生活更加便利；而生活智能助理为用户提供时间管理、移动定位、移动支付等服务。这方面的 App 有去哪儿、支付宝等。

④休闲娱乐类 App

当下，很多人需要在繁重的工作之余，利用有限的时间放松情绪，这样的心理需求越来越普遍，于是娱乐休闲类 App 如雨后春笋般涌现，迅速占据整个手机娱乐市场。休闲娱乐类 App 主要指能够为用户提供休闲和娱乐享受的移动应用产品。此类 App 主要为游戏类 App，几近占据该类 App 中一半的市场份额。除游戏外，还有图文娱乐、移动音频以及移动视频等，如电子书、抖音等。

⑤行业应用类 App

行业应用类 App 是能够支持用户进行指定行业工作的企业级移动应用软件。它分为一般应用和专业应用两部分：一般应用主要是负责制订工作计划，进行项目管理的办公类 App；专业应用则根据企业用户所处的行业而各不相同，在各个行业都有应用。由于其用户都是专业性很强的企事业单位，并且其设计开发具有一定的保密性，所以数量很少，如中国移动推出的蓝海领航、中国联通推出的警务新时空等。

（3）App 的特点与优势

App 有着非常大的市场需求和广阔的发展前景，App 的四大优势奠定了其现在的市场地位。

①精准性

App 都是用户主动下载的，至少说明下载者对相关品牌有兴趣。多数 App 都提供分享到微博等社交网站的功能，聚集具有相似兴趣的目标群体。同时，App还可以通过收集手机系统的信息、位置信息、行为信息等，来识别用户的兴趣、习惯。例如，识别手机的型号、系统，辨别是商务机还是音乐机，就能估计用户的收入水平和兴趣爱好；通过识别用户常看的页面，分析其行为习惯，再推送企业的推广信息。

②互动性

App提供了比以往的媒介更丰富多彩的表现形式。移动设备的触摸屏具有很好的操作体验，文字、图画、视频等一应俱全，实现了前所未有的互动体验。而且App还打开了人与人之间的互动通道，通过在内部嵌入SNS平台，使正在使用同一个App的用户可以相互交流心得，在用户的互动和口碑传播中，提升用户的品牌忠诚度。

③创意性

App是一种新的工具、新的媒体、新的呈现方式，因此就不应该用传统互联网思维来搭建，而应该多一点软件的思维，基于更多用户体验、软件流程的考量，甚至是更多结合手机或者平板的特性（照相、LBS、感应器等），这是创新创意的思维，也是App上市后得以吸引用户及媒体关注的主因。App在品牌企业手里，可以是产品手册，可以是电子体验，可以是社交分享，可以是公关活动等。App营销的所有优势都归结于一个前提——设计和创意。只有设计出用户真正喜欢的App，有让他们惊讶的创意，他们才会成为忠诚用户。

④超强的用户黏性

现代人无论去哪儿都是手机不离身，一有空当就会拨弄手机，哪怕是上厕所的时间也不放过，App抢占的就是用户的这种零散时间，而且只要不是用户主动删除，App就会一直留在用户的手机里，品牌就有了对用户不断重复、不断加深印象的机会。

第二节　移动商务应用技术

一、二维码技术

二维码是我们在日常生活中经常使用到的一种信息数据载体，它也是连接线上线下的重要技术手段。腾讯公司董事会主席兼首席执行官马化腾在总结移动互联网的特点时曾说过，二维码将成为线上线下的关键入口。

1.二维码的概念

二维码也称二维条码，其根据某种特定的几何图形，按一定规律在二维平面上利用黑白相间的图形来记录数据信息。二维码在代码编制上巧妙地利用构成计算机内部逻辑基础的"0""1"比特流的概念，使用若干个与二进制相对应的几何形体来表示数值信息，通过光电扫描设备自动识读和处理。

2.二维码的特点

（1）信息容量大：二维码可容纳多达1 850个大写字母或2 710个数字或1 108个字节或500多个汉字，比普通条码的信息容量约高几十倍。

（2）编码范围广：二维码可以对图片、声音、文字、签字、指纹等可以数字化的信息进行编码。

（3）容错能力强：二维码因穿孔、污损等导致局部损坏时，照样可以正确得到识读，损毁面积达30%仍可恢复信息。

（4）译码可靠性高：它比普通条码译码错误率百万分之二要低得多，误码率不超过千万分之一。

（5）可引入加密措施：保密性、防伪性好。

（6）成本低，易制作，持久耐用。

二维码有诸多优点，所以被广泛应用于信息获取、网站跳转、广告推送、防伪溯源、优惠促销、会员管理、手机支付等各个方面。

3.二维码的分类

（1）按照技术原理分类

按照技术原理，二维码可以分为堆砌式或行列式二维码和矩阵式二维码。

①行列式二维码

行列式二维码的编码原理是在一维条码的基础之上，按需要堆积成两行或多行。它在编码设计、校验原理、识读方式等方面继承了一维条码的一些特点，识读设备与条码印刷与一维条码技术兼容。但由于行数的增加，需要对行进行判定，其译码算法与软件也和一维条码不同。有代表性的行列式二维条码有：Code 16K、Code 49、PDF417、Micro PDF417等（如图2-3所示）。

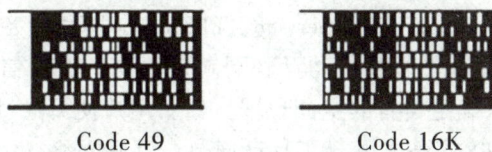

Code 49   Code 16K

图2-3 行列式二维码

②矩阵式二维码

矩阵式二维码（又称棋盘式二维条码）在一个矩形空间通过黑、白像素在矩阵中的不同分布进行编码。在矩阵相应元素位置上，用点（方点、圆点或其他形状）的出现表示二进制"1"，点的不出现表示二进制的"0"，点的排列组合确定了矩阵式二维码所代表的意义。矩阵式二维码是建立在计算机图像处理技术、组合编码原理等基础上的一种新型图形符号自动识读处理码制。具有代表性的矩阵式二维码有：Code One、Maxi Code、QR Code、Data Matrix等。生活中最常见、应用最广泛的二维码是QR Code，如图2-4所示。

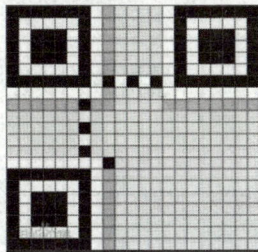

图2-4 矩阵式二维码

（2）按照业务应用分类

按照业务应用，二维码可以分为读取数据、解码上网、解码验证、解码通信四种类型。

①读取数据

通过手机或二维码识别设备扫描二维码，解码软件解码后显示数据信息，以减少用户手动输入操作，且数据可直接存储到对应的系统或设备中。最常见的应用有电子名片、信息溯源追踪等。

②解码上网

利用手机或条码识读设备扫描二维码，显示相关的 URL 的链接，用户可以访问这一链接，进行数据浏览或数据下载。最为基本的模式是网络信息浏览，如电子广告、商场特价区信息、网站信息查询、电子图书、电子地图查询等。

③解码验证

利用手机或二维码识别设备扫描二维码，将数据提交给验证服务器，服务器将反馈结果发送回手机，核实产品或服务的有效性。其最基本的应用在于产品防伪信息的识别，衍生模式多应用于物流或渠道管理，也应用于支付领域，用于支付凭证的核实等。

④解码通信

它主要是指解码后结果显示为短信、邮件或电话号码的形式，多用于短信投票、邮件联系、电话咨询等业务。

二、LBS技术的原理与应用

基于位置的服务（Location Based Service，LBS），是指利用各种类型的定位技术来获取定位设备当前的所在位置，通过移动互联网向定位设备提供信息资源和基础服务。首先，用户可利用定位技术确定自身的空间位置；随后用户便可通过移动互联网来获取与位置相关的资源和信息。LBS服务中融合了移动通信、互联网络、空间定位、位置信息、大数据等多种信息技术，利用移动互联网络服务平台进行数据更新和交互，使用户可以通过空间定位来获取相应的服务。

1.LBS技术的主要特点

（1）覆盖范围广

对于 LBS 服务体系，企业一方面要求定位服务覆盖足够大的范围，另一方面要求一定要将室内也进行全覆盖。这是因为 LBS 的设备或者用户大部分时间都是处于室内的，所以需要保证对室内的每个角落进行覆盖。根据 LBS 定位系统覆盖的范围，定位服务大致可分为 3 种：覆盖整个本地网、覆盖部分本地网、提供漫游网络服务。

（2）定位精度高

根据不同用户的需求提供不同程度的精准服务，并且提供用户选择精确度的便利，这是手机定位的一个优势。

（3）应用广泛

LBS 包括很多内容，可以根据服务对象的特点分为行业应用、公共安全应用、运营商内部应用等。

（4）操作简便

LBS 功能主要基于 Web 服务器和 LDAP 服务器二者的协同工作，前者搭建起用户交互的桥梁，后者保障数据的高效管理与调用，从而实现位置信息的实时获取、路径规划、兴趣点推荐等多样化 LBS 服务，给用户带去便捷且个性化的位置服务体验。

2.LBS 的定位方式

（1）A-GPS 定位

A-GPS（Assisted GPS，辅助 GPS）定位技术结合了 GPS 定位和蜂窝基站定位的优势，借助蜂窝网络的数据传输功能，可以实现很高的定位精度和很快的定位速度，广泛用于含有 GPS 功能的手机上。GPS 通过卫星发出的无线电信号来进行定位，但这些信号可能会被许多不规则的建筑物、墙壁或树木削弱。在这种情况下，非 A-GPS 导航设备可能无法快速定位，而 A-GPS 系统可以通过运营商基站信息来进行快速定位。

【知识拓展 2-1】

北斗卫星导航系统介绍

我国的北斗卫星导航系统（以下简称北斗系统）已经投入使用，是中国自行研制的全球卫星导航系统，也是继 GPS、GLONASS 之后的第三个成熟的卫星导航系统。北斗系统是中国着眼于国家安全和经济社会发展需要，自主建设运行的全球卫星导航系统，是为全球用户提供全天候、全天时、高精度的定位、导航和授时服务的国家重要时空基础设施。

北斗系统提供服务以来，已在交通运输、农林渔业、水文监测、气象测报、通信授时、电力调度、救灾减灾、公共安全等领域得到广泛应用，服务国家重要基础设施，产生了显著的经济效益和社会效益。基于北斗系统的导航服务已被电子商务、移动智能终端制造、位置服务等厂商采用，广泛进入中国大众消费、共享经济和民生领域，应用的新模式、新业态、新经济不断涌现，深刻改变着人们的生产、生活方式。中国将持续推进北斗应用与产业化发展，服务国家现代化建设和百姓日常生活，为全球科技、经济和社会发展做出贡献。

北斗系统秉承"中国的北斗、世界的北斗、一流的北斗"发展理念，愿与世界各国共享北斗系统建设发展成果，促进全球卫星导航事业蓬勃发展，为服务全球、造福人类贡献中国智慧和力量。北斗系统为经济社会发展提供重要时空信息保障，是中国实施改革开放 40 余年来取得的重要成就之一，是中华人民共和国成立 70 余年来的重大科技成就之一，是中国贡献给世界的全球公共服务产品。中国将一如既往地积极推动国际交流与合作，实现与世界其他卫星导航系统的兼容与互操作，为全球用户提供更高性能、更加可靠和更加丰富的服务。

资料来源　根据北斗卫星导航系统官网相关资料整理.

（2）基站定位

基站定位一般用于手机用户，是基于位置的服务，通过电信、移动运营商的无线电通信网络（如 GSM 网、CDMA 网）或外部定位方式（如 GPS）获取移动终端用户的位置信息（地理坐标或大地坐标），在 GIS（Geographic Information System，地理信息系统）平台的支持下，为用户提供相应服务的一种增值业务。

（3）Wi-Fi 定位

Wi-Fi 定位与手机基站定位方式类似，都需要采集 Wi-Fi 接入点的位置信息。Wi-Fi 热点也就是 AP 或者无线路由器越来越多，只要通电，不管如何加密，热点都会向周边发射信号，信号中包含此热点的唯一全球 ID。定位端点只要侦听附近有哪些热点，然后把这些信息发送给服务器，服务器就可以根据这些信息查询每个热点在数据库里的坐标并进行运算，从而知道客户端的具体位置，最后返回坐标告诉客户端。

（4）RFID/二维码标签识别定位

它是指通过设置一定数量的读卡器和架设天线，根据读卡器接收信号的强弱、到达时间、角度来定位。目前，这种方法还无法做到精准定位，而且布设读卡器和天线需要有大量的工程实践经验，难度非常大。另外，从成本角度考虑，Wi-Fi定位更加经济实惠。

（5）蓝牙定位

它是指手机通过蓝牙连接上周边的蓝牙GPS模块来辅助定位。

3.LBS技术的应用领域

LBS广泛支持动态地理空间信息的应用，从签到、找人到定位、导航，它几乎涵盖了生活的方方面面。我们可以将它归为五大应用领域。

（1）公共安全业务

它主要为拨打紧急呼叫电话的用户定位，以方便公安、消防、医疗等公共安全部门为其提供迅速、准确的救援服务。

（2）跟踪业务

其提供对人员、车辆等可移动目标的跟踪服务，允许用户定期或按需查询目标的位置。具体的应用有儿童及老人监护、宠物跟踪、车辆防盗、公交或出租车车队调度与管理等。

（3）基于位置的个性化信息服务

它为用户提供与当前所处位置相关的综合信息服务。例如，为旅游者提供当地的交通状况、天气预报、旅游指南等分类信息，帮助其查找附近的酒店、停车场、娱乐场所等。

（4）导航服务

位置服务在手机地图、导航服务领域发展得较为成熟，在手机地图上，目前腾讯、百度和高德等地图厂商都推出了丰富的位置服务产品，为用户提供由当前位置到目的地的引导服务，如针对旅行者的路线规划服务和行程中的引导服务（提供转向提示、到达通知等）。此外，智能位置服务初现端倪，在智慧社区、智慧交通、智能驾驶方面发挥了越来越重要的作用。

（5）社交服务

一方面，LBS可以实现地点交友，即时通信，即不同的用户因在同一时间处于同一地理位置而构建好友关系；另一方面，通过以地理位置为基础的小型社区，用户可以在处于同一地理位置的小区内发布新鲜事、组织社区活动、查看社区用户、邀请成为好友、分享家庭趣事等。

三、HTML5互动融合技术

HTML是一种超文本标记语言。它定义了网页的结构与内容，浏览器按照特定规范对其进行解析后，便能将文字、图片、音频、视频等丰富信息，以多样化的网页形式呈现出来。HTML5是最新版本的语言，相比之前的版本，它在语义上更加规范，还加入了对音频文件和视频文件的标记支持。简单来说，就是描述的内容更加精确，对浏览器更加友好。据统计，全球已有10亿以上手机浏览器支持HTML5；同时，HTML Web开发者数量达到 200 万。毫无疑问，未来 5 年内，HTML5 将成为移动互联网领域的主宰者。

1.HTML5 的特性

（1）语义特性（Semantic）

HTML5 赋予网页更好的意义和结构。更加丰富的标签将随着对 RDFa（W3C 推荐标准，资源描述框架属性）的微数据与微格式等方面的支持，构建对程序、对用户都更有价值的数据驱动的 Web。

（2）本地存储特性（Offline & Storage）

基于 HTML5 开发的网页 App 拥有更短的启动时间、更快的联网速度，这些全得益于 HTML5 App Cache 以及本地存储功能。Indexed DB（HTML5 本地存储最重要的技术之一）作为一种非关系型数据库，具有结构化数据存储能力，能存放对象、数组等复杂数据类型。同时，搭配了 API 说明文档，开发者能够更清晰地了解接口调用方式，方便其进行数据的增删改查，让网页 App 在数据存储和管理上更加高效，从而提升整体性能与用户体验。

（3）设备兼容特性（Device Access）

自 Geolocation 功能的 API 文档公开以来，HTML5 为网页应用开发者们提供了更多功能上的优化选择，带来了更多体验功能。HTML5 提供了前所未有的数据与应用接入开放接口，使外部应用可以直接与浏览器内部的数据相联，如视频影音可直接与 microphones 及摄像头相联。

（4）连接特性（Connectivity）

HTML5 更高的连接工作效率，使得基于页面的实时聊天、更快速的网页游戏体验、更优化的在线交流得以实现。HTML5 拥有更高效的服务器推送技术，Server-Sent Events 和 WebSocket 就是其中的两个特性，这两个特性能够帮助我们实现利用服务器将数据"推送"到客户端的功能。

（5）网页多媒体特性（Multimedia）

HTML5 支持网页端的 Audio、Video 等多媒体功能，实现了网页对摄像头、影音播放等能力的原生支持。

（6）三维、图形及特效特性（3D，Graphics & Effects）

基于 SVG、Canvas、WebGL 及 CSS3 的 3D 功能，用户会惊叹在浏览器中所呈现的惊人视觉效果。

（7）性能与集成特性（Performance & Integration）

没有用户会永远等待你的 Loading——HTML5 通过 XMLHttpRequest2 等技术，解决以前的跨域等问题，帮助用户的 Web 应用和网站在多样化的环境中更快速地工作。

（8）CSS3 特性（CSS3）

在不牺牲性能和语义结构的前提下，CSS3 提供了更多的风格和更强的效果。此外，较之以前的 Web 排版，Web 的开放字体格式（WOFF）也具有更高的灵活性和控制性。

2.HTML5 的优势

（1）网络标准

HTML5 本身是由 W3C 推荐而来的，它的开发基于谷歌、苹果、诺基亚、中国移动等几百家公司一起酝酿的技术，这一技术最大的好处在于它是公开的技术。换句话说，每一个公开的标准都可以根据W3C的资料库找寻根源。此外，W3C通过的HTML5标准也意味着每一个浏览器或每一个平台都能够实现。

（2）多设备跨平台

HTML5的优点还在于，这个技术可以进行跨平台使用。比如，你开发了一款HTML5的游戏，你可以很容易地移植到UC的开放平台、Opera的游戏中心、Facebook应用平台上，甚至可以通过封装的技术放到App Store或Google Play上，所以它的跨平台性非常强大，这也是大多数人对HTML5感兴趣的主要原因。

（3）自适应网页设计

很早就有人设想，能不能"一次设计，普遍适用"，让同一个网页自动适应不同大小的屏幕，根据屏幕宽度，自动调整布局（layout）。

2010年，Ethan Marcotte提出了"自适应网页设计"这个名词，指可以自动识别屏幕宽度并做出相应调整的网页设计。简而言之，就是一个网站能够兼容多个终端，而不是网站为不同的设备提供不同的网页。

此外，HTML5还有以下优点：

• 提高可用性和改进用户的友好体验。
• 新标签功能有助于开发人员定义重要的内容。
• 可以给站点带来更多的多媒体元素（视频和音频）。
• 可以很好地替代Flash和Silverlight。
• 当涉及网站的抓取和索引时，对搜索引擎优化很友好。
• 可被大量应用于移动应用程序和游戏。
• 可移植性好。

（4）即时更新

游戏客户端每次都要更新，很麻烦。可是更新HTML5游戏就好像更新页面一样，是马上的、即时的更新。

3.HTML5页面的制作技巧

目前，国内市场上的HTML5应用生成器或HTML5页面社交场景制作平台有很多，比较流行的有：

• 兔展（http：//www.rabbitpre.com）；
• 易企秀（http：//www.eqxiu.com）；
• 意派360（http：//www.epub360.com）；
• 人人秀（https：//www.rrx.cn）；
• MAKA在线设计平台（http：//maka.im）。

4.HTML5的应用场景

（1）商业促销

有些商家通过H5来派发产品试用装、会员卡、优惠券等，吸引消费者前往商家的实体店进行消费。这种商业促销在传统推广方式的基础上加入网络元素，可以较低的成本获取更多的客户。

（2）互动活动

一些企业利用H5开展抽奖、测试、招聘等活动，通过H5收集用户信息并进行汇总，从而高效地促进活动的进行。

（3）海报宣传

企业可以通过制作多页面的H5海报进行企业文化的宣传和产品的介绍，进行活动推广、品牌推广等，还可以将H5海报分享至QQ、朋友圈等进行全网推广。

（4）活动邀请

企业在举办展会、会议、培训、庆典等活动时，可以通过H5进行线上报名，以取得快捷的宣传效果。此外，H5中包含的文字、图片、视频等信息都可以全方位地展示给报名者。

（5）客户管理

企业通过H5线上预约、报名等方式收集客户资料并进行分类管理，利用数据来支持营销决策，从而实现精准营销。

（6）电商引流

商家可以通过H5将客户引流到淘宝、天猫、京东等电商平台，以充分利用社交网络的低成本流量。

（7）分享展示

用户可以将有趣、有用、有料的H5通过微信分享给好友，或者直接发到朋友圈中进行展示，增强分享的即时性。

（8）简历名片

求职者除了运用纸质版简历求职外，还可以创建自己的H5简历名片，在其中添加个人信息、图片、音乐、视频等，让面试官全方位地了解自己。

（9）节日贺卡

利用H5制作的节日贺卡可以给亲朋好友送去祝福，其功能和外观比真实的节日贺卡更胜一筹，用户在贺卡中还可以插入音乐、动态文字、图片、视频等元素。

（10）公益宣传

用户通过H5可以进行公益活动宣传，不仅能让更多的人了解公益活动的内容，还可以吸引更多的人参与公益活动。

第三节　移动商务领域新技术

一、云计算技术

1.云计算的概念

（1）狭义的云计算

提供资源的网络被称为"云"。"云"中的资源在使用者看来是可以无限扩展的，并且可以随时获取，按需使用，随时扩展，按使用付费。这种特性经常被称为像水电一样使用的IT基础设施。

（2）广义的云计算

"云"是一些可以自我维护和管理的虚拟计算资源，通常是一些大型服务器集群，包括计算服务器、存储服务器和宽带资源等。云计算将所有的计算资源集中起来，并由软件实现自动管理，无须人为参与。这使得应用提供者无须为烦琐的细节而烦恼，能够更加专注于自己的业务，有利于创新和降低成本。

云计算的基本理念是"一切皆是服务"（Everything as a Service）。任何通过网络能够提供给用户的服务都可以作为云计算的应用形式，而用户在使用这些服务时采取"租用"（Pay Per Use）的形式进行付费。从形式上看，"云"以数据中心的形式存在，而数据中心由大规模计算机集群、管理这些计算机集群的软件、海量数据以及能够为用户提供特定计算服务的软件组成。在"云"中，所有的资源，包括构架、平台和软件都可以作为服务来提供。由于用户可以租用服务，节省了购买机器、平台和开发软件的费用，因此，云计算有着节省成本、快速服务和提高管理效率等优势。

2.云计算的服务模型

云计算的核心是提供服务，因此，云计算也称作"云计算服务"。目前，学术界和企业界提出的云计算服务包罗万象，有 AaaS（Architecture as a Service，体系结构即服务），CaaS（Computing as a Service，计算即服务），DaaS（Data as a Service，数据即服务），DBaaS（Database as a Service，数据库即服务），HaaS（Hardware as a Service，硬件即服务），IaaS（Infrastructure as a Service，基础设施即服务），OaaS（Organization as a Service，组织即服务）、SaaS（Software as a Service，软件即服务），PaaS（Platform as a Service，平台即服务）和 TaaS（Technology as a Service，技术即服务）等。但从云计算的发展来看，目前云计算提供的服务主要有 SasS、PaaS 和 IaaS 等。

3.云计算的优点和问题

云计算能够被各大企业和政府机构所关注，并投入大量的人力、物力进行开发和利用，与其具有的巨大优势和特点是分不开的。云计算也被视为科技界的下一次革命。

（1）云计算的优点

云计算的优点主要体现在以下六个方面：

① 经济实惠。由于数据计算、数据维护和数据存储都在云端进行，所以对租用云计算服务的企业和用户来讲，无须再花大量的成本来建设和维护自己的数据中心，节约了一大笔高昂的设备购置费用，并且不用担心设备的淘汰和升级问题。

② 方便易用。在云模式下，用户可以根据自己的需求和喜好来定制服务、应用和平台，而不必记住资源的具体位置，相关的资源存储在"云"中，用户在任何时间、任何地点都能以某种便捷、安全的方式获得"云"中的相关信息或服务。虽然"云"由大量的计算机组成，但对用户来说，只看到一个统一的"服务"界面，感觉就像使用本地计算机一样方便。

③ 资源整合。在传统模式下，各个企业和政府机构的信息化建设都是自己开发程序、购买服务器和建设计算中心，而这些设备往往大部分时间都是闲置的，且数字资源难以共享。而云计算本身就是对大量 IT 资源的整合，构成庞大的资源池，资源统一灵活调配。在云模式下，通过租用云计算服务，各自为政的信息资源建设模式将会被彻底改变，全球资源可以高度整合，可以实现真正意义上的共享。不管是物理意义上的计算机资源还是数字信息资源，云计算对资源整合后再进行重新配置，能发挥更大的经济效益和社会效益。

④ 安全性更高。由于云计算服务商都是大型企业，有专业的团队来维护数据安全，

因此比以往中小企业及个人用户自己维护数据更安全，大大增强了资源的安全性和可靠性。同时，云计算使用数据多副本容错和计算节点同构技术，保障了服务的高可靠性，因此使用云计算比使用本地计算机更可靠。

⑤ 超强的计算能力。云计算服务商都具有相当大的规模，大型互联网公司的"云"均拥有几十万甚至上百万台服务器，云计算的这种大规模使其具有超强的计算能力；而用户通过租用这些云计算服务，也就相当于拥有了具备超强计算能力的计算中心。

⑥ 绿色环保。云计算的出现，将使无数企业不再需要建设自身的信息中心，完成一定量的计算任务所需使用的服务器数量比以前大大减少，为实现低碳经济和节能减排发挥了很大的作用。同时，通过虚拟机技术和虚拟化资源管理技术，实现了计算能力的自动伸缩扩展，对于无须使用的服务器，可以使其自动处于休眠状态，减少热量、节约电能、降低污染。因此，云计算拥有低能耗、低污染、高性能、高效益的特点，在全球倡导低碳经济的时代背景下，云计算成了"绿色"IT技术。

（2）云计算的问题

云计算的迅猛发展，给企业和用户带来了极大的便利，同时也因为其自身的特点，产生了一系列问题，如数据安全、云计算标准、隐私权及知识产权等，只有妥善地解决这些问题，才能推动云计算更好地发展。

4.云计算的关键技术

云计算的目标是以低成本的方式提供高可靠、高可用、规模可伸缩的个性化服务。为了达到这个目标，需要数据中心管理、虚拟化、海量数据处理、资源管理与调度、QoS保证、安全与隐私保护等关键技术给予支持。

（1）虚拟化技术

虚拟化技术实现了云计算基础设施服务的按需分配，是IaaS、PaaS和SaaS等所有云计算服务的支撑和基础。虚拟化是IaaS层的主要组成部分，也是云计算最重要的特点。虚拟化技术可以使云计算具有以下强大的优势：

① 资源分享。通过虚拟机封装各用户的运行环境，可以有效实现多用户分享数据中心强大的硬件和软件资源。

② 资源定制。用户利用虚拟化技术，配置私有的服务器，指定所需的CPU数目、内存容量和磁盘空间，可以实现资源的按需分配。

③ 细粒度资源管理。将物理服务器拆分成若干虚拟机，可以提高服务器的资源利用率，减少浪费，而且有助于服务器的负载均衡和节能。

④ 弹性、可靠的基础设施服务。当分配给用户的虚拟机不足以完成用户的计算任务时，可以通过虚拟机在线迁移技术，自动对参与用户任务的资源进行扩展；当有部分虚拟机资源闲置时，又可通过关闭这些虚拟机，收回它们占用的资源，实现弹性的计算资源管理。

（2）海量数据存储与处理技术

云计算服务利用大规模服务器集群的数据中心为用户提供超强性能和超大存储能力的服务，所处理的数据通常以TB、PB为计算单位，海量数据的存储和处理技术是云计算服务的重要组成部分。

5.云计算与移动商务

（1）云计算带来的新机遇

云计算应用于移动商务领域，将为众多移动商务企业的发展提供全新的技术基础和服务模式，尤其是中小企业将获得更廉价的资源、更广阔的发展机遇和更完善的服务。云计算所提供的大型数据中心以及海量的数据存储、运算、分析、挖掘能力，能够打破移动终端性能瓶颈，提供全新的IT资源部署模式、更安全的数据存储模式和商业智能及经营决策模式，为移动商务企业发展商业智能奠定良好的基础。而"租赁+服务"的资源分配和交付模式，也为中小移动商务企业发展商业智能提供了巨大的成本优势。

现阶段，将云计算运用于移动商务环境的主要思想是基于移动外包服务的应用。利用移动外包服务所提供的"按需分配"的能力，移动商务企业可以在需要的时候快速获得相关资源和服务，不但免去了移动商务企业前期建设和后期维护等方面的烦恼，而且服务提供商也能利用"云"同时为众多用户提供服务，实现更深层次的资源共享和技术外包。

（2）全新的移动商务模式构建

基于云计算的移动商务模式构建将朝着以下两个方向发展：

①基于"供应链云"的全程移动商务模式。利用分布在全球范围内的"云"，可以构筑一个庞大的"供应链云"系统，利用这个系统可以构建以供应链管理为核心的全程移动商务模式。在这种模式下，利用云计算提供安全、可靠的数据存储和运算处理服务，大大减少了对客户移动终端设备的要求，可以轻松实现所有用户的数据共享和资源合理分配，并能在客户有需要时，及时提供几乎无限制的空间和服务。

云计算服务提供商、云计算用户、政府主管机构、各类产品及服务提供商（如云终端设备提供商、云计算系统集成商、软件基础设施提供商等）形成了一个全新的基于云计算的"供应链云"体系。该体系以整合企业资源为核心，以改善企业流程为焦点，以供应链和云计算管理为基本思想，在合理分工协作的基础上，充分利用已经建立的云计算平台，建立与重组企业核心业务流程，利用强大的"链式云"移动商务模式实现企业的战略目标。目前，如用友、金算盘、伟库等大型服务商都已经开始打造全程移动商务服务系统，基于"供应链云"的全程移动商务已经进入实践应用阶段。

②基于"移动云"的移动商务模式。随着"移动云计算""三网整合"等的发展，移动商务模式也将发生深刻变革。由于有了庞大的分布式"云"系统，其信息处理能力和运算效率等都会得到大幅度提高，而云计算为我们提供的"按需分配"的服务模式和4G/5G给我们带来的全新移动终端，将彻底打破移动商务发展的瓶颈。有了云计算，移动商务服务的安全将得到更好的保障，信息处理和数据传输也将变得更加简单。用户只要持有具备简单计算能力的移动终端，就可以随时随地接入为其提供服务的"云"，并及时、安全地获得移动商务平台的相关服务。

基于"移动云"的移动商务模式，不但打破了移动终端的性能瓶颈，还极大地提高了数据分享的便捷性和任务执行的高效性。在这种模式下，对手机等移动终端没有复杂的硬件性能要求，只要有简单的跨系统平台就可以顺利连接"云端"，获取移动商务企业利用"移动云"所提供的信息和服务。

同时，移动商务企业自身也无须搭建复杂的移动商务平台，而只需要向云计算服务提供商申请租赁，就可以获取相应的"云服务"，从而快速实现其业务功能。"移动云"快捷高效的存储、运算、处理、共享能力，为移动商务的发展提供了全新的空间。

二、大数据技术

与云计算紧密相关的技术就是大数据技术。在互联网思维、互联网经济、移动互联和电子商务等新兴产业纷纷走上历史舞台的大背景下，越来越多的数据使得单纯扩展服务器硬盘容量、提升磁盘阵列性能等传统的存储数据的方式越来越不适应企业的实际需求，分布式计算平台成为时代的新宠，大数据时代来临了，大数据分析行业应运而生。

1.大数据的概念

大数据（Big Data）又称为巨量资料，指的是所涉及的资料量规模巨大到无法通过目前主流软件工具，在合理时间内撷取、管理、处理并整理成为帮助企业经营决策的量化信息。大数据的特点可以归纳为"4V"：首先是数据体量（Volume）大，一般达到或超过10TB 容量规模，但在实际应用中，很多企业用户把多个数据集合放在一起，形成了 PB 级的数据量；其次是数据类别（Variety）多，数据来自多种数据源，数据种类和格式日渐丰富，已冲破了以前所限定的结构化数据范畴，囊括了半结构化和非结构化数据；再次是数据处理速度（Velocity）快，在数据量非常庞大的情况下，也能做到数据的实时处理；最后是数据的真实性（Veracity）高，随着社交数据、企业内容、交易与应用数据等新数据源成为移动商务时代企业的关注点，传统数据源的局限被打破，企业愈发需要有效的数据信息，以确保其真实性和安全性。

2.大数据分析技术

众所周知，大数据已经不只是数据大的事儿了，最重要的是对大数据进行分析，只有分析才能获取很多智能的、有价值的信息。现在，越来越多的应用涉及大数据，而这些大数据的属性，包括数量、速度、多样性等，都呈现出不断增长的复杂性，所以大数据的分析方法在大数据领域就显得尤为重要，可以说是最终信息是否有价值的决定性因素。一般来说，大数据分析的方法主要涉及以下五个方面的内容：

（1）大数据可视化分析

大数据的使用者有大数据分析专家，同时还有普通用户，二者对大数据分析最基本的要求就是可视化，因为可视化分析能够直观地呈现大数据的特点，同时也非常容易被用户接受。

（2）数据挖掘算法

大数据分析的理论核心是数据挖掘算法，各种数据挖掘的算法只有基于不同的数据类型和格式，才能更加科学地呈现数据本身具有的特点，也正是因为这些统计方法我们才能深入数据内部，挖掘其公认的价值。另外，也是因为有这些数据挖掘的算法，我们才能更快速地处理大数据。如果一个算法得花上好几年才能得出结论，那么大数据的价值也就无从说起了。

（3）大数据预测性分析能力

大数据分析最重要的应用之一就是预测性分析。从大数据中挖掘其特点，通过科学地建立模型，然后代入新的数据，从而预测未来的数据。

（4）语义引擎

大数据分析广泛用于网络数据挖掘，可以通过用户的搜索关键词、标签关键词或其他输入，分析并判断用户的需求，从而实现更好的用户体验和广告匹配。

（5）数据质量和数据管理

大数据分析离不开数据质量和数据管理，高质量的数据和有效的数据管理，无论是在学术研究还是在商业应用领域，都是保证分析结果的真实和有价值的重要因素。

3.大数据分析的作用

大数据时代已经到来，那么大数据意味着什么？它到底会改变什么？仅仅从技术角度来回答，无法解惑。我们需要把大数据放在人的背景中加以透视，理解它作为时代变革力量的原因。

（1）大数据是变革价值的力量

一是体现在民生上，通过大数据看在人与人的关系上，我们做得是否比以前更有意义；二是体现在生态上，通过大数据看在自然与人的关系上，我们做得是否比以前更有意义。

（2）大数据是变革经济的力量

生产者是有价值的，消费者是价值的意义所在。有意义的才有价值，消费者不认同的，就卖不出去，就实现不了价值；只有消费者认同的，才卖得出去，才能实现价值。大数据帮助我们从消费者这个源头识别意义，从而帮助生产者实现价值。

（3）大数据是变革组织的力量

随着具有语义网特征的数据基础设施和数据资源发展起来，组织的变革就显得迫在眉睫。大数据将推动网络结构产生无组织的组织力量。最先反映这种结构特点的，是各种各样去中心化的Web2.0应用，如维基百科和微博等。大数据之所以成为时代变革的力量，在于它通过追随意义而获得智慧。

三、物联网技术

"物联网"这个概念，早在1999年就提出来了，当时叫传感网。物联网概念的问世，打破了之前的传统思维。过去的思路是将物理基础设施和IT基础设施分开，一方面是机场、公路和建筑物，另一方面是数据中心、个人计算机和宽带等。而在物联网时代，钢筋混凝土和电缆将与芯片和宽带整合为统一的基础设施。在此意义上，基础设施更像是一个新的地球，所以也有业内人士认为物联网与智能电网均是智慧地球的有机构成部分。

1.物联网概述

物联网（Internet of Things，IoT）也称为Web of Things，是指通过各种信息传感设备，如传感器、射频识别技术、全球定位系统、红外感应器、激光扫描器、气体传感器等各种装置与技术，实时采集任何需要监控、连接和互动的物体的声、光、热、电、力学、化学、生物和位置等各种信息，与互联网结合而形成的一个巨大网络。其目的是实现物与物、物与人、所有的物品与网络的连接，方便识别、管理和控制，提供安全可控乃至个性化的实时在线监测、定位追溯、报警联动、调度指挥、预案管理、安全防范、远程维保、在线升级、统计报表、决策支持和领导桌面（集中展示的Cockpit Dashboard）

等管理和服务功能，实现对"万物"的"高效、节能、安全、环保"的"管、控、营"一体化。

物联网把新一代IT技术充分运用在各行各业之中，具体地说，就是把感应器嵌入和装备到电网、铁路、桥梁、隧道、公路、建筑、供水系统、大坝、油气管道等各种物体中，然后将物联网与现有的互联网整合起来，实现人类社会与物理系统的整合。在这个整合的网络中，存在能力超级强大的中心计算机群，能够对整合网络内的人员、机器、设备和基础设施实施实时的管理和控制。在此基础上，人类以更加精细和动态的方式管理生产和生活，达到"智慧"的状态，以提高资源利用率和生产力水平，改善人与自然之间的关系。

毫无疑问，物联网时代来临，人们的日常生活将发生翻天覆地的变化。然而，即便不谈隐私权和辐射问题，单把所有物品都植入识别芯片，现在看来还不太现实。

2.物联网关键技术

物联网是继互联网后又一次技术的革新，代表着未来计算机与通信的发展方向。这次革新也取决于一些重要领域的动态技术创新，如从RFID、EPC、传感技术到认知网络和云计算等。

（1）RFID、EPC和传感技术

RFID技术在前文已经介绍过，这里不再赘述。EPC（Electronic Product Code）是一种编码及接口标准，专用于RFID。传统的观点认为，EPC是RFID中的一种技术标准，即EPC的载体是RFID电子标签。现今提到的EPC系统是在互联网、射频技术等的基础上，利用RFID和无线数据通信等技术构造的一个物品信息实时共享的网络。

（2）物联网的认知技术

物联网使物体本身具有智能化特性，通过将信息处理能力下放至网络边缘，增强网络功能，这一技术给数据处理和网络弹性提升带来了更大的可能性；赋予网络边缘事务独立处理和决定的能力；智能意味着机器能对外界的刺激信息做出反应，并通过学习和规划做出决策来应对外界的变化，即能够模拟人类的一些智能活动，感知当前的网络条件，然后依据这些条件做出规划和决策，并采取行动。

（3）物联网云计算技术

物联网要求每个物体都与它唯一的标示符相关联，这样就可以在数据库中检索信息。因此需要一个海量的数据库和数据平台，以把数据信息转换成实际决策和行动。若所有的数据中心都各自为政，数据中心中大量有价值的信息就会形成"信息孤岛"，无法被有需求的用户有效使用。云计算试图在这些"信息孤岛"之间，通过提供灵活、安全、协同的资源共享服务，构造一个大规模的、地理分布、异构的资源池。云计算是由软件、硬件、处理器和存储器构成的复杂系统。它按需进行动态部署、配置、重配置以及取消服务，云计算平台中的服务器可以是物理的服务器，也可以是虚拟的服务器。

3.物联网的应用

目前，物联网主要应用在交通运输、物流、电力、建筑、医疗等领域及人们的日常生活中，如智能公交车、共享单车、医疗领域的可穿戴设备、消防监测等。就电子商务领域而言，物联网的应用主要体现在以下三个方面：

（1）智能零售

零售按照距离可以分为远场零售、中场零售和近场零售，三者分别以电商、商场/超市和自动售货机为代表。物联网更多地应用在中场零售和近场零售中，如对传统的商场/超市和售货机进行数字化升级和改造，诞生了无人便利店和自动（无人）售货机，即智能零售。

（2）智慧物流

物联网在智慧物流的整个过程中可以实现数字化控制和信息传递，主要体现在仓储、运输监测以及快递终端等方面，如通过物联网技术实现对货物以及运输车辆的监测，包括货物和车辆的位置、状态，货物温湿度，油耗及车速等。

（3）智能制造

智能制造是继自动化制造之后更进一步的制造业形态。智能制造的物联网应用主要体现在数字化以及智能化的工厂改造上，包括对工厂机械设备和工厂环境的监控。例如，在工厂的机械设备上加装相应的传感器后，设备厂商可以远程对设备进行监控、升级和维护等操作，更好地了解商品的使用状况，完成商品全生命周期的信息收集，指导商品设计和售后服务。

【知识拓展2-2】

物联网在我国农业领域的应用

农业是物联网应用的核心领域之一，物联网在农业领域的应用主要体现在农业种植、畜牧业养殖方面，如环境监控、品种培育、精准作业、园艺种植、畜禽精细化管理等（如图2-5所示）。

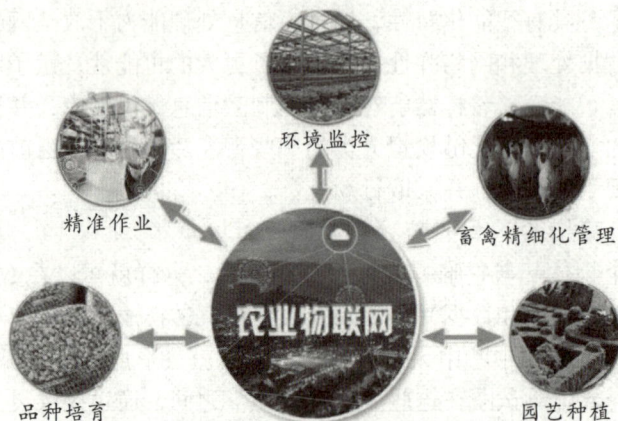

图2-5　农业物联网示意图

（1）环境监控。物联网能够实时监测农作物大气环境，分析大气中的二氧化碳浓度、大气中是否存在有害物质，同时还能够监测农作物的土壤环境。

（2）品种培育。培育抗倒能力和抗病虫害能力强且产量较高的农作物品种是农业生产的关键点。我国湖南"隆平高科"育种企业就广泛使用物联网技术培育农作物品种，物联网技术的使用大大提升了育种效率，加快了育种速度，提升了育种流程的规范性与科学性。

（3）精准作业。运用物联网技术对农作物的生长过程进行监控，并分析监控数据后，对农作物灌溉、农药喷洒以及施肥工作进行精细化管理，一方面能够节省水源、肥料以及减少农药的使用，另一方面也有利于提高农作物的产量。例如，新疆在种植棉花过程中使用了物联网技术进行精准作业，在节省了约10%的水、肥条件下，棉花的产量却同比增加了10%。

（4）园艺种植。物联网在园艺种植方面的应用非常广泛，如精准判断园艺作物的生长环境，包括空气湿度、土壤湿度、大气中的二氧化碳含量、光照条件，并分析相关数据。当园艺作物生长环境中的二氧化碳浓度、土壤湿度、光照条件以及空气湿度不符合预设的园艺作物生长状态时，通过计算机、手机等设备，可将园艺作物的生长环境调整到最佳状态。

（5）畜禽精细化管理。物联网在水产、家禽养殖中的应用也非常广泛，通过物联网可以精准判断畜禽的生长周期、进食周期，从而实现自动化喂食等操作；或精准监测畜禽的体温等，从而判断和分析畜禽的健康情况。

目前，我国农业正处于从传统农业生产管理向现代农业转型的重要阶段，物联网对我国农业的发展具有重要的推动作用。国家相关部门在内蒙古、新疆、江苏等地区均建立了物联网农业发展基地。物联网与农业的结合可以显著提高农业生产水平和效率，有利于促进农业经济的良性发展。

四、人工智能

随着人工智能技术的普及，人类社会正在从信息化时代步入智能化时代。从虚拟语音助手到自动驾驶汽车，我们在生活中已经能切身感受到人工智能所带来的便利。人工智能作为新一轮产业变革的核心驱动力之一，对社会和经济将产生深远的影响。

1.人工智能概述

人工智能（Artificial Intelligence，AI），是利用数字计算机或者数字计算机控制的机器模拟、延伸和扩展人的智能，感知环境、获取知识并使用知识获得最佳结果的理论、方法、技术及应用系统。人工智能这一概念在1956年被提出，整体上历经三次繁荣期、两次低谷期。中国人工智能起步较晚，萌芽于20世纪70年代末，随着互联网的蓬勃发展及技术的创新和应用，近年来中国人工智能逐渐落地，进入快速发展期，已发展成为国家战略。

人工智能是技术，但不是具体的一项或几项技术，而是认识外部世界、认识人类自身、重新定义我们自己的思维方式。人工智能领域的研究包括机器人、语言识别、图像识别、自然语言处理和专家系统等，归根到底还是计算机科学的一个分支，是数据"喂养"出来的决策机器。

人工智能有四个要素：算法、算力、数据、应用场景。随着以上四要素的进步与丰富，人工智能应用领域不断扩大，如机器视觉、自动规划、智能控制、语言和图像理解等。

2.人工智能发展历程

在过去的60多年里，人工智能的发展跌宕起伏，经历了三次大的浪潮。20世纪50—

80年代是人工智能的起步阶段，这期间提出了人工智能的概念，取得了一些突破性的研究成果，如机器定理证明、跳棋程序、LISP编程语言、首个聊天机器人等。但当时的算法理论、计算机的性能等，无法支持人工智能应用的推广。20世纪八九十年代，人工智能从理论研究走向实际应用，并在医疗、气象、地质等领域取得成功。2000年以后，人工智能的理论算法不断沉淀，主要是以统计机器学习为代表的算法，在互联网、工业等诸多领域取得了较好的应用效果。近几年，以深度学习为代表的人工智能算法，在图像分类和识别、语音识别、自然语言处理等领域取得了巨大的进步。

3.人工智能对人类社会产生的影响

人工智能对企业变革的影响最大，未来15年内，人工智能和自动化技术将取代40%~50%的岗位，同时也会带来效率的提升。例如，在工业制造领域，AI技术将深度赋能工业机器，带来生产效率和质量的极大提升，如利用AI视觉检测替代工人来识别工件缺陷。同时，人工智能也将改变我们的生活方式，包括居住、健康、出行、教育、娱乐等方面都将从中受益，如智能家居、智能医疗等。另外，人工智能在粮食保障、能源利用、气象预测、环境污染治理、自然资源保护等方面的应用，可有效改善人类的生存环境，促进人与自然和谐共生。

正因为人工智能技术产生的巨大效益，国家政策、资本等大力支持，企业积极布局人工智能战略，增加研发投入、加快商业落地，人工智能产业呈现出一片繁荣景象。但在繁荣的背后，人工智能也面临诸多挑战。

五、VR和AR

虚拟现实（Virtual Reality，VR）技术和增强现实（Augmented Reality，AR）技术结合了仿真技术、计算机图形学、人机接口技术、图像处理与模式识别、多传感技术、人工智能等多项技术。这两项技术的发展给电子商务带来了新的体验。VR是一个可以创建和体验虚拟世界的计算机仿真系统，利用计算机生成一种模拟环境，使用户沉浸到该环境中。VR主要的特征是让用户成为并感受到自己是模拟环境中的一部分，当用户感知到虚拟世界的刺激时，包括触觉、味觉、嗅觉、运动感知等，便会产生思维共鸣。VR可以实现人机交互，用户在操作过程中，可以得到模拟环境真实的反馈，如推动虚拟世界中的物体时，物体会向力的方向移动、翻倒、掉落等。VR给电子商务带来了新的升级体验，使用户能够"身临其境"，可以360度观察商品。例如，2020年，京东在北京举办了VR/AR战略发布会，会上展示了VR购物应用——VR购物星系。用户戴上VR头显以后可以体验到线下购物的真实感，使用VR控制器可以拿起选中的商品（主要聚集在3C、家电等领域），查看商品内部结构、功能特性等。

AR是在VR的基础上发展起来的技术，将计算机生成的文本、图像、三维模型、音频、视频等虚拟信息模拟仿真后，应用到真实世界中，两种信息互为补充，从而实现对真实世界的"增强"。在电子商务中使用AR，用户能够360度查看商品的全貌，以1∶1的比例将商品放置到真实的环境中，用户还可以看到该商品与自己家中的环境是否搭配等，从而大大节省了挑选商品的时间，提高了用户体验度。AR被广泛应用于美妆、鞋服、家居等领域。

六、区块链

区块链（Blockchain）是近年出现的一种新兴技术。2019年，中共中央政治局进行第十八次集体学习时习近平总书记强调，要"把区块链作为核心技术自主创新的重要突破口""加快推动区块链技术和产业创新发展"，自此，区块链走进大众视野，成为社会关注的焦点。

区块链是分布式数据存储、点对点传输、共识机制、加密算法等计算机技术的新型应用模式，本质上是一个去中心化的数据库。区块链技术是一项对电子商务具有颠覆性的新兴技术，具有去中心、保护用户隐私、降低交易和信任成本等特点，对平台、卖方、买方、物流等方面都具有积极作用。

1.区块链对平台的积极作用

区块链技术能在保证数据安全的前提下做到信息的公开透明，做到可追溯、可防伪，从而提升买方对平台的信任感。

2.区块链对卖方的积极作用

区块链技术下，商品销售的所有环节都能够实现透明化管理，卖方可以通过区块链向买方证明自身的信用（即溯源），借此降低信用成本。

3.区块链对买方的积极作用

通过区块链技术，买方可以更加快速且透明地了解卖方的信誉。买卖双方在电商平台上的每一步活动都会被记录在区块链上，无法被篡改。当买方发起维权时，更方便掌握对自己有用的信息，从而更好地维护自己的权益。

4.区块链对物流的积极作用

区块链技术可以实现对生产、运输过程的实时记录，交易双方可以清楚地看到商品的运输状态。另外，区块链技术可以把商品从卖方发出到买方签收的全过程都记录下来，保证了运输的可追溯性，能减少运输过程中丢件、误领现象的发生。

【素养课堂2-1】

让互联网更好造福人民、造福世界

高端芯片、人工智能关键算法、传感器等数字技术引领前沿，智能家电、新型穿戴设备、服务机器人等产品让生活更美好，医疗、养老、抚幼等方面的数字服务不断升级……前不久，在第二届中国国际数字产品博览会上，新产品新业态新应用受到关注，展现了中国推动网络强国、数字中国建设取得的成就。

没有信息化就没有现代化。在2014年2月中央网络安全和信息化领导小组（现中央网络安全和信息化委员会）第一次会议上，习近平总书记提出建设网络强国的目标："从国际国内大势出发，总体布局，统筹各方，创新发展，努力把我国建设成为网络强国。"从加强党对网信工作的集中统一领导到贯彻以人民为中心的发展思想，从推动信息领域核心技术突破到发挥信息化对经济社会发展的引领作用，从推动依法管网、依法办网、依法上网到推进文明办网、文明用网、文明上网，从倡导构建网络空间命运共同体到推进全球互联网治理体系变革……党的十八大以来，以习近平同志为核心的党中央重视互联网、发展互联网、治理互联网，不仅走出一条中国特色治网之道，推动网信事业取得历史性成就，而且提出一系列新思想新观点新论断，形成了网络强国战略思想，为新时代网信事业发展提供了根本遵循。

当前，信息革命时代潮流与中华民族伟大复兴战略全局和世界百年未有之大变局发生历史性交汇。放眼世界，网络信息技术全面融入社会生产生活，深刻改变着全球经济格局、利益格局、安全格局。纵观国内，网民数量全球第一，电子商务总量全球第一，电子支付总额全球第一，我国已成为名副其实的网络大国。网络安全和信息化是事关国家安全和国家发展、事关广大人民群众工作和生活的重大战略问题，我们必须牢牢把握信息革命的"时"与"势"，加快建设网络强国，向着网络基础设施基本普及、自主创新能力显著增强、信息经济全面发展、网络安全保障有力的目标不断前进。

建设网络强国，科技是关键。我国在移动通信领域经历了1G空白、2G跟随、3G突破、4G同步、5G引领的不平凡历程，但同世界先进水平相比，同建设网络强国战略目标相比，核心技术上的差距仍较为明显。信息技术和产业发展程度决定着信息化发展水平，加强核心技术自主创新和基础设施建设，提升信息采集、处理、传播、利用、安全能力，才能掌握互联网发展主动权，保障互联网安全、国家安全。我国信息技术产业体系相对完善、基础较好，在一些领域已经接近或达到世界先进水平，有条件、有能力在核心技术上取得更大进步。我们要发挥我国社会主义制度优势、新型举国体制优势、超大规模市场优势，提高数字技术基础研发能力，打好关键核心技术攻坚战，把发展数字经济自主权牢牢掌握在自己手中。

网络空间是亿万人民群众共同的精神家园，建设网络强国必须坚持为了人民、依靠人民，贯彻以人民为中心的发展思想。加快信息化服务普及，降低应用成本；推进"互联网+政务服务"，让"百姓少跑腿，数据多跑路"；探索"区块链+"在民生领域的应用，提升群众生活质量；严密防范网络犯罪特别是新型网络犯罪……回首过去的10年，我们把增进人民福祉作为信息化发展的出发点和落脚点，让人民群众在信息化发展中有了更多获得感、幸福感、安全感。下一步，必须更好地促进互联网和经济社会融合发展，让信息化成为人民美好生活的助推器。

面向未来，大力实施网络强国战略、国家大数据战略、"互联网+"行动计划，让互联网发展成果更广泛、更深入地惠及全体人民，就一定能为实现民族复兴提供强大信息化支撑。

资料来源 李洪兴. 建设网络强国，让互联网更好造福人民［EB/OL］.［2022-09-26］.http：//theory.people.com.cn/n1/2022/0926/c40531-32533745.html.

【实训项目】

一、实训目的

（1）能够区分文本、网址、名片、内容等类型的二维码，并了解其应用场景。

（2）能够使用二维码生成工具制作不同类型的二维码。

（3）能够对二维码进行编辑和美化。

（4）能够根据后台数据分析二维码推广效果。

二、实训要求

（1）了解电商领域的最新发展趋势和新兴技术。

（2）具备创新思维和实践探索精神。

（3）小组分工完成实训，具有团结协作意识。

三、实训内容

（1）二维码工具的注册与登录。注册二维码账户，使用二维码工具进行二维码的生成与管理。

（2）二维码的制作。能够使用二维码工具制作文本、网址、名片、内容等类型的二维码。

（3）二维码推广与数据分析。能够采用合适的方法对制作好的二维码进行推广，对推广效果的相关数据进行统计与分析。

四、实训方法与步骤

（一）二维码工具的注册与登录

自从二维码出现以后，无论走到哪里，也无论是线上还是线下，总能看到大量的二维码，有商家的，也有个人的。二维码的火爆预示着移动营销时代的到来，于是出现了很多免费的二维码制作软件，如草料二维码、联图网等。本实训以草料二维码为例，详细介绍二维码的具体制作方法。

（1）输入网址"https：//cli.im/"，进入草料二维码首页，点击右上角的"免费注册"按钮，打开注册页面（如图2-6所示），可以微信快捷登录或用手机号注册。

注册账号，生成的二维码将保存在你的账号后台

微信快捷登录

无需验证码，快速注册

手机号注册

请输入手机号

请输入验证码　　获取验证码

密码（8-20位数字字母组合）

注册

☐ 已阅读并同意《草料用户协议》及《隐私协议》

企业用户注册 ▸

图2-6　二维码中注册页面

（2）注册成功后，点击首页右上角的"登录"按钮，同样可以微信快捷登录或用手机号登录进入系统。

（二）制作不同类型的二维码

1.制作文本二维码

（1）在上方导航栏单击"文本"，输入想要展示的内容，这里输入"科技强国，筑梦未来"，然后点击"生成二维码"，右侧会产生相应的文本二维码（如图2-7所示）。

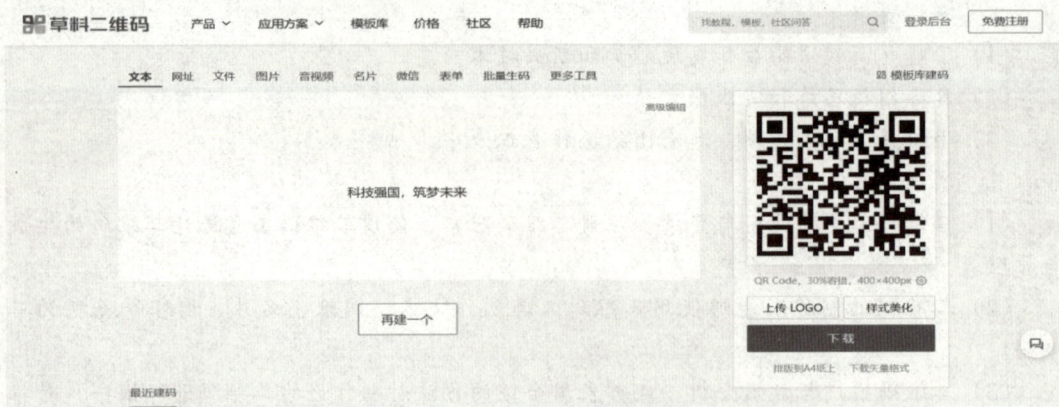

图2-7　文本二维码制作

系统还为我们提供了制作带有Logo二维码的功能，点击二维码下方的"上传Logo"按钮，打开"二维码样式编辑器"的Logo设置，可以通过"点击上传Logo"按钮上传Logo图片，也可以通过"查看Logo图库"选择常见的互联网企业Logo，再设置"形状""尺寸""位置""投影"（如图2-8所示），即可完成带Logo的二维码的制作。

图2-8　带Logo的二维码的制作

当然，还可以通过二维码下方的"样式美化"设置不同风格的个性化文本二维码，打开"二维码样式编辑器"（如图2-9所示），对"码颜色""码参数"进行详细设置。

图2-9　二维码样式的美化

（2）用手机App的"扫一扫"功能扫描该二维码，产生的扫描结果为"科技强国，筑梦未来"。

（3）利用图2-7下方的"最新建码"列表和图2-8二维码右侧的"下载二维码"和"下载图片"按钮，可以将该二维码保存为图片形式，用于文本、海报和图片广告等营销设计。

2.制作网址二维码

（1）在草料二维码的上方导航栏单击"网址"，可以看到"网址静态码"和"网址跳转活码"两个选项卡，具体区别见表2-1。其操作方法相同，在文本框中输入一个网址，这里输入的是京东商城的链接地址（如图2-10所示）。

表2-1　　　　　　　　　　"网址静态码"和"网址跳转活码"对照表

项目	网址静态码	网址跳转活码
有效期	长期有效	长期有效
内容修改	内容固定，不支持修改	随时修改，二维码图案不变
批量生码	支持生成批量静态码	不支持批量生码
数据统计	不支持数据统计	实时统计扫描数据
安全提示	无安全提示，直接访问	根据网站备案情况，展示安全提示页
二维码图案	网址链接越长，图案越复杂，越不易识别	图案相对简单，容易扫码识别

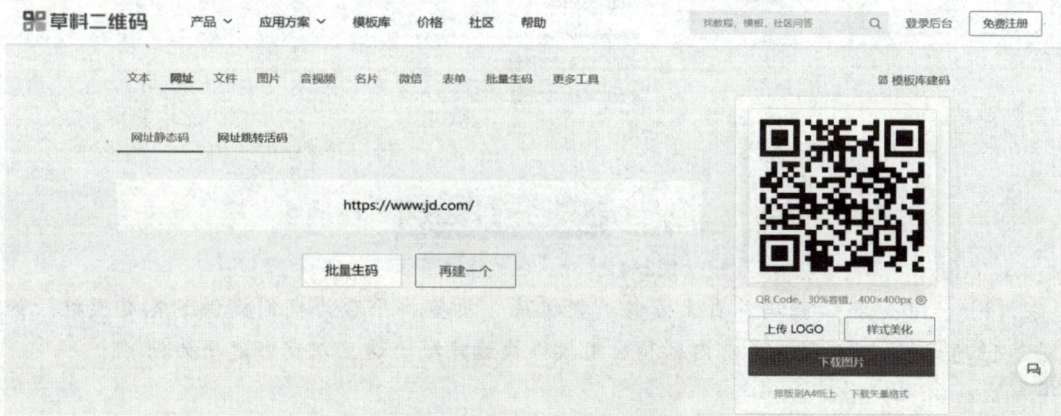

图2-10　网址二维码的制作

（2）用手机微信的"扫一扫"功能扫描右侧二维码，将自动打开京东商城购物网站。

3.制作名片二维码

（1）在草料二维码的上方导航栏单击"名片"，按照系统要求填写联系人信息，填写完成后，点击"生成二维码"，名片创建成功，生成如图2-11所示的二维码。

（2）用手机微信的"扫一扫"功能扫描右侧二维码，生成的结果如图2-12所示，在手机上选择"存到通信录"，可以将其信息直接保存到通讯录列表中。

4.制作内容展示二维码

二维码还可以用来展示产品介绍、多媒体图书、人员信息、旅游线路等信息，下面以产品介绍为例，来制作内容展示二维码。

图2-11　名片二维码

图2-12　个人名片信息展示

（1）点击草料二维码首页上方的"模板库"页签，平台为我们提供了各类模板（如图2-13所示），可以预览查看内容和应用模板快速建码。这里以空白建码为例。

图2-13　模板库页面

（2）进入内容编辑页面，编辑二维码内容，在"输入标题"文本框中输入产品标题（如图2-14所示）。

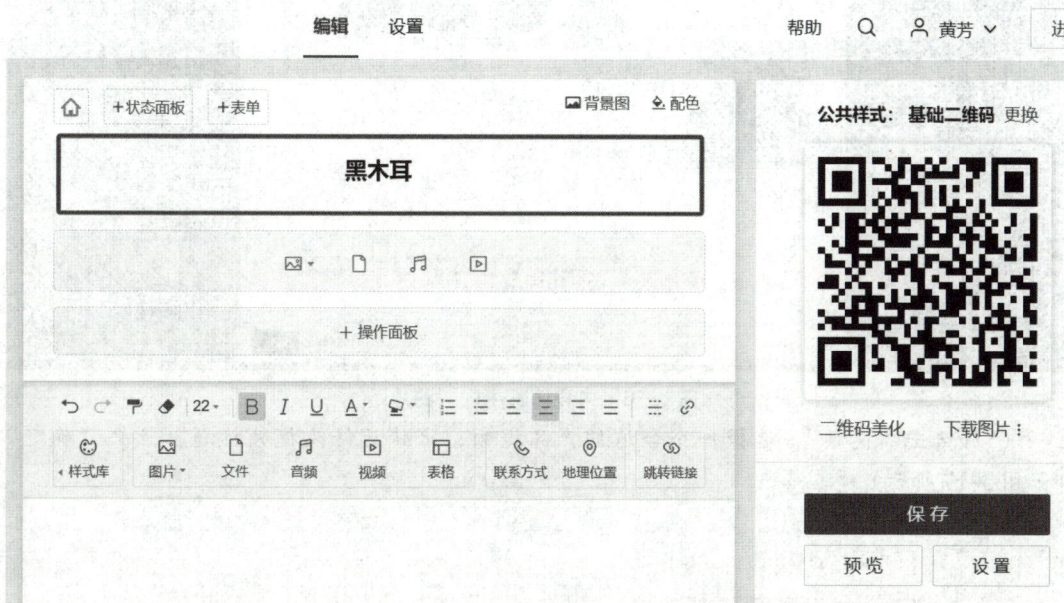

图2-14　内容编辑页面

（3）点击"样式库"，可以从左侧的样式中选取合适的样式，进行信息的编辑与排版（如图2-15所示）。

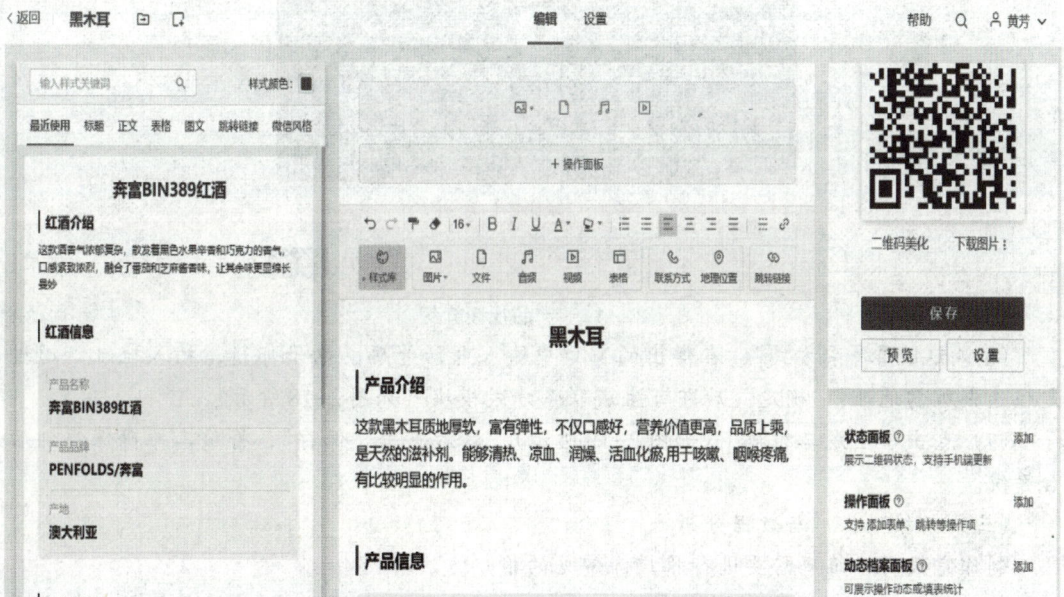

图2-15　内容编辑中的"样式库"

（4）点击"图片"→"上传图片"，选择4张商品图片，设置图片样式为"留白"、图片展示为"轮播"，点击"确定"（如图2-16所示），商品图片就完成了。

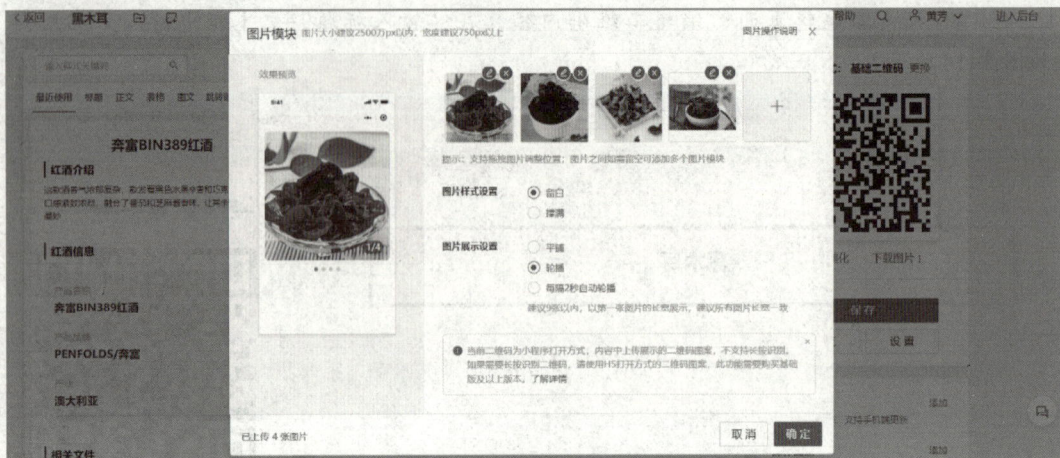

图2-16 内容编辑中的"图片"

（5）点击"视频"，选择一个合适的产品视频，上传后修改视频标题，点击"确定"（如图2-17所示）。

图2-17 产品视频介绍

（6）点击"联系方式"，在弹出的窗口中输入电话号码、电子邮箱，插入地址，通过定位选中所需地址，"确定"后即可生成联系方式模块（如图2-18所示）。

（7）点击"生成二维码"（如图2-19所示），然后点击"保存"，将该二维码保存到后台系统。

（三）二维码推广与数据分析

制作完成的二维码需要进行推广，常见的推广方法有：

（1）将二维码放在广告中，广告可以是网页广告、电视广告、地铁广告、杂志广告等。

（2）通过社交媒体分享二维码。

（3）通过活动引导用户扫描二维码。

（4）在产品或服务上印制二维码。

图2-18　联系方式的添加

图2-19　生成二维码

　　投入使用的二维码可以进行数据的统计与分析。点击"进入后台",可以在"工作台"首页的"最近更新"中看到近期正在运行的二维码。对于静态码,可以进行"下载"

"预览""样式美化""删除"操作（如图2-20所示）；对于活码，除了可以进行"下载""预览""编辑"操作外，还可以通过"更多"，进行二维码的"数据统计"和"二维码设置"（如图2-21所示）。对于"数据统计"，可以针对"扫描量""收藏量"进行统计和分析。另外，表单类二维码还可以统计表单数据填写情况。

图2-20　静态二维码管理页面

图2-21　活码二维码的数据统计和设置

【本章测试】

一、单项选择题

1.移动商务（M-business）是指在网络信息技术和（　　）技术的支撑下，在手机等移动终端之间开展的商务活动。

A.移动通信　　　B.计算机网络　　　C.物联网　　　D.大数据

2.下列（　　）不属于移动商务的特点。

A.移动性　　　B.即时性　　　C.固定性　　　D.联通性

3.O2O移动商务模式是指（　　）。

【本章小结】
本章测试

答案

A.企业与消费者之间的移动商务　　　　B.线上商店、线下消费

C.消费者与消费者之间的移动商务　　　D.企业与企业之间的移动商务

4.（　　）属于典型的B2C移动商务平台。

A.淘宝　　　　　　B.美团　　　　　　C.京东　　　　　　D.滴滴

5.移动办公最显著的特点是（　　）。

A.使用固定设备　　　　　　　　　　　B.受时间和地点的限制

C.无纸化低碳办公　　　　　　　　　　D.需要大量人力资源

6.（　　）不属于移动教育的特点。

A.受众的广泛性　　　　　　　　　　　B.学习的封闭性

C.学习的开放性　　　　　　　　　　　D.个性化学习

7.在移动商务商业模式中，O2O模式的核心是（　　）。

A.线上支付　　　　B.线下体验　　　　C.线上营销　　　　D.物流配送

8.平台模式成功的四个必要条件不包括（　　）。

A.开放　　　　　　B.共赢　　　　　　C.垄断　　　　　　D.共享

9.在免费+增值的商业模式中，企业盈利的主要方式是（　　）。

A.直接销售产品

B.通过提供免费服务吸引用户，然后向用户提供增值服务

C.广告收入

D.数据服务收入

10.在C2B模式中，由消费者发起需求，企业进行快速响应的商业模式属于（　　）。

A.聚合需求形式　　B.要约形式　　　　C.个性化定制　　　D.反向定制

二、多项选择题

1.移动商务按照交易对象可以分为（　　）。

A.B2B移动商务　　　　　B.B2C移动商务　　　　　C.C2C移动商务

D.O2O移动商务　　　　　E.C2B移动商务

2.移动商务的主要应用场景包括（　　）。

A.移动娱乐　　　　　　　B.移动办公　　　　　　　C.移动教育

D.移动购物　　　　　　　E.移动出行

3.移动营销类岗位的主要职责包括（　　）。

A.明确营销目标，收集市场及竞争对手的信息

B.制定微信、微博等平台的营销策略

C.负责App/小程序的策划、设计和功能调研

D.制订LBS营销计划

E.统计并分析营销数据

4.平台模式成功的四个必要条件是（　　）。

A.开放　　　　　　　　　B.共赢　　　　　　　　　C.平等

D.竞争　　　　　　　　　E.共享

5.免费模式的分类包括（　　）。

A.免费+收费模式　　　　　　　　　　B.免费+广告模式

C.付费下载模式　　　　　　　　　　　D.非货币市场模式

E.捆绑销售模式

三、简答题

1.简述移动商务与传统电子商务的主要区别。

2.请列举并简述移动商务的主要应用场景。

3.简述O2O移动商务模式的交易流程。

4.简述平台模式的四个必要条件。

5.简述免费模式的主要分类及其特点。

第三章　移动商务支付

【学习目标】

知识目标：

（1）掌握移动支付的基础知识，能列举移动支付的类型和常见的支付方式。

（2）掌握移动支付系统的组成部分，能够总结移动支付的工作流程。

（3）熟悉第三方支付平台的业务内容，能说出3个以上典型的第三方移动支付工具。

能力目标：

（1）会使用各种移动支付方式进行互联网消费。

（2）能够注册手机银行并熟悉手机银行提供的功能。

（3）能够应对移动支付的安全风险。

素养目标：

（1）树立守法尚理、理性节俭的正确消费观。

（2）实时了解移动支付领域的新知识、新技术，关注移动支付前沿动态。

（3）培养正确的消费习惯，具备诚信和安全意识，保护移动支付用户的合法权益。

第一节　移动支付概述

一、认识移动支付

1.移动支付的定义

移动支付作为近年来新兴起的一种新型支付方式，正处于飞速发展阶段，它极大地改变了人们的消费习惯和商业形式。如果将移动商务比作一只展翅翱翔的雄鹰，那么移动支付就是托起雄鹰羽翼的气流。每一次移动商务的实现，都要跨过移动支付这道关卡。显然，移动支付是支撑移动商务发展的重要保障平台与必要后盾。

移动支付是基于移动通信网络、互联网络及近距离通信技术，通过手机、PDA、掌上电脑等智能移动终端开展的交易、支付和认证等电子商务活动。移动商务支付可以真正使任何人在任何时间、任何地点获得整个商务网络的信息和服务。移动商务支付因其快捷方便、无所不在的特点，已经成为电子商务新方向发展的重要组成部分。

在移动商务支付方式下，使用一部手机就可以方便地完成整个交易，而且在很多情况下可以缩短用户不必要的等待时间，剔除很多无价值和乏味的活动，因此越来越受移动运营商、商品零售商和消费者的青睐。

2.移动支付的种类

（1）按获得商品的渠道分类

根据获得商品的渠道不同，移动支付分为三种类型。

①移动服务支付

用户购买的是基于手机的内容或应用，如手机铃声、手机游戏等，应用服务的平台与支付费用的平台相同，皆为手机，以小额支付为主。

②移动远程支付

移动远程支付有两种方式：一种是支付渠道与购物渠道分开的方式，通过有线上网购买商品或服务，而通过手机来支付费用；另一种是支付渠道与购物渠道相同，都使用手机，如通过手机来远程购买彩票等。

③移动现场支付

移动现场支付是在购物现场选购商品或服务，而通过手机或移动 POS 机等支付的方式。移动现场支付分为两种：一种是利用移动终端，通过移动通信网络与银行以及商家进行通信来完成交易；另一种是只将手机作为 IC 卡的承载平台以及与 POS 机的通信工具来完成交易。

（2）按交易金额分类

根据交易金额的大小，移动支付分为两种类型。

①微支付

根据移动支付论坛的定义，微支付是指交易额少于 10 美元，通常是指购买移动内容业务，如游戏、视频下载等。

②宏支付

宏支付指交易金额较大的支付行为，如在线购物或者近距离支付。

（3）按支付地点的远近分类

按照支付地点的远近，移动支付分为远程支付和近场支付两类。

①远程支付

远程支付指通过移动网络，利用短信、GPRS 等空中接口，和后台支付系统建立连接，实现各种转账、消费等支付功能。

②近场支付

近场支付时利用具有近距离无线通信技术的移动终端实现本地化通信进行货币资金转移的支付方式。

（4）按支付账户的性质分类

按支付账户的性质，移动支付有银行、第三方支付机构和移动运营商三种不同主导核心的支付模式。其中，以银行和第三方支付机构为主导核心的支付模式最为常见。

①以银行为主导

以银行为主导的移动支付实际上是传统支付的延伸，在这种模式下，银行独立提供移动支付服务，消费者和银行之间利用手机借助移动运营商的通信网络传递支付信息。在众多支付产品中，由中国银联联合各商业银行推出的"云闪付"就是这一模式的典型代表。云闪付以智能手机为基础，是一种基于 NFC 技术的支付方式，客户使用"云闪付"卡可以用手机代替实体银行卡，在POS机上进行付款，享受便捷、安全、快速的支付体验。

②以第三方支付机构为主导

第三方支付是指具备一定实力和信誉保障的独立机构，采用与各大银行签约的方式，通过与银行支付结算系统接口对接而促成交易双方进行交易的网络支付模式。第三方支付机构是第三方支付这种支付方式得以实现所必需的媒介，是买卖双方在交易过程中的资金"中间平台"，其作用是在银行监管下保障交易双方的利益。目前，国内最主要的第三方支付平台是支付宝和财付通。

③以移动运营商为主导

它是指移动运营商为用户提供一种小额支付账户，用户在互联网上购买电子书、歌曲、视频、软件和游戏等虚拟产品时，通过手机发送短信等方式进行后台认证，并将账单记录在用户的通信费账单中，月底进行合单收取。

（5）按支付的结算模式分类

按支付的结算模式，移动支付分为即时支付和担保支付两类。

①即时支付

即时支付指支付服务提供商将交易资金从买家的账户及时划拨到卖家账户。其一般应用于"一手交钱一手交货"的业务场景（如商场购物），或应用于信誉度很高的B2C及B2B电子商务。

②担保支付

担保支付指支付服务提供商先接收买家的货款，但并不马上支付给卖家，而是通知卖家货款已冻结，卖家发货；买家收到货物并确认后，支付服务提供商将货款划拨到卖家账户。支付服务提供商不仅负责资金的划拨，同时还要为互不信任的买卖双方提供信用担保。担保支付业务为开展基于互联网的电子商务活动提供了基础，特别是没有信誉度的C2C交易及信誉度不高的B2C交易。这种模式的代表是支付宝。

（6）按用户账户的存放模式分类

按用户账户的存放模式，移动支付分为在线支付和离线支付两类。

①在线支付

在线支付指用户账户存放在支付服务提供商的支付平台上，用户消费时，直接在支付平台的用户账户中扣款。

②离线支付

离线支付指用户账户存放在智能卡中，用户消费时，直接通过POS机在用户智能卡的账户中扣款。

3.移动支付的基本特征

相比于银行卡支付和网上支付，移动支付有着明显的特点，主要体现在以下四个方面：

（1）支付灵活方便

用户只需提前申请移动支付功能，便可以足不出户，不用排队，在较短的时间内完成整个支付与结算过程。

（2）交易过程成本低、复杂度低

使用移动支付方式，用户可以省去往返银行花费的交通时间及支付过程处理的时间。

（3）移动运营商中间参与机构少

使用移动支付方式，价值链容易调整，方便协调和实现一体化管理。移动支付方式不仅给移动运营商带来了增值收益，也给金融系统带来了中间业务收入。

（4）移动支付以小额支付占主流

在移动支付中，小额支付凭借其便捷性和即时性，成为主流支付形式。它适用于日常频繁发生的低价值交易，如乘坐公交车、购买零食等，用户只需手机即可完成支付，大大提升了交易效率。

4.移动支付的组成部分和工作流程

（1）移动支付的组成部分

从移动支付的工作原理来看，移动支付系统主要涉及三方面，消费者、商家及无线运营商。

① 消费者前台消费系统：保证消费者顺利地购买到所需的产品和服务，并可随时浏览消费明细、余额等信息。

② 商家管理系统：可以随时查看销售数据及利润分成情况。

③ 无线运营商综合管理系统：是移动支付系统中最复杂的部分，它又包括两个重要的子系统，即鉴权系统与计费系统。无线运营商综合管理系统既要对消费者的权限、账户进行审核，又要对商家提供的服务和产品进行监督（监督其是否符合所在国的法律规定）。此外，最重要的是，它为利润分成的最终实现提供了技术保证。

（2）移动支付的工作流程

移动支付流程需要以上三方面密切配合。简单来说，消费者从网上（商家）选好产品或服务后，发出购买指令，并执行购买操作；商家从无线运营商处取得消费者信息，进行确认；无线运营商代收取费用并告知商家可以交付产品或服务。具体的移动支付流程为：

① 消费者通过 Internet 进入消费者前台消费系统选择商品。

② 消费者前台消费系统将购买指令发送到商家管理系统。

③ 商家管理系统将购买指令发送到无线运营商综合管理系统。

④ 无线运营商综合管理系统将确认购买指令发送到消费者前台消费系统或消费者移动终端请求确认，如果没有得到确认信息，则拒绝交易，购买过程到此终止；如果得到确认信息，进入下一步。

⑤ 消费者通过消费者前台消费系统或移动终端将确认购买指令发送到商家管理系统。

⑥ 商家管理系统将消费者确认购买指令发送到无线运营商综合管理系统，请求交费操作。

⑦ 无线运营商综合管理系统交费后，告知商家管理系统可以交付产品或服务，并保留交易记录。

⑧ 商家管理系统交付产品或服务，并保留交易记录。

⑨ 商家管理系统将交易明细写入消费者前台消费系统，以便消费者查询（如图3-1所示）。

支付流程看似复杂，实际上都是在用户感觉不到的后台默默操作，给用户带来的体验往往是便捷、及时、独立、安全，所以，移动支付在我国的发展时间虽短，但成长势头却非常迅猛。

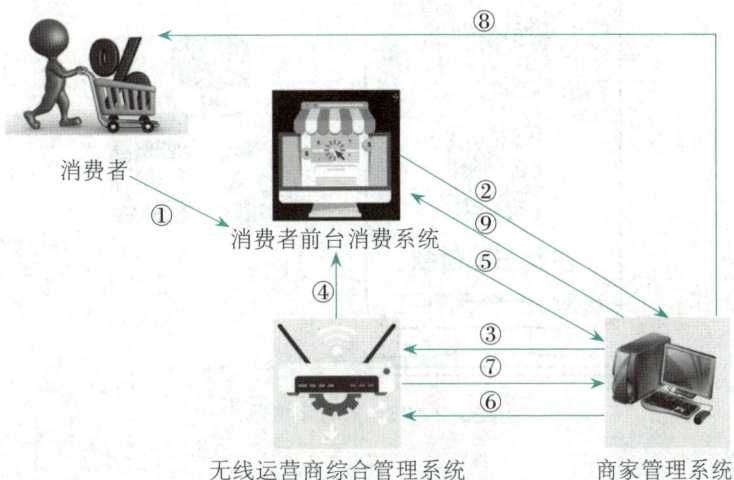

图3-1　移动支付流程图

二、移动支付方式

以手机为载体，通过与终端读写器近距离接触进行信息交互，运营商可以将移动通信卡、公交卡、地铁卡、银行卡等各类信息整合到以手机为平台的载体中进行集成管理，并搭建与其配套的网络体系，从而为用户提供十分方便的支付以及身份认证渠道。目前，主流的移动支付手段主要有以下几种：

1.短信支付

短信支付要求用户预先建立手机号与支付账户的绑定关系，其通过手机编辑和发送短信的形式进行支付的业务。在业务处理过程中，包括支付信息的指令从用户的手机发送到短信处理平台上，系统识别和审核后，支付信息被发送到移动支付接入平台与账户的管理系统，完成相关的支付业务。

短信处理平台由移动运营商建立和管理，在移动终端和支付接入平台间进行短信的发送，而且依据规定，短信的传输遵守移动通信商相关的通信协议，不允许在一条短信中同时出现账号和密码等个人账户的敏感信息。短信支付以现有的手机和通信网络环境为基础，不需要改造就可以实现，方便快捷，使用门槛和实施成本较低。但是短信支付方案要考虑到传输的安全性，故很难承载交互复杂的支付业务。

2.扫码支付

扫码支付是一种基于账户体系搭建起来的新一代无线支付方案。在该支付方案下，商家可把账号、商品价格等交易信息汇编成一个二维码，并印刷在各种报纸、杂志、广告、图书等载体上发布（如图3-2所示）。用户通过手机扫描二维码，便可实现与商家之间的账务结算。最后，商家根据支付交易信息中的用户收货、联系资料，就可以进行商品配送，完成交易。

移动支付的核心特点是便捷，而扫码支付可以只在用户、商户、第三方支付平台之间进行，是多种移动支付方式中最为方便和容易推广的，在我国的移动支付中应用最为普遍，已逐渐成为我国移动商务的标配和基本。

图3-2　扫码支付示意图

3.NFC支付

NFC支付是一种新兴的移动支付方式，全称近距离无线通信技术，可以在移动设备、消费类电子产品、PC和智能控件工具间进行近距离无线通信（如图3-3所示）。NFC近场支付的全过程不需要使用移动网络，也无须输入银行卡号和密码，而是使用NFC射频通道实现与POS机或自动售货机等设备的本地通信，从而完成支付，因此被视为当前最安全的支付方式。但是应用NFC支付需要手机具有NFC功能，还需要对POS机等设备进行技术和产品改造，成本高、推广难，所以在我国NFC支付一直发展缓慢。

图3-3　NFC手机支付示意图

NFC手机是指带有NFC模块功能的手机。带有NFC模块功能的手机适合多种相关的应用。NFC手机主要有三种应用模式，分别是卡模式、点对点模式、读卡器模式，这三种工作模式适用于不同的应用场景。

（1）卡模式

卡模式是将具有NFC功能的手持设备模拟成一张非接触式卡面，主要应用于商场、交通等非接触式场景的移动支付应用中，如门禁卡、银行卡等。在这种模式下，用户只需要持手机靠近读卡器，输入密码确认交易或者直接接受交易即可。基于该模式的应用主要有门禁控制、电子票应用、本地支付等。

（2）点对点模式

点对点模式是将两个具有NFC功能的设备进行连接，从而实现即时的点对点数据传输。该模式下多个具有NFC功能的设备，如数码相机、PDA计算机、NFC手机之间都可以进行无线连接，从而实现数据的交换。基于该模式的应用有交换手机名片、手机进行数据通信、协助快速建立蓝牙连接等。

（3）读卡器模式

NFC手机作为非接触读卡器使用，如在海报的电子标签上读取相关信息。在电影海报或展览信息背后贴有Tag标签，用户可以使用NFC手机获得有关详细信息或立即联机使用信用卡进行购票。具有读/写功能的NFC手机可从Tag中采集数据，根据应用的要求进行处理，一些应用可以在本地完成，一些应用则需要与网络交互才能实现。基于该模式的应用包括电子广告牌信息的读取和车票、电影票的售卖等。

当前，NFC技术已经被许多手机厂商所应用，主要包括以下五个方面：

接触通过：用户将储存着票证或门控密码的设备靠近读卡器读取卡信息即可，如门禁管理、车票和门票售卖等。

接触支付：用户将设备靠近嵌有NFC模块的POS机可进行支付，并确认交易。

接触浏览：用户可将支持NFC功能的设备靠近NFC标签，即可瞬间获取信息，无须复杂的操作步骤，如将NFC手机靠近街头有NFC功能的海报来浏览交通信息等。

接触连接：用户把两个NFC设备相连接，进行点对点的数据传输，如下载音乐、图片互传和交换通讯录等。

下载接触：用户可通过GPRS网络接收或下载信息，用于支付。

4.光子支付

光子支付对硬件要求较高，市场普及率较低。光子支付需要通过手机闪光灯照射POS机上安装的光子感应器，进行交易信息的传输、识别和验证（如图3-4所示）。这种支付方式无须网络和其他设备，因此安全性也比较高。但是光子支付对硬件要求高，需要手机具备闪光灯功能。除此之外，还需要收款方配备相应的光子感应器，目前此技术仅在个别城市试点运行。

图3-4 光子支付示意图

5.声波支付

声波支付是利用声波的传输，完成两个设备的近场识别。其具体过程是，在第三方支付产品的手机客户端里，内置有"声波支付"功能，用户打开此功能后，用手机麦克风对准收款方的麦克风，手机会播放一段"啾啾啾"的声音（如图3-5所示），售货机听到这段声波之后就会自动处理，用户在自己的手机上输入密码，售货机就会吐出商品。

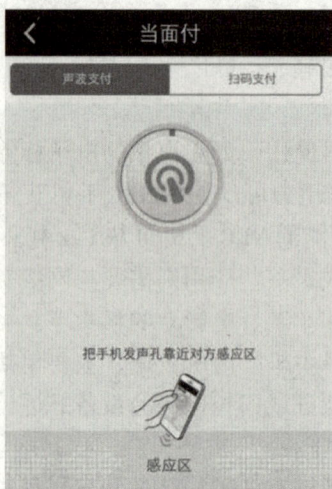

图3-5　声波支付示意图

6.生物识别技术支付

利用生物识别技术进行支付的方式主要包括指纹支付、虹膜支付和人脸识别支付等（如图3-6所示）。

图3-6　生物识别技术支付示意图

（1）指纹支付

指纹支付即指纹消费，是采用目前已成熟的指纹系统进行消费认证，即顾客使用指纹注册成为指纹消费折扣联盟平台会员，通过指纹识别即可完成消费支付。

目前，指纹识别技术广泛应用在手机支付的操作中。由于指纹识别具有唯一性，因此指纹支付是解决移动支付安全性问题的有效方式之一，它能够代替密码进行个人身份识别，对个人财产安全起到了很好的保护作用。

（2）虹膜支付

虹膜在人体中具有唯一性、稳定性、非接触性等特点。虹膜识别技术通过对比虹膜纹特征之间的相似性，可有效确定人的身份，准确性和稳定性高于指纹和人脸识别，因此是目前世界上最精准、最安全的生物识别技术之一。目前，第三方支付企业和商业银行都在积极尝试推广虹膜支付方式。

（3）人脸识别支付

人脸识别支付系统是基于脸部识别的支付系统。该系统不需要钱包、信用卡或手机，支付时只需要面对POS机屏幕上的摄像头，系统会自动将消费者面部信息与个人账户相关联，整个交易过程十分便捷。

随着智能手机厂商陆续推出人脸识别功能，刷脸支付开始在中国大面积使用，百度、支付宝、微信等都进行了刷脸支付的技术研发和商用探索，刷脸支付已渗透到零售商超、餐饮等生活主要场景中，行业呈高速增长态势。为规范人脸识别支付应用创新，中国支付清算协会组织制定了《人脸识别线下支付行业自律公约（试行）》，以防范刷脸支付安全风险。

【知识拓展3-1】

人脸识别线下支付行业自律公约（试行）

为规范人脸识别线下支付（以下简称刷脸支付）应用创新，防范刷脸支付安全风险，保障会员单位合法权益，维护社会公众利益，经会员单位共同协商制定本行业自律公约，由中国支付清算协会于2020年1月20日印发实施。《人脸识别线下支付行业自律公约（试行）》要求，会员单位应建立人脸信息全生命周期安全管理机制。在采集环节，要坚持"用户授权、最小够用"，明确告知用户信息的使用目的、方式和范围，并获得用户授权，避免与需求无关的特征采集。在存储环节，将原始人脸信息加密存储，并与银行账号或支付账号、身份证号等用户个人隐私进行安全隔离。在使用环节，收单机构、商户等中间环节不得归集或截留原始人脸信息，要实现端到端的个人隐私保护。

资料来源　谢水旺. 首份刷脸支付自律公约出炉：应建立人脸信息全生命周期安全管理机制［EB/OL］.［2020-01-22］. https：//baijiahao. baidu. com/s? id=1656425356294842409&wfr=spider&for=pc. 有删减.

7.虚拟货币支付

虚拟货币是指非真实的货币。知名的虚拟货币如百度公司的百度币、腾讯公司的Q币和Q点、新浪推出的微币（用于微游戏、新浪读书等）。目前，全世界发行有上百种数字货币。2013年以来流行的虚拟货币有比特币、莱特币、无限币、夸克币、泽塔币、烧烤币、隐形金条、红币、质数币。

数字人民币是顺应数字经济的法定货币体系建设的产物。中国研发数字人民币体系，旨在创建一种以满足数字经济条件下公众现金需求为目的、数字形式的新型人民币，这是一项全方位的改革，以此支撑中国数字经济发展，提升普惠金融水平，降低机构间互通的成本，提高货币以及支付体系运行效率；采用央行中心化管理和"中央银行-商业机构"双层运营体系，坚持并动态优化以广义账户为基础的数字形态法定货币发行、流通、支付机制。数字人民币兼具账户和价值模式，并通过数据能力建设实现全局一本账：账户模式下，可与传统银行账户体系融合互通；价值模式下，可通过币串形式进行价值交换，既可在区块链上提供智能支付，也可在"无网""无电"等离线极端场景下使用，优化了传统贸易、金融业务流程，支持降本增效（如图3-7所示）。

图3-7　数字人民币示意图

2014年，中国人民银行成立法定数字货币研究小组，开始对发行框架、关键技术、发行流通环境等进行专项理论研究。2016年，成立数字货币研究所，作为推进数字人民币工作的金融基础设施单位。同年，确立双层运营体系和长期演进技术路线，逐渐成为全球央行数字货币的主流标准。2022年1月以来，数字人民币App在各大手机应用市场上架。目前，数字人民币试点范围覆盖17个省（市）的26个地区，下一步还将继续深化。数字人民币在批发零售、餐饮文娱、教育医疗、社会治理、公共服务、乡村振兴、绿色金融等领域形成了一批可复制、可推广的应用模式，在服务国家重大战略、提升货币支付便利性和安全性、优化营商环境和数据要素市场化配置、增强人民币国际影响力等方面的作用初步显现。截至2024年7月末，数字人民币App累计开立个人钱包1.8亿个，试点地区累计交易金额7.3万亿元。

三、移动支付现状及趋势

随着智能手机的普及和移动网络在国内的高速发展，在日常生活中使用移动支付的用户日益增多，移动支付已融入我们生活的方方面面。

1.中国移动支付现状

当前，我国移动支付市场的覆盖率高于发达国家，一二线城市市场已进入成熟期，消费者已普遍养成了以移动支付取代现金交易和银行转账的消费习惯。未来，农村地区将成为移动支付平台的提供者激烈竞争的目标市场。移动支付以扫码支付作为主要方式，主要应用于生活类消费场景中，呈现出小额高频的特点。在整个市场中，支付宝和微信形成双寡头垄断格局，银联云闪付则具有后发优势。未来，移动支付将进一步显示出市场下沉趋势，重点建设县域乡村市场，刷脸支付将更大规模落地，应用场景将向更多领域扩展，线上线下的资源将进一步有效整合，打造更为融合高效的产业生态环境。

2.中国移动支付行业发展趋势

（1）移动支付相关政策频繁出台，行业发展更趋规范

支付属于货币流通环节，对国家金融稳定和安全有着重要影响，但目前移动支付行业以市场为主导，第三方支付企业占据行业主导地位。政府出台了条码支付互联、试点数字货币DECP等措施，目的是以官方资质加强市场监管和市场规范化。而数字货币的推出可

能会给移动支付市场带来冲击，但目前第三方移动支付平台在市场普及和应用方面仍有较大优势，双方互为补充，推动中国移动支付市场规模稳定扩大。

（2）支付宝和微信支付占据市场主导地位，创新型平台细分领域各显优势

现阶段，在中国第三方移动支付市场，支付宝和微信占据市场主导地位，两大平台凭借各自的流量优势和场景覆盖完善度，成为用户的主要选择。艾媒咨询分析师认为，虽然市场头部企业有较大领先优势，但两大平台优势主要体现在全面性上，细分支付领域和场景仍然具有发展机会。以苏宁支付、云闪付为代表的创新移动支付平台未来将更多挖掘细分领域，如联合 B 端企业、专注生活服务等，在各自优势领域发挥优势。

（3）移动支付场景覆盖日渐完善，市场下沉是必然趋势

在第三方支付平台的推动下，移动支付对日常生活场景的覆盖已趋于完善，其轻便、高效的特点和高普及率为普惠金融注入了活力。但随着行业竞争激烈、领先支付平台的优势被撼动以及人口红利的消失，行业的增量相对有限。因此，未来市场下沉是移动支付行业的必然趋势。

（4）5G+物联网时代已至，移动支付迎升级发展

目前，商业化应用已逐渐提上日程，移动支付发展的技术环境正在发生变化，5G+物联网的时代已经到来。在技术更替的背景下，移动支付将迎来升级发展，包括支付场景、交互模式、支付效率、商业化探索将实现全面升级。移动支付行业未来商业化路径将更趋多元化。首先，通过支付积累的海量用户，将成为继社交平台后另一重要的廉价流量入口，为综合型互联网平台所利用；其次，在移动支付应用场景更广泛的情况下，对消费行为的大数据挖掘的价值更加珍贵；最后，平台能够以支付为触点，发展信贷等金融服务。

第二节　移动支付工具

自 2011 年第三方支付牌照下发以来，支付主体和业务范围变得日益多元化，具体涵盖了互联网支付、移动电话支付、银行卡收单、预付卡发行与受理、货币汇兑等众多支付业务类型。从本质上来看，移动支付是通过移动通信网络与金融系统相结合，将移动通信网络作为实现手机支付的工具和手段，为用户提供商品交易、缴费和银行账号管理等金融服务的业务。移动支付的实质是资金的转移，核心是支付账户，介质是移动终端，如手机等。移动支付就是允许用户使用其移动终端（通常为手机），对所消费的商品或服务进行账务支付的一种服务方式。目前，常用的移动支付工具有第三方移动支付工具和移动银行等。

一、第三方移动支付工具

1.第三方移动支付现状

随着移动支付模型日渐成熟，第三方支付的交易规模逐年扩大，逐渐成为最常见的网络交易方式和信用中介。1998—2005 年，首信易、支付宝、连连支付、快钱等第三方机构相继成立，开始为线上商业活动提供支付渠道。2010 年，中国人民银行发布

了《非金融机构支付服务管理办法》，确认了非金融机构支付业务的合法地位，通过将其纳入监管规范了企业经营、保障行业长期有序发展。在网络购物、社交红包、线下扫码支付等不同时期不同推动力的作用下，第三方支付的交易规模迅速扩大。第三方支付凭借其便捷、高效、安全的支付体验，使得中国的支付市场成为国际领先的支付市场之一。

第三方支付平台作为联系用户与商户、银行的纽带，在整个产业链内起着承上启下的作用（如图3-8所示）。其扮演着结算者的重要角色，从产业布局来看，各大第三方支付平台都受到中国人民银行的统一监管。从发展现状看，第三方支付平台分为两个梯队：第一梯队的支付宝、财付通以较大领先优势占据市场头部地位，具有进入市场早，有先发优势，用户体量大、黏性强，不断增强用户体验，覆盖场景广等特点。第二梯队的支付企业在各自的细分领域发力。

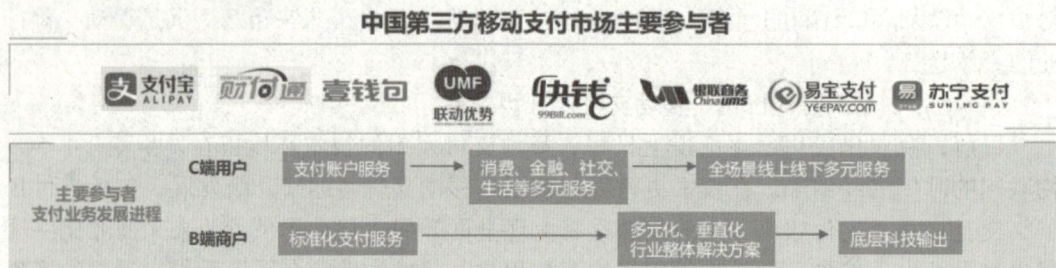

图3-8 第三方移动支付平台示意图

2.常见的第三方支付平台

（1）支付宝

支付宝成立于2004年12月，致力于为用户提供"简单、安全、快速"的支付解决方案，当前已经成为全球领先的第三方支付平台，自2014年第二季度开始成为全球最大的移动支付厂商。支付宝主要提供支付及理财服务，涉及网购担保交易、网络支付、转账、信用卡还款、手机充值、水电燃气缴费、个人理财等多个领域（如图3-9所示）。

图3-9 支付宝操作界面图

支付宝手机客户端是支付宝官方推出的集手机支付和生活应用于一体的手机软件，通过加密传输、手机认证等安全保障体系，为用户随时随地提供淘宝交易付款、手机充值、转账、信用卡还款、水电燃缴费等服务。

（2）微信

微信支付是腾讯公司于2014年3月推出的支付服务，是集成在微信客户端的支付功能。用户可以通过手机快速地完成支付流程。微信支付以绑定银行卡的快捷支付为基础，向用户提供安全、快捷、高效的支付服务。用户只需在微信中关联一张银行卡，并完成身份认证，即可将装有微信 App 的智能手机变成一个全能钱包，之后购买合作商户的商品及服务，用户只需在自己的智能手机上输入密码，无须任何刷卡步骤即可完成支付，整个过程简便流畅（如图 3-10 所示）。

（3）云闪付

云闪付是一种非现金收付款移动交易结算工具，是在中国人民银行的指导下，由中国银联携手各商业银行、支付机构等产业各方共同开发建设、共同维护运营的移动支付 App，于 2017 年 12 月 11 日正式发布（如图 3-11 所示）。

图3-10　微信支付示意图　　　　　　　　　图3-11　云闪付界面示意图

云闪付 App 具有收付款、享优惠、卡管理三大核心功能。云闪付 App 与银联手机闪付、银联二维码支付同为银联三大移动支付产品。作为各方联手打造的全新移动端统一入口，银行业统一 App "云闪付"汇聚各家机构的移动支付功能与权益优惠，致力于成为消费者省钱、省心的移动支付管家，如图 3-11 所示。消费者通过云闪付 App 即可绑定和管理各类银行账户，并使用各家银行的移动支付服务及优惠权益。截至 2024 年 3 月，云闪付 App 注册用户数已突破 6 亿。

3. 第三方支付平台对比

（1）从产品定位方面分析

近年来，支付宝依托线上电子商务的庞大场景，不断扩张其业务功能；核心竞争力为阿里生态系统，新零售的发展为支付宝线上线下支付提供了丰富的场景支撑。目前，支付宝已有支付、理财、生活服务、政务服务、公益等多个场景和行业服务类型，市场定位是依托阿里生态系统，继承多场景功能的数字生活开放平台；目标人群是有线上线下支付需求的消费者，并依靠阿里生态系统持续推动用户和商户下沉。

微信支付由微信和财付通联合推出，利用微信社交关系链的高频场景，通过红包、朋友转账等形式快速发展；微信支付内嵌于微信中，凭借庞大用户量和高使用率渗透各个生活场景；市场定位是依托微信社交流量平台的第三方在线支付平台；目标人群是有支付需求的用户，并借助微信社交平台取得了下沉市场和中老年用户的覆盖优势。

云闪付用户通过 App 绑定和管理各类银行账户，使用各家银行的移动支付业务，还可以查询周边优惠信息，享受银联优惠权益。另外，云闪付还新增了便捷开票、在线缴税、公交地铁等生活服务功能。市场定位是银行业统一移动支付战略产品 App，目标人群是各类银行卡的使用者。

（2）从产品需求方面分析

支付宝和微信以生活应用为主，云闪付更注重财务应用方面的需求；支付宝、微信支付和云闪付都以支付、转账为基本需求，并且在各自追求的产品功能方面存在差异化。云闪付可对比其他第三方支付产品的需求与功能服务，在增强移动支付功能的同时，加强在生活服务等方面与支付宝和微信支付的对比，扩大功能覆盖面和服务种类，提升其实用性（见表3-1）。

表3-1　　　　　　　　　　　　产品需求对比表

产品名称	产品属性	产品核心需求点
支付宝	生活应用	1.支付、转账、收款、账单查询 2.各类应用与服务，如生活服务、政务服务、公益等 3.财富管理，如理财等
微信支付	生活应用	1.支付、转账、收款、发红包 2.多种应用服务，如生活服务等
云闪付	财务应用	1.安全便捷地支付、转账 2.支付优惠，适用于多种应用场景，如生活缴费等 3.获得收益，如理财功能等

（3）从产品功能方面分析

支付宝产品结构比较完善，功能宽泛。其中，"首页""理财""我的"模块内功能较多。"首页"顶部工具栏放置"扫一扫""收付款""卡包"等按钮，满足用户高频使用需求；常用工具没有选择轮播形式展示，直观明了，降低了用户查找频次；"我的"模块结构简明，根据用户需求排列。

微信支付的产品结构相对简单，使用率最高的"添加朋友""扫一扫""收付款"按钮均设在一级菜单顶部的"+"中。核心功能中"我—支付"路径明确简洁，"支付"模块中，常用工具分类清晰合理、使用便捷。

云闪付的一级菜单分别为"首页""发现""财富""我的"，对比同类竞品结构相对复杂，各项功能比较完善；二级菜单模块较宽泛，集成了较多功能，且部分模块内容与其他功能页面重复，操作上容易给用户造成混淆，会降低用户使用效率。

二、移动银行

伴随数字经济的稳步发展，数据成为驱动数字化、网络化、智能化的新型生产要素，已快速融入生产、分配、流通、消费和社会服务管理等各个环节，深刻改变着生产方式、生活方式和社会治理方式。当前，银行业数字化转型已进入高速发展期，如何实现"业务数据化""数据业务化"，进而增强用户在产品端以及服务端的体验，成为重点探讨和研究的方向。

1.移动银行的定义

移动银行也被称为手机银行，以手机、平板等移动终端作为银行业务平台中的客户端来完成某些银行业务。消费者能够在任何时间和任何地点，通过移动终端以安全的方式进行诸如转账、交费等操作，而无须亲自去银行或向银行打电话咨询。

当前，在互联网金融和利率市场化改革的双重压力下，商业银行传统业务的盈利空间和发展前景变得越来越窄。为了适应互联网时代的市场需求，各银行必须在传统业务之外开展电子银行业务，包括网上银行、电话银行、手机银行、自助银行，以及其他离柜业务，而移动银行凭借其成本低、不受时间和地点限制等优势，正成为各家商业银行今后业务发展的重点。

2. 主要功能

各大银行推出的手机银行客户端功能虽然各有不同，但大体上均具有以下五种主要功能：

一是基础业务：除现金业务外，移动银行基本上可以满足日常金融生活的大部分需求，包括查询、转账、汇款、缴费等基础业务，而且移动银行一个很大的吸引力是转账汇款手续费全免。

二是理财投资：移动银行也可用于基金、黄金、外汇、银行理财产品等的选购。

三是增值服务：用户可以通过移动银行办理机票预订、话费充值、电影票购买、商城购物、水电煤缴费等增值业务。

四是预约取款：工行、建行、交行和广发银行等均推出了移动银行预约取款服务，用户不带银行卡，也可以通过移动银行的预约取款功能，去就近网点取现。

五是扫码支付：各大银行App目前都提供付款码功能，用户可通过移动银行App生成二维码，在有扫码枪等设备或提供相应收付款二维码的商场可进行扫码支付。

3. 实现技术

移动银行的实现技术有六种，分别为短消息方式、基于STK卡的短消息方式、USSD方式、WAP方式、K-Java方式和BREW方式。目前，国内各大商业银行均采用综合使用多种技术的方式，来确保交易的安全、便捷。其中，短消息方式和WAP方式被各个银行广泛采用，其他方式各银行根据各自的业务特点选择性使用。

4. 分类

目前，移动银行已成为商业银行客户服务的主渠道之一。移动银行主要分为以下两种应用类型：

（1）移动银行App

目前，各大银行都推出了自己的客户端应用，提供给所有智能手机用户免费使用，移动银行App发展迅猛。根据艾瑞咨询的统计数据，截至2022年12月，中国手机银行App月活数量Top10中，六大国有商业银行地位稳固，剩余4席均为股份制银行。在六大国有商业银行中，中国农业银行以1.2亿月活用户数量（MAU）稳居第一，工商银行、建设银行分别以1.0亿和0.9亿MAU位居第二和第三位；四大股份制银行中，招商银行凭借着7 339万MAU排名第四，排名第七的平安银行、排名第八的中信银行以及排名第十的兴业银行在股份制商业银行中的优势也依然明显。民生、浦发、光大与广发银行4家股份制银行排在第11至第14名，每一名次之间差距约为200万～300万MAU，存在一定的竞争空间。

用户的增长得益于各家银行对手机银行App发展的重视。手机银行在不断地新增功能、优化功能，全面满足客户生活、工作、理财、娱乐等多方面的需求，从而增强客户黏性。

（2）与互联网公司合作

由于互联网公司在平台、流量和大数据获取等方面具有天然优势，客户群体庞大，因此许多银行选择化竞争为合作，共同开展移动金融业务。其中，最具有代表性的便是"微信银行"。

微信公众号：2013年招商银行就升级了微信公众平台号，推出了全新概念的首家"微信银行"。服务范围从单一信用卡服务拓展为集借记卡、信用卡业务于一体的全客群综合服务，可以实现转账汇款、手机充值、预约办理等系列服务。

微信小程序：自2017年以来，多家银行陆续上线微信小程序，浦发银行、招商银行和中信银行等银行的信用卡小程序纷纷亮相，为消费者提供一些具有特色的银行业务服务。

银行公众号及小程序更多的是提供一个新的业务渠道，与手机银行App大而全的功能相比，走的是灵活、轻量的路线，主推某一项或几项服务，主要是以特色服务来吸引新客户。

5.手机银行的核心竞争力

手机银行App作为零售银行服务及经营的主阵地，是银行最为重要的平台。手机银行的核心竞争要素包括获客活客能力、用户体验、服务生态、品牌影响力等。银行围绕这些要素进行积极布局，提升手机银行竞争力。

（1）获客活客能力

客户是银行经营之基，手机银行注册用户规模体现着银行获客能力，活跃用户规模则体现着银行对用户促活、转化的能力。

（2）用户体验

数字化时代，用户体验感变得更为重要，银行应以用户体验优先的原则优化并完善经营管理。

（3）服务生态

银行自有产品与服务、智能化服务及引入的合作服务场景，共同构成银行的服务生态。

（4）品牌影响力

商业银行对手机银行的品牌定位及品牌影响力打造，用户对手机银行品牌、功能的认知，决定了其对手机银行的信任及定位。

（5）运营能力

手机银行用户运营、活动运营、产品运营、内容运营等反映了银行线上经营能力。

（6）数据能力

数据是驱动手机银行服务效率提升、服务智能化、运营策略优化的基础资源。

【知识拓展3-2】

工行手机银行践行用户分层经营，版本设计五人五面

工行手机银行践行用户分层经营，版本设计针对多种专属客群，提升全量用户及重点

客群的服务能力。在标准版基础上，针对老年人、学生、外籍人士等群体推出专属版本，提供专属、个性化服务。

标准版：全量用户，服务丰富专业。提供全方位金融及生活服务，打造千人千面个性化服务体系，工银薪管家聚焦客户工资场景，提供工资卡、理财、贷款、专属权益及服务。

幸福生活版：适老化版本，大字体，支持纯语音交互，屏蔽广告类弹窗；凸显老年人关注的查账、转账等常用功能，以及客服中心、安全中心等入口；创新推出亲情账户及老年客户专属存款服务。

普惠版：提供以融资为核心的"一站式"普惠金融服务，覆盖信用类、抵质押类、数字供应链等一系列小微e贷产品。

校园版：聚焦账户、转账、一卡通、亲情账户、信用卡等金融服务，以及小象e讲堂、出国行等校园场景。

英文版：满足外籍用户需求，重点提供账户、国际汇款、结售汇等服务。

工商银行"智慧大脑"驱动手机银行个性化营销服务

工商银行"智慧大脑"运营驱动系统从千人千面的个性化服务、差异化分层分群维护、营销管理决策传导、客户账户安全管理等方面赋能，将合适的产品及服务，利用手机银行等渠道及合适的触点，精准匹配用户需求。

个性化服务，提供个性化推荐：基于用户画像及需求分析，提供适配的个性化服务，结合资金入账提醒、产品查询、转账结束等交易页面提供产品推荐服务。

营销决策传导，提供营销服务：营销战术、主题活动、重点产品、客群服务等传导至各级人员。

分层分群，进行客户维护：理财经理负责新品预告、产品异动提醒、潜客提升、客户流失预警等；远程服务人员负责定制短信群发、机器人呼出营销等。

风险防控，保障账户安全：在客户端，内嵌风控模型，可识别盗刷、诈骗等行为，保障客户账户安全；在员工端，管控营销人员的经营行为。

资料来源　王细梅. 2022年中国手机银行年度专题分析 ［EB/OL］. ［2022-06-20］. https://www.analysys.cn/article/detail/20020566.

【素养课堂3-1】

大学生应当树立正确的消费观

中外经济思想史上存在三种消费观——节俭消费观、奢靡消费观和适度消费观。节俭消费观和奢靡消费观既具有合理因素和积极作用，也存在消极因素和负面影响。适度消费观既汲取了前两种消费观的合理因素，又摒弃了其中的不合理因素，是我们应该坚持奉行的消费观。大学生应从以下几方面树立正确的消费观：

（1）用之有度

用之有度是人们消费的重要原则，意味着在保证自身经济承受能力的前提下，合理、适度地消费。过度消费不仅会浪费资源，也会对个人生活质量产生负面影响，甚至可能陷入债务危机中。因此，我们要控制消费的规模，注重合理、可持续地消费，既要满足当下的需求，又要保护未来的收入。

（2）克制

克制是指能够控制自己的购买欲望，坚持一段时间后，如果购买欲望仍然强烈，可以入手。通过克制消费，可以控制自己的消费习惯，避免过度消费和浪费。

（3）学会阶段性理财

阶段性理财，是不同经济条件下都需要的一种理财观念。比如，刚毕业的大学生需要理财，要管好自己的信用卡，不要过度消费。在工作有结余的时候，可以合理选择风险较低的投资理财项目，以增值保值为主。而后，理财和投资逐渐成为一种能力和兴趣，给消费带来更高的幸福指数。

（4）物质消费与精神消费要协调发展

在物质消费与精神消费协调发展的背景下，我们应该注重精神消费。如今，科技的快速发展使得物质消费与精神需求之间的联系更加紧密。人们通过不断地追求物质财富和提升自己的生活品质，不仅在物质上富有，精神上也得到满足。然而，物质消费并非孤立的，它需要精神的滋养。只有物质消费与精神消费协调发展，才能实现社会的可持续发展。

资料来源　河北师范大学法制办公室公众号. 大学生如何树立正确的消费观［EB/OL］.［2023-11-16］. https：//mp.weixin.qq.com/s?　__biz=Mzg3NzIwOTA0MQ==&mid=2247515205&idx=1&sn=a1a7fbb1fa814ef7aa682d2458fb1f65&chksm=cf2488fbf85301ed91d53248f882ea53ad27ac70eda2cafd2b17ffa759ffd7d566e9da71106a&scene=27.

【实训项目】

一、实训目的

（1）了解国内支付系统的运行情况，熟悉主要的移动支付方式。

（2）通过移动支付实践，熟悉支付宝的注册与实名认证过程，加深对移动支付发展及具体操作方法的感性认识。

（3）体验移动支付过程，了解常用的移动支付方式。

二、实训要求

（1）能够利用手机App应用体验移动支付过程。

（2）理解移动支付与移动商务之间的关系。

三、实训内容

（1）支付宝的注册与使用。

（2）手机银行的注册与使用。

（3）移动支付的工作过程和原理。

四、实训方法与步骤

支付宝及手机银行的使用

1.注册支付宝账号

（1）用手机下载并打开支付宝App，点击"注册账号"。

（2）输入手机号码，点击"立即注册"。

（3）填写验证码验证，验证码校验成功后，进入支付宝App首页。

（4）通过验证，设置6位数支付密码。

（5）注册成功，可以进入支付宝。

2.绑定银行卡

（1）在支付宝首页点击右下方"我的"，选择"银行卡"栏目。

（2）在"银行卡"页面点击右上角的"+"添加银行卡，输入卡号（可在文本框输入本人的银行卡号，或者拍照获取银行卡号；一个支付宝账户最多可以签约30张银行卡）。

（3）绑卡成功。

3.支付宝支付方式

（1）扫码支付。打开支付宝 App，点击左上方的"扫一扫"按钮，对准商家的二维码进行扫描，出现付款界面，点击输入付款金额，确认付款。

（2）向商家付款。打开支付宝 App，点击上方的"收付款"按钮，出现"收付款"二维码界面，把二维码对准商家的扫描器，进行自动扫描，即可完成付款。

（3）刷脸支付。打开支付宝 App，点击"我的"→"设置"→"支付设置"，选择"生物支付"，打开"面容支付"，录入人脸后就可以进行面容支付；选择"到店刷脸支付"，打开到店刷脸支付功能，可以在线下门店的刷脸设备上（无须手机）刷脸完成支付（如图3-12所示）。

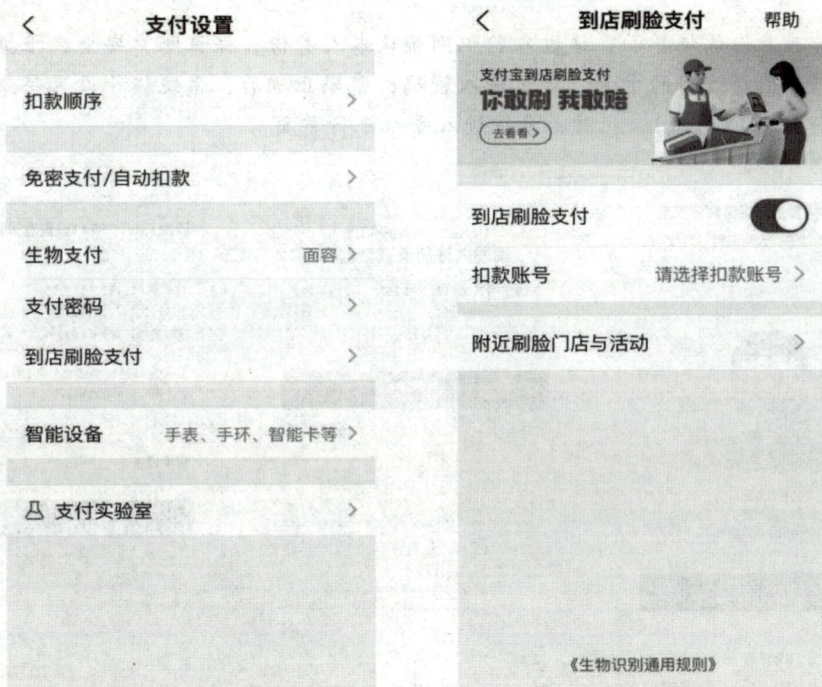

图3-12　刷脸支付的设置

二、手机银行的注册与使用

1.下载工商银行手机银行客户端

在手机的应用商城搜索"中国工商银行"并下载。

2.注册工商银行手机银行

（1）进入工行手机银行App，点击左上角的"登录"，打开"注册/登录"，输入手机号，勾选"我已同意《电子银行个人客户服务协议》《工银融e行个人信息保护政策》"，接收验证码（如图3-13所示）。

图3-13　工商银行手机银行注册页面

（2）进入身份认证界面，通过人脸识别确认本人身份，保证账户安全；根据用户身份系统自动识别已经注册的卡号，提示输入密码；密码正确后，系统提示设置登录手机银行的密码（如图3-14所示）。此时，系统进入手机银行首页。

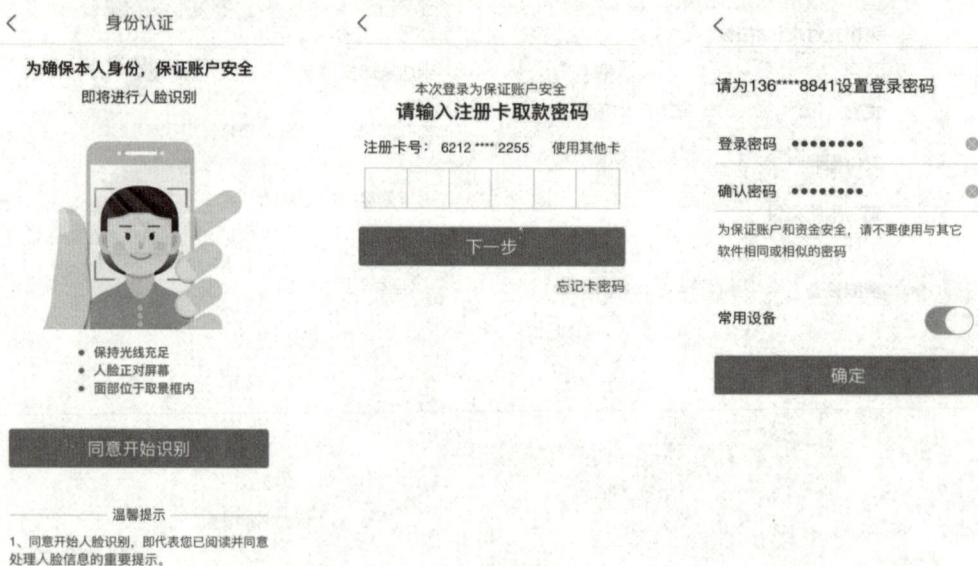

图3-14　工商银行手机银行身份认证与密码设置页面

3.工商银行手机银行的使用

（1）转账。选择页面中间的"转账汇款"选项，打开"转账汇款"页面，点击"最近转账"的右侧"全部收款人"，选择右上角"+"按提示添加收款人，选中收款人列表中的某个收款人，打开"快速转账"页面，即可完成转账（如图3-15所示）。

图3-15　转账功能的使用

（2）缴纳电费。选择页面中间的"转账汇款"选项，打开e缴费界面，选择"电费"，输入"缴费号码"，进入待缴账单，输入"缴费金额"，即可完成电费的缴纳（如图3-16所示）。

图3-16　缴纳电费功能的使用

（3）尝试使用工商银行手机银行的其他功能。

【本章测试】

一、单项选择题

1.移动支付是基于（　　）开展的交易、支付和认证等电子商务活动。

【本章小结】

本章测试

答案

A.互联网技术 B.移动通信网络和互联网技术

C.近距离通信技术 D.以上都是

2.下列支付方式中属于近场支付的是（ ）。

A.短信支付 B.扫码支付

C.NFC支付 D.在线支付

3.移动支付按交易金额分类时，交易额少于10美元的一般被称为（ ）。

A.宏支付 B.大额支付 C.中额支付 D.微支付

4.以下（ ）不是移动支付系统的组成部分。

A.消费者前台消费系统 B.商家管理系统

C.银行柜台系统 D.无线运营商综合管理系统

5.（ ）是通过手机闪光灯照射POS机上的光子感应器进行交易信息传输的。

A.NFC支付 B.光子支付 C.声波支付 D.生物识别支付

6.支付宝和微信支付属于（ ）的支付模式。

A.以银行为主导 B.以第三方支付机构为主导

C.以移动运营商为主导 D.离线支付

7.在移动支付中，（ ）是指支付服务提供商将交易资金从买家的账户及时划拨到卖家的账户。

A.即时支付 B.担保支付 C.离线支付 D.远程支付

8.（ ）技术利用用户的生物特征进行身份验证。

A.NFC支付 B.声波支付 C.生物识别支付 D.扫码支付

二、多项选择题

1.移动支付按支付地点远近可以分为（ ）。

A.远程支付 B.近场支付 C.宏支付 D.微支付

2.下列属于移动支付特点的有（ ）。

A.灵活方便 B.交易成本高

C.小额支付占主流 D.中间参与机构多

3.移动支付系统的主要组成部分包括（ ）。

A.消费者前台消费系统 B.商家管理系统

C.无线运营商综合管理系统 D.银行柜台系统

4.常见的第三方移动支付工具有（ ）。

A.支付宝 B.微信支付 C.云闪付 D.工商银行手机银行

5.移动银行的主要功能包括（ ）。

A.基础业务 B.理财投资 C.预约取款 D.扫码支付

三、简答题

1.简述移动支付的工作流程。

2.列举并简述三种常见的移动支付方式及其特点。

3.简述移动银行相比传统银行的优势。

第四章　移动商务运营

【学习目标】

知识目标：

（1）掌握移动商务运营的内涵，能够说出移动商务运营和移动商务营销的联系和区别。

（2）了解移动商务运营的核心理念，能够列举出用户经济的4个基本运营法则。

（3）熟练掌握移动商务的4种类型，能够总结各种类型的核心要点与工作内容。

能力目标：

（1）能够描述一个移动商务项目的整套执行流程。

（2）能够具体分析移动商务项目在执行中可能遇到的问题及解决方法。

（3）能够以案例形式描述移动商务运营各环节的实施策略。

素养目标：

（1）养成遵纪守法、诚实守信的行为规范。

（2）培养精益求精的工匠精神。

（3）培养团队分工合作能力。

第一节　移动商务运营理念

一、移动商务运营概述

1.移动商务运营的内涵

（1）移动商务运营的概念

所谓运营，是围绕商品管理而展开的一系列计划、组织、实施和控制活动，是与产品生产和服务密切相关的各项管理工作的总称。通俗地说，运营就是将已开发的产品送达用户，让用户持续使用该产品，保证其生命力，避免产品走向死亡的过程。对移动商务运营而言，它是指利用现代化互联网技术，通过微信、微博、贴吧等移动商务平台或工具进行产品宣传、营销和推广的一系列运营手段。要想更好地理解移动商务运营，可以从以下三个角度入手：

①战略角度

从战略角度看，企业移动商务运营是一个整体，对内衔接企业产品、对外衔接目标用户。移动商务运营部门需要挖掘用户需求，协助进行产品质量提升，设计优质内容并提升用户体验，即对产品及用户双重负责。

因此，战略角度的移动商务运营可以定义为：借助移动商务工具，实现对"产品研发、产品推广、用户反馈、产品优化"闭环的精细化管理。

②职能角度

从职能角度看，移动商务运营即经典的四大模块，包括用户运营、产品运营、内容运营及活动运营。

所以，职能角度的移动商务运营可以定义为：利用移动商务工具进行产品、用户、内容及活动四大运营模块的统筹与运作。

③操作角度

从操作角度看，每一项具体工作又是一个小的运营闭环。以微信公众号的"自定义菜单"为例，虽然只是一个小小的按钮，但是为了让菜单发挥最大价值，也需要进行同行自定义菜单调研、菜单策划、菜单设置、菜单点击数据分析、菜单优化等工作。

因此，操作角度的移动商务运营可以定义为：负责移动商务工具或平台具体的工作，对运营数据不断优化改进的过程。从操作角度做好移动商务运营工作，一样能发挥作用，如将微博、微信、QQ、今日头条等移动商务平台的价值持续放大。

从以上三个角度考察，本书提到的移动商务运营的三重含义见表4-1。

表4-1　　　　　　　　　　　　　移动商务运营的三重含义

角度	定义
战略	借助移动商务工具，实现对"产品研发、产品推广、用户反馈、产品优化"闭环的精细化管理
职能	利用移动商务工具进行产品运营、用户运营、内容运营及活动运营四大模块的统筹与运作
操作	负责移动商务工具或平台具体的工作，对运营数据不断优化改进的过程

因此，"移动商务运营"不是一个简单的概念，而是从战略到操作、从企业全局到细节执行的系统工作。

（2）移动商务运营和移动商务营销的联系和区别

在日常生活中，移动商务运营和移动商务营销经常被混淆。虽然二者只有一字之差，但是实质上却大不相同。

①联系

移动商务营销和移动商务运营都是连接产品和用户的媒介，这种连接是双向的：一方面，都需要充分挖掘产品的特色，并将产品的优势呈现在互联网上，使用户在线上接触产品；另一方面，都需要收集用户的反馈，并在后期持续改善用户的体验。另外，移动商务营销和移动商务运营的具体工作有大量重合部分，如撰写文案、产品推广等。

②区别

就二者的日常工作而言，移动商务营销偏向外部，需要定期进行用户分析、用户跟进和产品策划等；移动商务运营偏向内部，日常工作包括账号管理、选题规划、内容推送等。此外，移动商务营销的效果可以直接通过营销结果来判断，而移动商务运营的效果则需要综合考虑各种数据，如用户、内容等。

2. 移动商务运营模块

移动商务运营的基本模块（见表4-2）包括用户运营、产品运营、内容运营和活动运营，每个模块在移动商务运营过程中都发挥着不同的作用。

表4-2　　　　　　　　　　　　移动商务运营的基本模块

模块	作用	关键点
用户运营	核心	用户画像
产品运营	根基	类型分析、周期判断
内容运营	纽带	传播模式设计
活动运营	手段	跨界、整合

（1）用户运营

用户运营是移动商务运营的核心。无论是研发产品、策划活动还是推送内容，都需要围绕用户有针对性地展开。因此，移动商务运营者需要进行用户日常管理，吸引新用户关注，减少老用户流失，同时想方设法地激活沉寂用户。

在用户运营工作中，用户画像是工作的起点。只有进行清晰的用户画像，后续的用户分类、拉新、促活与留存等工作才有意义；否则，用户运营的效果会大打折扣，甚至会出现南辕北辙、"越努力越无效"的情况。

（2）产品运营

产品运营是移动商务运营的根基。

狭义的产品运营是企业的互联网产品运营，包括企业手机软件设计与开发、企业网站运营与调试等。

广义的产品运营是把移动商务运营过程中涉及的账号、平台、活动等项目都看作产品，进行策划、运营与调试。

（3）内容运营

内容运营是移动商务运营的纽带。内容用于连接产品与用户，运营者需要重点关注内容的定位、设计与传播——找到差异化的内容定位，创作走心的内容形式，辅之以好的内容传播，从而触达更多用户。

移动商务内容并不是简单地"写一篇文章""录一段视频""做一张图片"，而是要让更多的用户打开、完整浏览并转发到朋友圈或转发给好友。因此，移动商务内容运营的关键点是设计传播模式，力争获得更多的传播。

（4）活动运营

活动运营是移动商务运营的手段。在规模较小的移动商务团队中，一般不会设置专门的活动部门、活动组等，因为活动是其他三大模块都会涉及的重要内容。

移动商务活动运营需要关注策划与执行。移动商务活动在开展前，需要进行详细策划，明确活动目的并确定活动形式、内容、时间计划等；活动完成后，需要活动负责人进行任务跟进与活动复盘。

活动运营的效果体现在活动参与度上，但是持续提升用户参与度却又相当困难。一方面，现阶段网民的可选择性变大，通常不会对同一家公司、同一个账号或同一类活动保持浓厚兴趣；另一方面，活动运营团队很容易在策划几次活动后，陷入思路枯竭、创意失效的状态——没有新的灵感，自然无法激发用户的参与。

因此，活动运营的关键点是跨界与整合——与其他行业的公司联合举办活动，同时整合各方面的传播资源，以确保活动效果。

3.移动商务运营人员的必备素质和核心技能

（1）必备素质

要成为一名合格的移动商务运营人员，需要具备以下一些基本能力：

①产品理解能力

产品是运营的基础，一名合格的运营人员必须具备产品理解能力。这样才能清晰地进行产品定位，分析产品对用户的吸引力，发现用户的行为模式和特点，并针对不同类型用户的需求进行有针对性的营销，从而最大化激发用户的购买欲望和传播欲望。

②"网感"和创新能力

网感是指运营人员对网络的敏感度，主要体现在运营人员对网络热点话题、网络热点词汇、网络热点表情包等网络元素的快速反应能力上。这种能力能够给运营人员带来创作灵感，让运营人员更好地把握时机，将企业产品或品牌精神与网络热点结合起来，打造具有吸引力的营销内容，从而抢占营销先机。

③资源整合能力

当前，移动商务平台众多，虽然方便了运营人员进行营销信息的推广，但也很容易导致资源分散、端口交叉重叠等问题的出现。例如，在不同的平台中发布多项同质化的内容，会导致营销内容的原创性与质量降低，给用户带来不佳的观感。运营人员要了解企业自身的传播渠道和营销模式，积极收集和合理利用网络中的资源（如文章素材、优质合作对象等），在充分整合后科学选择最有利于企业的营销方式，从而最大限度地提高企业营销的传播价值，完成企业品牌的布局。

④策划和写作能力

运营人员要具备良好的内容策划能力，包括对营销内容和方式的定位、对营销渠道的确定、对目标用户的分析等，这是进行营销推广的前提。特别是在瞬息万变的互联网环境中，运营人员要不断通过实践来提高自己的策划能力，以保证营销计划能够顺利实施。同时，写作能力也是运营人员不可或缺的一项能力。营销内容是营销的关键，没有良好的写作能力，就算吸引了较多的流量，如果内容不能吸引和打动用户，也会造成资源的浪费。

⑤团队协作能力

运营工作根据工作内容的不同，可以分为用户运营、内容运营等。就移动商务运营工作而言，完成这项工作不能仅依靠一个人的力量，而是需要团队成员各自发挥所长。因此，团队协作能力对移动商务运营人员来说必不可少。

（2）核心技能

做好移动商务运营工作绝对不是一件简单的事情，移动商务运营人员必须掌握多方面的技能，包括图片处理、图文排版、H5动画制作、短视频制作等能力。

①图片处理技能

移动商务运营所用到的图片有许多种形式，最常见的包括封面图、icon（图形标识）、信息长图、九宫图、GIF动图等。运营人员可以根据营销内容主题及媒体平台的要求，使用各种工具软件（如Photoshop、美图秀秀、演示文稿等）或在线平面设计工具（如Fotor、创客贴等），快速设计和制作所需图片。

②图文排版技能

在移动商务运营与推广中，文字和图片是内容的核心，而排版是内容呈现不可或缺的一部分。用户除了对内容质量有要求外，对阅读体验也非常看重。运营人员可以对图文整体界面的版式进行设计，可以对文字的颜色、字号、间距、字体等进行设置，对图片的尺寸、格式等进行排版，生成长图和贴纸图文等。

③H5动画制作技能

H5是HTML5（第五代超文本标记语言）的缩写，可以将其理解为一种网页编辑的标识规范。当前的绝大多数网页都是建立在HTML基础之上的。H5能够独立完成视频、音频、画图的操作而无须依赖第三方插件，具有极强的兼容性，能够适应iOS、鸿蒙和Android等系统支持的所有电子设备。

随着移动互联网技术的发展以及社交网络的成形，很多企业都看到了H5的商机。要制作出优秀的H5，运营人员要经过主题策划（如品牌推广、活动促销、新品宣传、主题推荐等）、创意方案构思（结合受众的喜好、近期社会热点、节日等信息构思创意方案）、技术支持、素材准备（制作工作中所需要的图片、音频、视频、文案等素材）和进行制作（使用MAKA工具、iH5工具等制作H5网页）等一系列流程。

④短视频制作技能

互联网技术的发展和短视频平台的兴起，使观看视频成为用户日常网络活动中的重要组成部分。这种普遍的网络用户行为推动了短视频的诞生，并使其逐步成为常用且有效的营销利器。

秒拍、抖音、快手、梨视频、美拍等是目前较为火爆的短视频平台，不管选择哪一个短视频平台，运营短视频的关键点都是内容，内容的好坏直接决定了短视频的传播度和影响力。运营人员可以按照一定的步骤来设计和制作短视频，主要包括剧本设计、角色选择、短视频拍摄、剪辑制作、压缩上传等。

【知识拓展4-1】

运营岗位必知的18个关键词

移动商务运营人员必须对专业术语"如数家珍"，以便提高运营团队的内部沟通效率，如"活动转化率为15%"没必要再用"本次活动的购买人数除以参与人数，比例是15%"来解释。

常见的新媒体运营关键词包括策划、执行、反馈三大类（见表4-3）。需要强调的是，这些关键词只是新媒体运营入门必备的关键词，而具有一定经验后，需要熟悉的关键词远不止这18个。

表4-3 　　　　　　　　　　　　常见的新媒体运营关键词列表

类别	定义
策划类	用户画像、产品矩阵、运营策划
执行类	KOL、账号矩阵、文案、软文、工具
反馈类	粉丝数、曝光量、阅读量、访问量、跳出率、活跃用户数、转化率、好评率、销售额、ARPU

（1）用户画像

用户画像的过程就是一个"贴标签"的过程。通过用户年龄、性别、消费习惯、生活习惯、浏览习惯等多重信息，把用户抽象成标签化的模型，以便进行更有针对性的新媒体推广或用户管理。

（2）产品矩阵

产品矩阵，即针对不同用户或同一用户的不同需求而设计的系列化产品。例如，大众点评网为一般消费者、团购消费者、后台商家分别开发了三个版本的软件产品，以满足其差异化需求。

（3）运营策划

在开展具体的执行工作前，运营人员必须先进行运营策划，如分析目的、确定方式、讨论创意等。如果前期策划出现错误，看起来执行同样的工作，效果却会大打折扣。

（4）KOL

KOL（Key Opinion Leader，关键意见领袖）指的是在行业内有话语权的人，如微博"大V"、论坛红人等。KOL通常有一定的专业度，其观点更容易让粉丝信服。运营者可以尝试与KOL合作，借助其影响力为企业品牌助力。

（5）账号矩阵

新媒体账号矩阵指的是企业高管、企业员工、企业产品等不同模块在互联网的账号组合。好的账号矩阵可以借助团队的力量集中放大运营效果。

譬如，小米公司为了提升新媒体整体声量，设计出了独特的微博账号矩阵（如图4-1所示）。通过"集团作战"的微博矩阵，小米手机能更快速地开展新品推广、客诉回复、建议收集等运营细节工作。

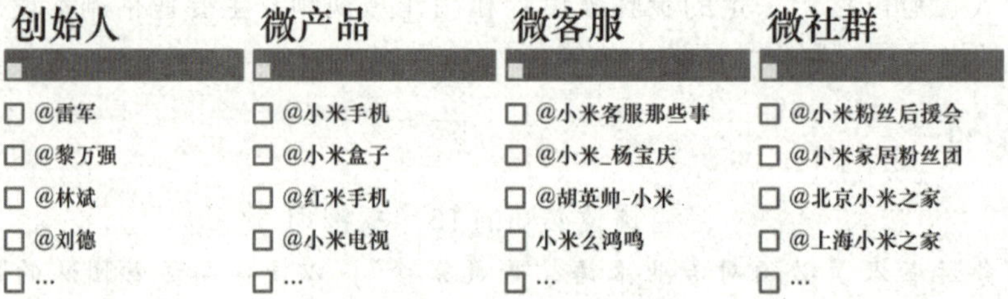

创始人	微产品	微客服	微社群
☐ @雷军	☐ @小米手机	☐ @小米客服那些事	☐ @小米粉丝后援会
☐ @黎万强	☐ @小米盒子	☐ @小米_杨宝庆	☐ @小米家居粉丝团
☐ @林斌	☐ @红米手机	☐ @胡英帅-小米	☐ @北京小米之家
☐ @刘德	☐ @小米电视	☐ 小米么鸿鸣	☐ @上海小米之家
☐ …	☐ …	☐ …	☐ …

图4-1 小米公司的新媒体账号矩阵示意图

（6）文案

文案最早专指广告文案，包括广告标题、正文、口号的撰写。在新媒体运营中，文案既有长文案（微信公众号文章、今日头条文章等），又有短文案（微信朋友圈文案、微博文案），还有多媒体文案（海报文案、视频文案、音频逐字稿）等。

（7）软文

软文是由企业的市场策划人员或广告公司的文案人员负责撰写的"文字广告"。与硬性广告相比，软文的精妙之处在于一个"软"字，它将要宣传的信息嵌入文章内容中，影响用户于无形。

好的软文具有双向特点：既能让用户在文章里找到自己所需的信息，为用户提供价值；又能推广企业的宣传内容，影响用户决策。

（8）工具

熟练使用工具，有助于提高运营者的工作效率。

如在设计海报时，可以尝试在"创客贴"网站快速生成；在进行微信文章排版时，可以在"i排版"上快捷操作；在监控账号后台数据时，可以利用"西瓜助手"实时监控；在进行网络调研时，可以借助"问卷网"一键生成表单。

（9）粉丝数

粉丝数是账号运营优劣的考量标准之一。运营人员需要定期统计粉丝情况，包括粉丝总数、新关注人数、取消关注人数、净增关注人数等。特别是在进行专门的拉新活动或渠道推广后，运营人员需要统计新增粉丝数，以评估推广质量。

（10）曝光量

曝光量是产品或品牌的互联网知名度考量标准之一。运营人员需要熟悉的曝光量数据包括微信文章阅读量、单条微博阅读量、微博话题阅读量等。

（11）阅读量

阅读量是文章质量的考量标准之一。在文章推送12小时、24小时、48小时等时间节点，运营人员需要记录文章的阅读量，判断文章的整体质量。

（12）访问量

访问量指的是一定时间内页面被访问的次数，是PC网站或移动网站的考量标准之一。为了提升访问量，运营人员需要通过朋友圈、微信群、微信公众号等多渠道综合推广。

（13）跳出率

跳出率指的是仅浏览了一个页面就离开网站的访问（会话）次数占总访问次数的比率。跳出率越高，代表网页对用户的吸引程度越低。

为了提升网站的营销效果，运营人员需要想方设法地制作精美的页面吸引用户驻足；同时，需要提升推广精准程度，避免不相关用户进行"打开网页马上关掉"的操作，无形之中拉高跳出率。

（14）活跃用户数

"活跃用户"是相对于"流失用户"而言的，指的是经常使用企业软件、浏览企业网站或打开企业公众号的用户数量。

用户在下载某软件或关注某公众号一段时间后，很可能逐渐降低活跃度。因此，运营人员需要尝试通过撰写更有趣的文章、策划更有创意的活动、设计更有吸引力的用户体系等方法，持续增加活跃用户数。

（15）转化率

转化率在线下指的是消费人数与到店人数的比例；而在新媒体运营中，转化率不仅涉及消费人数，也包括完成指定动作的人数，如关注微信公众号、参加指定活动、下载某款软件的人数。

（16）好评率

好评率是产品或品牌的互联网美誉度考量标准之一。运营人员必须关注的好评率包括：大众点评星级、店铺评论区好评率、百度知道差评比例、垂直类网站口碑等。

其中，垂直类网站指的是猫眼、豆瓣等专门针对某行业或某作品的点评网站。

（17）销售额

以销售为目的发起的活动或推送的文章，通常需要对销售额进行统计与分析。

仅通过销售额很难判断文章或活动的营销效果，运营人员需要将总销售额、分销成本、浏览量、转化比例等数据一并计算，以得到更客观的分析结果。

（18）ARPU

ARPU，即单用户平均收入。ARPU值越高，说明平均每个用户贡献的收入越高。运营人员可以尝试通过降低门槛并引入付费用户、提升品牌知名度并培养用户认知度等方式，综合提高ARPU值。

资料来源　秋叶. 新媒体运营 ［M］. 北京：人民邮电出版社，2018.

二、移动商务运营的核心理念

1. 从流量经济到用户经济

人们常说，当下是互联网经济时代，用户的力量越来越强大，"流量为王、用户至上"成为众多互联网企业的生存法则。只有真正能够洞察、满足用户需求的企业，才能提升自身的品牌价值。

企业最初的运营理念大多以技术为导向，注重网站建设和推广技术，后来逐渐发展至以流量为导向，这个时期流量是网络营销的重要指标。新时期的企业运营以人为本，关注用户价值，重点建立用户与用户之间、用户与企业之间的价值关系网络，创造用户价值成为企业运营的出发点和落脚点。

未来的运营核心依然是以人为中心，以用户价值为中心。企业运营不应该单纯地以入口、流量为目标，而是必须打造一个以客户为核心的价值关系网络，整合各种多媒体工具，实现多元化、立体化的营销。

（1）流量经济

有人曾说，"任何一家互联网公司都离不开一个核心的需求——流量"。所谓"得流量者得天下"，事实的确如此。企业拥有了流量才能进一步实现精准营销和转化变现。微信拥有超过10亿的用户，这10亿多用户就是微信的流量，假如微信没有如此庞大的用户量，那么它就没有如今的影响力。

在互联网的世界里，很多的概念都被打上了流量标签，如"流量巨头""流量独角兽""流量明星""流量变现"等。现在我们所理解的流量，是一个非常宽泛的概念。应用程序在手机上的下载量、安装量是一种流量，App的日活跃用户数、月活跃用户数是一种流量，网店的访客数也是一种流量。流量经济的概念其实在很早之前就存在了，一些实体产业也需要借助流量来增加自己的营收。例如，企业要经营一家实体店铺，那么店铺地址是选择在一条每天只有两三个人路过的街道还是人流密集的中心区域呢？如果以盈利为目的，后者无疑是首选。因为人流密集的中心区域可以提高店铺被更多人发现和访问的概率，在人流量大的基础上，一般后者的收入要明显高于前者。

总体来说，流量经济下，流量是基础。企业的经营理念是先获取流量，再投入成本，用"免费下载""免费入驻""免费购买""赠送活动""推荐有奖"等方法吸引用户，再逐渐思考如何实现流量变现。流量变现的主要方式包括广告变现、电商变现和增值服务变现。

①广告变现

广告变现是流量经济模式下最主要、最简单、最快速的一种流量变现方式，是指企业或个人提供广告位、流量来赚广告主钱的一种方式，根据流量多少、广告时间长短等结算费用。互联网广告与传统广告的原理一样，只是广告的形式变成了网络上各种各样的链接、图片或视频，广告的载体变成了网站、App 等。例如，开启各类 App 时以全屏的形式弹出的插屏广告，如图 4-2 为开启天猫 App 时出现的插屏广告；位于 App 的底部或顶部的横幅广告，如图 4-3 为天猫 App 顶端的横幅广告（在 PC 端，横幅广告这种广告形式经常出现在门户网站网页的顶部或底部）。

图4-2　插屏广告　　　　　　　　　　图4-3　横幅广告

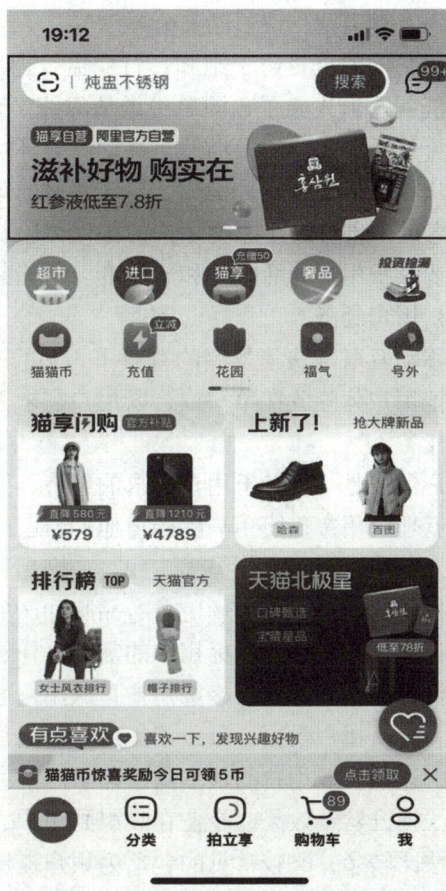

②电商变现

目前的电商变现可以分为电商 CPS 变现、导购变现和自营电商变现。

•电商 CPS 变现。它是指电商的代运营，即商家把商品放到电商平台上进行售卖，电商平台通过增加一些展示入口引流到对应的店铺，并实现转化，然后同商家进行 CPS（以实际销售产品的提成来换算广告刊登金额）分成，从而实现变现。

•导购变现。其适用于拥有足够多的活跃用户的网站、App。企业通过内容或社区来搭建商品展示页面，并通过与购物平台分销、广告系统合作来进行选品招商、商品上下架、结算等工作。

• 自营电商变现。与导购业务相比，自营电商的不同在于企业自主搭建购物频道、订单支付系统，自主把控商品的品质和服务。此模式虽利润空间较大，但企业应对商品质量进行严格控制，因为一旦出现不合格的商品，就可能会造成大量用户的流失。

③增值服务变现

增值服务变现是为满足用户（个人或企业）需要，提供相应的付费内容或服务的流量变现方式。增值服务的种类有很多，大致可以分为会员类和内容消费类。会员类如视频网站的付费会员，付费后可以获得更好的视频观看服务。内容消费类如直播和知识付费：直播时，用户购买虚拟礼物赠送给主播，平台方靠分成赚取利润；知识付费的代表产品有知乎、得到、有道精品课、网易公开课等。

当互联网的流量趋于饱和、行业监管力度加大、用户行为习惯发生改变三管齐下时，流量经济就逐渐式微了，即单纯地依靠流量直接获得经济收益变得困难。流量经济式微，不代表流量不重要，流量仍然是移动商务环境下企业运营的基础。未来，企业运营会更加注重用户的服务和体验。例如，广告素材的审核将更加严格，广告内容更加原生，即广告像是内容的一部分，不影响用户的阅读体验；增值服务变现需要持续保持高质量的内容输出，需要维护用户的活跃度和忠诚度。这些都是流量经济转变为用户经济的具体表现。

（2）用户经济

在移动互联网快速发展的背景下，"用户至上"已成为移动商务环境下企业的核心价值观。把用户体验放在第一位，以用户需求为导向，为用户提供有价值的服务是当下企业的核心任务。

用户经济是一种基于用户需求的经济，要求企业在价值链的各个环节中都以用户为中心，深度理解用户，比用户更知道他们自己的需求是什么。用户的反馈信息越多，企业的产品研发越能紧跟用户的需求步伐，使产品更有生命力。企业在了解用户的过程中，有三个比较核心的问题，即市场定位、品牌和产品规划、用户体验。研究这三个问题实际上就是研究目标用户是谁，目标用户的需求是什么，产品和品牌怎样满足用户的这些需求。了解用户最好的方式是直接接触用户，从用户心理、用户特征、用户需求等各个方面搜集用户信息，分析用户数据，最终汇集成目标用户画像。用户画像不仅能帮助企业发现用户的主需求，还能发现用户的很多隐性需求。

为了提升营销效果，企业在吸引到用户之后，还要提升用户的参与感。用户参与感的提升方法比较多，比较常见的包括为用户提供个性化定制产品、让用户参与产品开发及优化的过程，而这些方法也能进一步精准地获取用户需求信息。参与感提升还能让用户进一步变成粉丝，粉丝比用户的忠诚度更高，粉丝会为品牌投入感情因素，是企业最优质的目标消费者。

产品在满足用户需求时，还要给用户带来良好的体验，这样才算是真正满足了用户的需求。好的用户体验应该关注每一个细节，并将其贯穿到体验的整个过程中，让用户能清晰地感知这些细节，给用户带来预期之外的惊喜。

用户经济的运营是一种更加人性化的运营。对企业来讲，设计产品和服务时，可遵循简单、快速、易变、实惠这四个基本运营法则。

①简单

移动互联网时代，简单是很多用户选择产品时的第一要求。不管是产品设计、产品外观还是操作流程，都要尽量简化。除此之外，功能的便捷性也是用户非常关心的问题，能否快速找到自己想要的信息、能否快速掌握操作方法等都影响着用户的产品体验。越简单的产品，才越容易被传播。

②快速

快速不仅是用户的需求，也是移动互联网非常明显的特征之一。用户在使用移动互联网时，总是希望能尽快看到消息或资讯。因此企业在设计产品时，不仅要减少页面的跳转，还应该考虑用户接下来希望看到什么。

③易变

在互联网产品越来越多元化的时代，用户的可选择性也越来越大。企业如果不能维护好和用户的关系，就很容易造成用户流失。因此，企业要重视用户使用产品的体验，设计更多贴心的细节，关注每一个使用环节，提供更方便的支付方式。

④实惠

实惠是用户进行网络消费时经常考虑的因素，越物超所值、物美价廉的产品，就越容易受到用户的欢迎。企业可以从用户的精神层面出发，给予用户一些有价值的实惠，让用户获得心理满足。

2.用户体系与用户价值链

移动商务环境下，企业运营以用户需求为导向，如何获取用户、留住用户以及活跃用户，成为各移动端企业最为重要的任务。下面将介绍用户体系和价值链的相关知识，为移动商务运营提供指导。

（1）用户体系

"用户体系"是企业为方便管理和维护用户所创造的一个词语，不同企业对用户体系有不同的认知。我们可以将用户体系理解为"为满足用户不同需求而设计的方案"。

在传统商务时代，最初的用户体系简单地把用户分成了三类：潜在用户，指尚未购买，但可能会购买的用户；买家，指发生过购买行为的用户；常客，指经常发生购买行为的用户。

在互联网发展早期，互联网企业将用户粗略地分为注册用户和访客，因为那时候大多数互联网企业还没有精细化运营的需求。同时，流量经济盛行，多数互联网企业的盈利基于广告收入，流量的多少才是企业能否存活的关键要素，因此用户体系并未受到重视。

随着移动互联网的发展，"唯流量是从"不再是企业运营的不二法则，"以用户为中心，以用户需求为导向"推动了复杂用户体系的形成。通过常见的用户分级来概括的用户体系，一般分为新用户、普通用户、核心用户和种子用户。用户等级的划分不是绝对的，不同行业的划分方式不同，需视具体情况而定。以电商行业为例，根据用户的行为路径（注册、下载、查看、下单、购买）可以将用户等级划分为注册用户、下载用户、活跃用户、兴趣用户和付费用户。

那么如何搭建用户体系呢？搭建用户体系可以将用户群拆分成特征明显的各个小群体，并有针对性地设计不同的运营手段和运营方案，以提高不同类型用户的留存率、活跃度和付费率。在规划产品的用户体系时，可以按照以下设计思路进行设计：

①明确产品目标

明确产品搭建用户体系的目标，才能以此为导向规划用户体系。例如，某内容产品的核心目标是将普通用户转化为付费用户，所以在它的用户体系中，打赏系统是核心模块。建立打赏系统，一是企业可以通过内容付费等实现盈利；二是企业通过打赏收益可以吸引更多的优质内容创作者入驻平台；三是可以留存用户，因为用户付费后离开是需要成本的。

②明确用户需求

明确产品的目标用户的需求，企业可以根据用户的需求来规划用户体系。例如，某内容产品的用户是观众（内容接收者）和内容创作者，观众希望获得优质的内容，内容创作者希望才华得到认可。此时，建立粉丝系统能够同时满足观众与内容创作者、观众与观众之间的社交互动需求，实现优质内容的分享传播；建立荣誉系统能够使内容创作者获得成就感。

③完善产品功能

用户体系不可能在产品初期就搭建完善，当用户群体进一步扩大时，用户的分级会变得更加精细化。这时，就需要在产品核心功能的基础上扩展更多功能模块，用于实现企业不同阶段的目标，或满足更多用户的需求。例如，某内容产品是在打赏系统核心功能的基础上，增加粉丝系统和荣誉系统等，以逐步完善用户体系。

（2）用户价值链

用户价值链分析是思考向用户传递哪些价值、如何为用户提供更优质的服务、如何组织能够为用户提供最大价值的业务活动的有效途径。

用户价值链分析是从用户角度对其消费过程的描述。通常，消费者有自己的价值链，即买方价值链。一个公司可以采取提高买方效益或者减少买方成本的方式，为买方创造他们需要的价值。买方成本不仅包括购买成本，还包括时间成本或方便的成本。随着互联网的发展，我们可以将移动商务环境下的用户价值链简单概括为"以用户需求为导向，管理与协调组织内部的诸多要素"。

移动商务构建的用户价值链包含三大核心要素，即产品、场景和社群。

①产品

产品是移动商务运营的载体，在用户对产品越来越挑剔的今天，产品的极致化是所有品牌追求的最终目标。产品质量好、服务好、口碑好将不再是一种差异化，而是一种承诺和保证。在当前升级的消费理念下，与价格相比，用户更重视产品质量，品质产品即使以高的价格呈现给用户，用户同样会产生购买冲动。

②场景

场景，即用户场景。每个人在使用产品的时候都会置身于一个环境中，或者处于某种状态，因此，用户场景可以简单地理解为用户使用产品的场景。用户的思维是立体的，只要接触到产品就会有自己的所见、所闻、所感、所想。用户体验的每一个关键环节都是一个场景。在营销中，并不是企业一味地讲"我的产品是最好的"，用户就这样认为。构建场景是为用户提供具象化的画面，唤起用户内心的场景联想，让用户自己得出"这是我所见到的最好的产品"的结论，这比企业的自卖自夸更能打动用户的心。因为当代用户追求个性、强调自我，他们选择产品或品牌不是以"合适"或"不合适"这一理性认知作为评判标准，而是更为注重产品的使用体验和感受，追求产品或服务与自己情感体验的一致性。

构建用户的使用场景时应考虑以下5个核心要素：

·用户。用户场景围绕用户才能产生，用户是场景建立的基础条件，也是场景中的主角。

·地点。场景需要基于某个具体的地点或场所。在拥挤的地铁上，既要腾出手来扶着把手，还要关注有没有坐过站，这样的场景下使用音乐类产品是一种不错的选择；而在嘈杂的建筑工地，则很难匹配到合适的音乐类产品。

·时间。用户的生活是有时间规律的，不同的时间段做不同的事情，如工作日是每天早上起床、洗漱，然后去乘车、打卡、工作；而产品基于用户使用场景的不同，是在不同的时间段被用户所需要的。例如，早上起床需要闹钟产品叫醒自己；出门前使用地图产品了解路况信息；上班后，选择办公产品解决工作中遇到的各种问题。

·动机。动机是产生需求的前提，是触发用户使用某一产品的原因。例如，用户在上下班途中乘坐地铁时想打发无聊的时间，可能会选择玩游戏放松一下，游戏产品就提供了打发时间的解决方案。

·服务。服务对应用户使用场景中的解决方案，即产品能提供什么样的服务，能为用户解决什么问题。例如，用户想静下来听听放松身心的音乐时，音乐播放器可以帮助用户迅速找到合适的轻音乐集；用户如果想了解一下国家大事，资讯类软件可以快捷地提供时事新闻。

③社群

社群以社交文化为基础，基于移动网络和社交工具，拥有特定的表现形式。一个完整且典型的社群通常有稳定的群体结构、一致的群体意识、一致的成员行为规范和持续的互动关系；同时，社群成员之间能够分工协作，具有一致行动的能力。互联网的便利性让社群成员间的沟通可以不受空间上的限制，互联网不仅方便了社群成员之间的沟通，还方便了运营人员的管理。

以社群为基石的社群营销是一种基于圈子和人脉的营销模式。企业可以将有共同兴趣和爱好的人聚集起来，打造一个共同兴趣圈并促成最终的消费。社群营销的本质是口碑传播，其人性化的营销方式不仅广受用户的欢迎，还可以通过用户口碑继续汇聚人群，让用户成为继续传播者。社群营销中有两个关键指标：其一是用户黏性，其二是用户口碑转化率。黏性体现用户的忠诚度，而用户口碑转化率和用户内容创作者与传播者的特征息息相关。

用户价值链会体现在企业的竞争优势上。分析和完善相应价值活动可以使企业更具独特性，利用新的方式来塑造企业的竞争优势。

第二节　用户运营

一、用户运营的概念

用户运营是指以用户为中心，在用户需求的基础上，设置运营活动与规则，制定贴近用户、团结用户、引导用户的运营策略与运营目标，严格控制运营的实施过程，以达到预期运营目标。图4-4为用户运营的运营机制示意图。

```
         ┌─────────────┐
         │  用户运营    │
         └──────┬──────┘
                │
         ┌──────┴──────┐
         │  用户需求    │
         └──────┬──────┘
                │
       ┌────────┴────────┐
┌──────┴──────┐  ┌───────┴──────────────┐
│设置运营活动规则│  │制定运营策略与运营目标│
└──────┬──────┘  └───────┬──────────────┘
       └────────┬────────┘
         ┌──────┴──────┐
         │控制运营的实施过程│
         └──────┬──────┘
                │
         ┌──────┴──────┐
         │达到预期运营目标│
         └─────────────┘
```

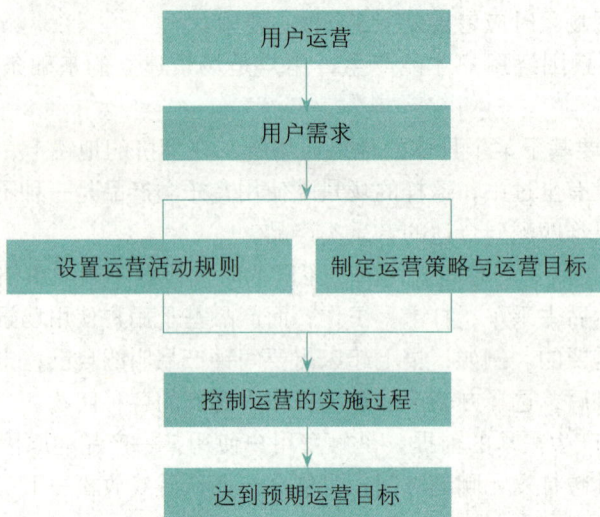

图4-4 用户运营的运营机制

不管是产品运营、内容运营，还是活动运营、平台运营、数据运营等，小到一篇产品宣传文案、一次客服答疑，大到一场运营活动，在一定程度上移动商务运营体系中的所有运营工作都是面向用户的。

既然移动商务中不同的运营维度都是面向用户的，为什么还要以用户运营这个维度单独开展运营工作呢？原因有以下四点：

（1）无论是传统商务还是移动商务，企业发展到一定阶段后都需要对用户进行更精细化的管理和维护，以实现用户价值的最大化，如传统门店的会员管理、客户关系管理（Customer Relationship Management，CRM）体系。

（2）在传统商务中，用户与用户之间大多是缺乏联系、相互孤立的；而在移动商务环境下，用户与用户之间是可以互相影响的，且某些用户对其他用户的消费决策可能具有决定性影响。所以，运营人员可以在用户之间建立影响、放大影响，给产品带来更多新用户或提高用户价值。

（3）移动商务环境下，企业可以通过各种渠道获取更加丰富的用户行为数据。这一天然条件可以为运营人员开展运营活动提供更多依据，使营销方式多样化和精准化。

（4）用户的持续使用和转化是产品价值提升的核心要素，而用户对产品的使用方式又多种多样，所以需要对用户行为进行更加精细化的引导。

总体来说，企业对用户精细化管理和维护的需求催生了"用户运营"这一运营维度。所谓精细化，就是细化到对单个用户进行管理和维护，实现精准营销。

二、用户运营的核心

1. 用户画像

用户运营首先要做的事情是要知道使用产品的用户或购买商品的用户都是谁，他们有什么样的特征。用美图秀秀"玩"自拍的用户和"刷"知乎的用户一般不会是同一批人。美图秀秀是大受喜爱自拍群体欢迎的美图软件，知乎是国内知名的知识分享型网站，两者的用户画像是不同的。不同的用户画像，决定了企业输出的内容、组织的运营活动是不同的。

在目前的大数据环境下，用户通过网络开展商务活动所产生的一切行为，在企业面前都是"可视化"的,这就为企业获得用户画像提供了便利的条件。而随着大数据技术的深入研究与应用,企业的专注点将聚焦于怎样利用用户画像来为精准营销服务,进而深入挖掘潜在的商业价值。

(1)用户画像的概念与作用

用户画像是企业收集与分析有关用户的社会属性、生活习惯、消费行为等各方面信息后,抽象化出来的用户的商业特征。换句话说,用户画像就是企业通过多个维度对用户特征进行描述后的结果。用户画像为企业提供了足够的信息基础,用户画像越精准和全面,就越能帮助企业快速找到精准的用户群体(如图4-5所示)。

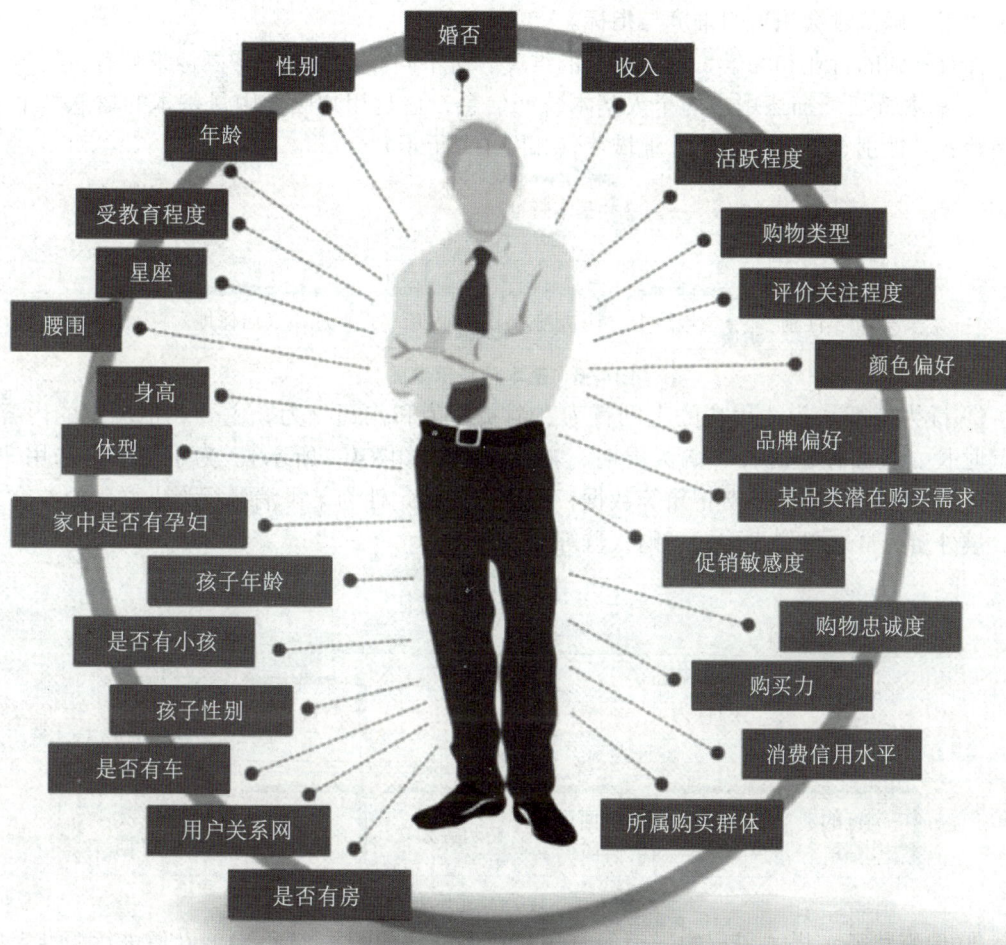

图4-5 用户画像示意图

具体而言,用户画像的作用体现在以下几个方面:

① 指导产品研发。在以用户需求为导向的产品研发中,企业对获取的大量目标用户的数据进行分析、处理、组合,初步搭建用户画像,从而设计出更加符合用户需求的新产品,为用户提供更加良好的体验和服务。

② 精准营销。了解用户的消费行为特征,洞察用户,让营销更加精准。例如,可以对经常看电影的用户发放电影套餐优惠券。没有用户画像,就很难实现这种精准化营销。精准营销具有极强的针对性,是企业和用户之间点对点的交互,它不但可以让营销变得更

加高效，也能为企业节约成本。

③ 数据挖掘。用户画像可以帮助企业进一步挖掘用户数据、提高服务质量，也可以为运营管理提供更有力的数据支持。例如，为活动策划提供依据，增强活动效果，对业绩进行周期性预测、趋势性预测等。

④ 标签准备。用户画像是企业给用户贴上属性标签的前提，因此建立了用户画像，也就为给用户贴上标签做好了准备。

（2）用户画像的维度与指标

构建用户画像需要依据不同的运营策略，其中会涉及多种维度和指标的使用。下面介绍构建用户画像时会用到的维度与指标。

针对不同的行业和场景，用户画像的维度有所不同。常见的用户画像维度有：

① 基本特征。描述用户的个人基本特征信息，这是用户画像中最基本的信息，主要包括姓名、性别、年龄、学历、地域等（如图4-6所示）。

图4-6　基本特征示意图

② 行为特征。描述用户的上网行为、消费行为和沟通行为，主要包括浏览的内容、访问时长、页面停留时长、购买周期、客单价等（如图4-7所示）。为了便于筛选用户，企业还可以参考用户的消费记录等数据，将用户直接定性为某类消费行为人群，如差旅人群、境外游人群、母婴人群、理财人群等。

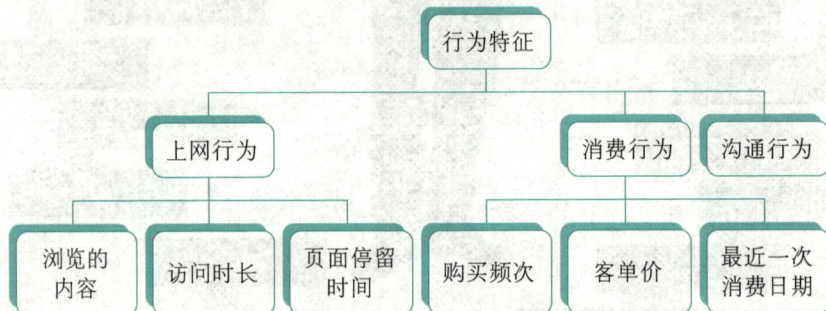

图4-7　行为特征示意图

③ 偏好特征。描述用户的兴趣偏好和消费偏好（如图4-8所示），以便进行精准定向营销。例如，将用户定义为"科技发烧友""驴友"等。

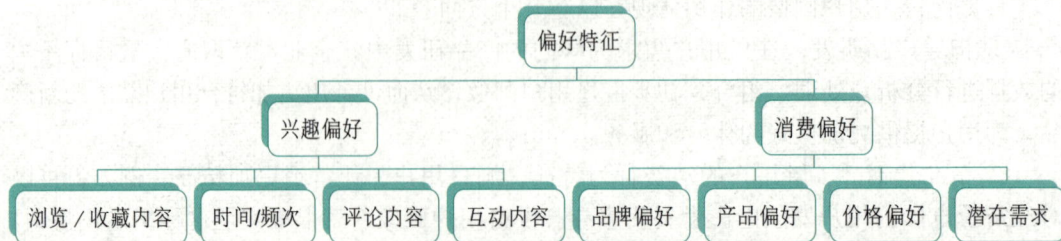

图4-8　偏好特征示意图

④社交特征。描述用户的社交图谱、家庭成员、朋友圈、职业、收入状况等（如图4-9所示）。这些信息能够体现用户的收入与支付能力、消费预期和社会关系网。

图4-9　社交特征示意图

用户画像的常用指标有浏览量、访客数、转化率、跳失率等，各项指标的含义参考见表4-4。

表4-4　　　　　　　　　　　用户画像的常用指标及含义

指标	含义
浏览量	即页面被查看的次数。同一用户多次打开或刷新同一页面，浏览量将累加
访客数	即页面被访问的人数。同一用户在某个时间段内多次访问同一页面，访客数不会累加
平均访问深度	访问深度指用户一次性连续访问的页面数，平均访问深度则指用户访问店铺时平均连续访问的页面数
跳失率	只访问了一个页面就离开的访问次数占该页面总访问次数的比例
成交用户数	下单且完成付款的用户数量
成交金额	成功完成付款的金额
转化率	完成支付的访客数占总访客数的比例，转化率=支付人数÷访客数×100%
收藏率	收藏商品或店铺的访客数占总访客数的比例
加购率	将商品加入购物车的访客数占总访客数的比例
客单价	在一段时间内所有用户的平均购买价格，客单价=成交金额÷成交用户数
浏览回头用户数	最近7天内浏览过的，并跨天再次浏览的用户数量
成交回头客人数	发生交易后，再次发生交易的用户数量

2.用户标签

如果针对某一位具体的用户，还需要"用户标签"，这样才能真正实现精准营销。

（1）用户标签的作用

用户标签可以理解为具有某种特征的用户群体的代称，用于记忆、识别和查找用户。图4-10为某都市女白领的用户画像，画像中展示了她的所有用户标签，我们可以判断她是一个作息规律、注重品质、生活健康、爱尝试新鲜事物、喜爱小资生活的女性。可见，为用户贴上合适的标签在用户运营方面至关重要，具体而言，用户标签的作用有以下三种：

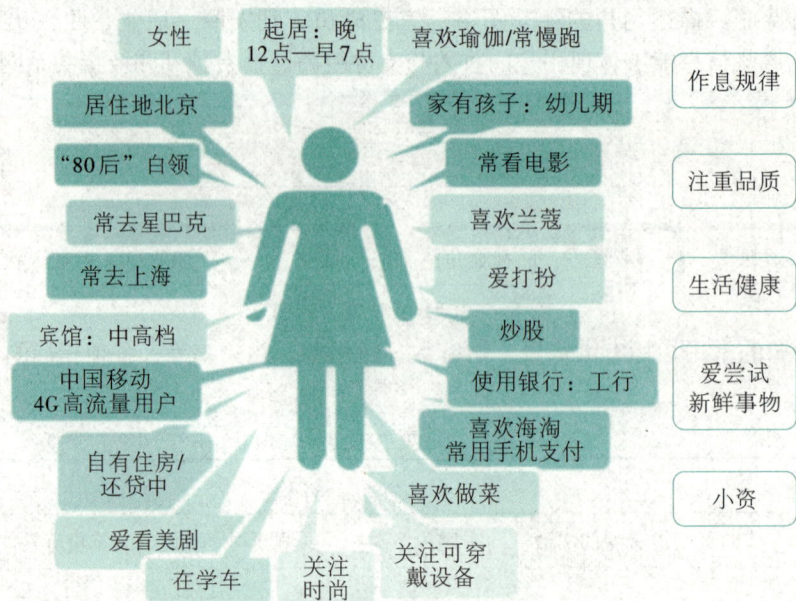

图4-10　某都市女白领的用户画像

① 用户接待。已被贴上标签的用户向客服进行咨询时，客服可以根据这个标签快速识别用户特征，第一时间抓住用户的喜好，快速拉近与用户之间的距离，更容易得到用户的信任。例如，当已被贴有"麻辣吃货"标签的用户来咨询时，客服就可以先和用户聊聊食物、谈谈对无辣不欢的认同等，然后为用户推荐各种美味的麻辣食品。这样就可以真正做到个性化接待和精准营销，提高咨询转化率和客单价；同时也能提高用户满意度，进而提升店铺卖家服务评级系统（Detail Seller Rating，DSR）的动态评分。

② 老用户营销。维护老用户是有效提升转化率、客单价等指标的重要途径。在用户标签的帮助下，卖家可以更加精准和贴心地进行用户关系维护。例如，对已被贴上"准妈妈"标签的用户，卖家可以不定期地向其询问宝宝健康状况、提醒注意事项等。这样会提高这类用户对店铺的黏性程度，促使其以后继续使用卖家的产品或进入店铺完成交易。

③ 新用户推广。用户标签有助于跟踪和洞察用户特征。卖家在分析已被贴有不同标签的用户后续的购买行为特征之后，可以进一步指导店铺的推广和引流工作，让推广与引流更具针对性，为实现精准营销奠定基础。例如，对一些客单价高的用户，卖家可以为这类用户打上"高客单价"的标签，店铺在进行推广和引流时，可以侧重于向这类用户推广高客单价商品，实现精准引流。

（2）用户标签的设计思路

设计用户标签的基本原则是通俗易懂、简单易记。一般情况下，卖家可以在客服人员与用户进行沟通时，利用专门的配套插件获取沟通内容来为用户打上相应的标签；也可以利用专门的用户管理系统，根据用户的特征为其打上标签。

下面以美妆行业中的某个店铺为例，简要说明用户标签的设计思路。用户维度可以确定为基础信息、交易信息、主观信息，具体如下：

① 基础信息。其包括姓名、昵称、联系方式、所在地区、年龄、生日、职业、行业、肤质、体质、情感状态等。

②交易信息。其包括交易时间、交易次数、购买的商品、退货、投诉、好评、交易渠道等。

③主观信息。其包括偏好风格、品牌倾向、价格敏感度、消费方式、重视内容等。

在确定维度的基础上，卖家可以进一步为用户标签设计属性和确定属性值。这里的属性可以与维度中的属性重叠，也可以不重叠，最终目的是保证用户标签简单易懂。例如，某美妆店铺设计的用户标签属性和属性值如下：

①偏好哪种交流方式，如QQ、微信、短信、邮箱、旺旺等。

②愿意接受的推广信息，如新品首发、会员活动、热销推荐、店铺活动、促销活动等。

③购物性格，如爽快型、理智型、挑剔型、随意型等。

④促销敏感度，如高、中、低。

⑤评价积极性，如高（主动确认收货且编写评价信息）、中（主动确认收货但不编写评价信息）、低（系统自动确认收货、自动好评）。

⑥物流偏好，如顺丰、圆通、申通等。

⑦职业，如办公室职员、教师、公务员等。

⑧肤质，如中性、干性、油性、混合性、敏感性等。

⑨需求功效，如补水、美白、保湿、隔离、提亮肤色、抗氧化、防晒、收缩毛孔等。

⑩过敏史情况，如无过敏史、酒精过敏、香料过敏等。

最后，按照标签属性和属性值为用户打上标签。例如，以肤质和需求功效这两个属性为基础，就可以设计出表4-5所示的用户标签。

表4-5　　　　　　　　　　　美妆行业的用户标签

维度	中性	干性	油性	混合性	敏感性
补水	中性补水	干性补水	油性补水	混合性补水	敏感性补水
美白	中性美白	干性美白	油性美白	混合性美白	敏感性美白
保湿	中性保湿	干性保湿	油性保湿	混合性保湿	敏感性保湿
隔离	中性隔离	干性隔离	油性隔离	混合性隔离	敏感性隔离
防晒	中性防晒	干性防晒	油性防晒	混合性防晒	敏感性防晒
抗氧化	中性抗氧化	干性抗氧化	油性抗氧化	混合性抗氧化	敏感性抗氧化
提亮肤色	中性提色	干性提色	油性提色	混合性提色	敏感性提色
收缩毛孔	中性收缩	干性收缩	油性收缩	混合性收缩	敏感性收缩

根据上述用户标签，当卖家需要向用户推广商品时，如果某商品适合中性皮肤，且功效为美白、保湿，就可以向标签为"中性美白"和"中性保湿"的用户推荐。同理，当某位用户进行咨询时，也可以根据其用户标签，有针对性地进行推广交流。

3.绘制用户画像的方法

（1）构建用户标签

用户标签的构建是绘制用户画像的关键。用户标签也称数据点，即利用若干个关键词来描述用户的基本特征，是对用户信息高度精炼的特征标识。一般来说，用户标签越精准，对应覆盖的人数越少。构建用户标签的过程实际上就是分析用户属性与用户行为的过程，运营人员在研究了用户的属性和场景后，提炼出关键词，就可以得到一套完整的用户标签。图4-11为小红书App的六大人群标签。

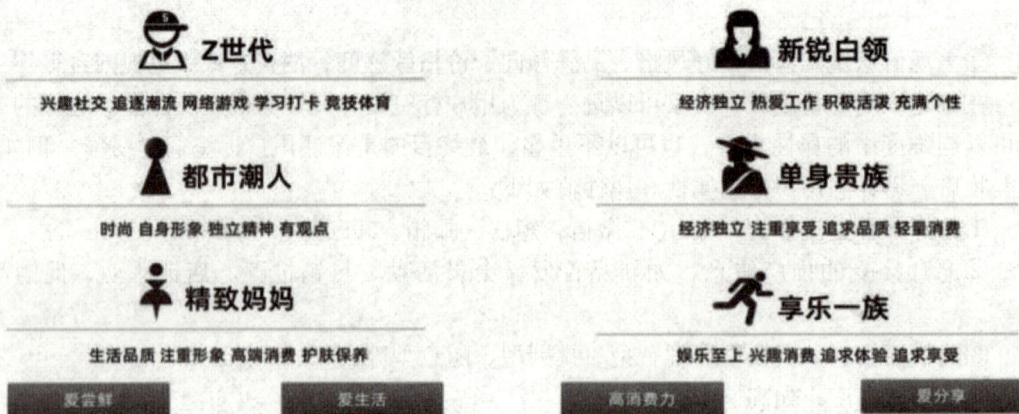

图4-11　小红书App的六大人群标签

（2）构建用户画像

构建完用户标签后，运营人员将收集和分析的数据按照相近性原则进行整理，再将用户的重要特征提炼出来形成用户画像框架，并按照重要程度进行先后排序，最后再进行信息的丰富与完善，即可完成用户画像的绘制。图4-12为2022年6月抖音和小红书App用户画像，抖音App的月活高达"6.9亿+"，与小红书相比，其性别和年龄分布比较均匀，近5成用户在30岁以下；小红书App用户中女性用户占比超7成，30岁以下用户占比近6成，整体偏向年轻化。从城市分布来看，三线城市、新一线城市用户开始"占领"两大App。围绕用户画像，其各项运营工作便有章可循，如多在三线城市、新一线城市举办线下活动等。

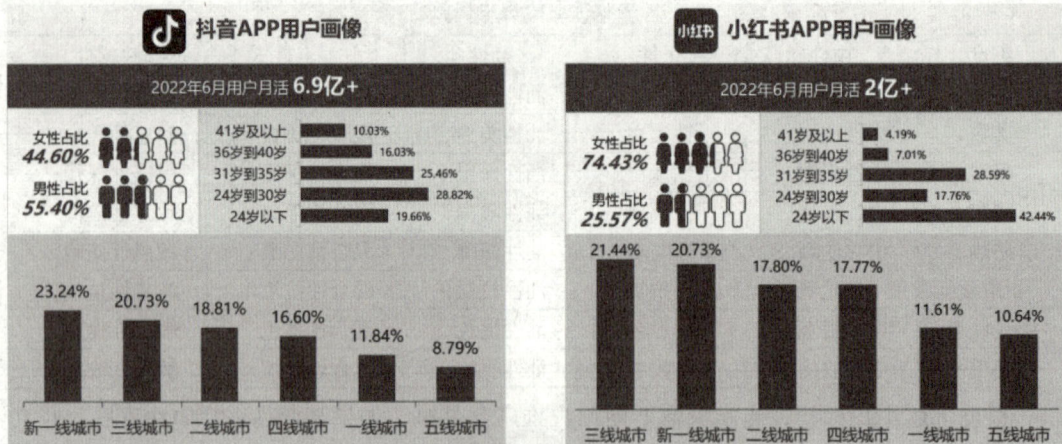

数据来源：易观千帆数据监测，统计时间为2022年6月，有米有数作数据整理。

图4-12　2022年6月抖音和小红书App用户画像

【案例阅读4-1】

小红书的用户画像

1. 小红书活跃用户

月活2亿，分享者（创作者）4 300万+；从2022年小红书用户画像数据来看，年轻化、消费能力强依旧是平台用户的重要特征。

2.核心用户年龄

（1）16～24岁：46.39%（核心用户）

（2）25～34岁：36.08%（核心用户）

3.性别分布

女性用户：70%；男性用户30%；

美食、旅行等中性化内容，以及数码、体育赛事等偏男性化内容快速发展，带动了男性用户的增长。

4.小红书六大人群标签

（1）Z世代：兴趣社交，追逐潮流，网络游戏，学习打卡，竞技体育。

（2）都市潮人：时尚，自身形象，独立精神，有观点。

（3）精致妈妈：生活品质，注重形象，高端消费，护肤保养。

（4）新锐白领：经济独立，热爱工作，积极活泼，充满个性。

（5）单身贵族：经济独立，注重享受，追求品质，轻量消费。

（6）享乐一族：娱乐至上，兴趣消费，追求体验，追求享受。

5.活跃达人粉丝人群画像

（1）流行男女：占比14.2%，无年龄限制；紧跟当下热门趋势，对穿搭、美妆、明星娱乐资讯等内容关注较多。

（2）学生党：占比7.96%，16～25岁，还处于读书阶段的人群，除了关注学习、知识科普外，也紧跟潮流，对时尚穿搭、护肤、娱乐等有一定的关注。

（3）爱买彩妆党：占比6.58%，18～30岁，爱美、爱生活，除了关注精致的妆容、彩妆用品外，也喜欢穿搭、发型、摄影等展现自己美的事物。

6.小红书热门行业分布

（1）美妆。偏爱大牌，也支持新锐与高性价比国货，更愿意为有品质保障的高价护肤产品埋单。

（2）美食。新式茶饮风靡，咖啡、速食产品受到热捧，"冰淇淋"增量迅猛，酸甜苦辣构成人生百味。

（3）母婴。"云养娃"流行，小红书成为记录孩子成长的生活方式平台，坚信品牌与口碑为王道，精细化喂养，兼顾孩子身心健康。

（4）家居。注重细节，全方位提升生活品质，决策力提升，追求生活幸福感。

（5）穿搭。不被定义，尊重穿衣自由，偏爱快时尚与运动品牌。

（6）宠物。"小猫咪"霸榜，治愈人心，注重品质，精细化喂养。

（7）减肥健身。宅家健身器材种草量激增，追求健康减肥，"瘦腿需求"强烈。

资料来源　千瓜数据. 2022年千瓜活跃用户画像趋势报告（小红书平台）[EB/OL].［2022-03-25］. https://zhuanlan.zhihu.com/p/492317621.

三、用户运营的工作内容

1.分析用户行为数据

深入分析用户行为数据是用户运营人员的日常工作，包括但不限于：

（1）用户活跃度：如日活跃用户、月活跃用户等，用于了解用户对产品或服务的使用频率。

（2）用户留存率：如日留存、周留存、月留存等，反映产品或服务的黏性和用户满意度。

（3）用户转化率：如注册转化率、购买转化率等，帮助评估各个环节的效果。

（4）用户访问路径：分析用户对产品或服务的浏览路径，了解用户的使用习惯和偏好。

（5）用户反馈和评价：直接反映用户对产品或服务的满意度和需求，是优化产品和服务的重要依据。

通过这些数据，运营人员可以精准地把握用户需求，从而有针对性地优化产品，提升用户体验。

2.根据用户生命周期进行管理

用户生命周期是指用户从了解并接触产品或服务，到注册、使用、成为忠实用户，再到最后可能的流失这一系列过程的时间段。在不同的阶段，用户的行为和需求会有所变化，因此对用户生命周期的理解和管理至关重要（如图4-13所示）。

① 引入期，即获取或吸引阶段，目标是让潜在用户了解并对产品或服务产生兴趣。策略包括提供吸引人的广告和宣传材料、优化落地页、提供试用或演示服务、制定有效的SEO策略等。

② 成长期，即激活阶段。用户开始使用产品或服务，目标是让用户更频繁、更深入地使用，并转化为付费用户。策略包括提供好的用户体验、个性化推荐、设立奖励系统等。

③ 成熟期，即留存阶段。用户已成为常规用户，目标是保持用户满意度，提升用户忠诚度。策略包括提供持续价值、建立深度关系、奖励忠诚用户等。

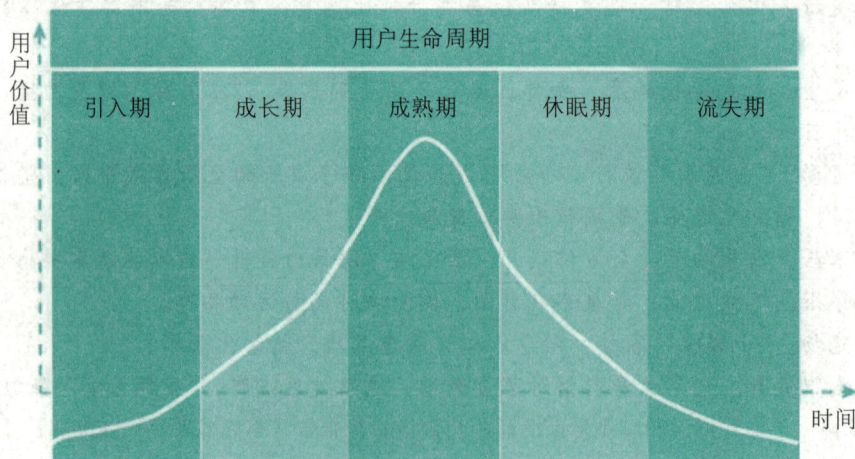

图4-13 用户生命周期

④ 休眠期，用户停止或大幅度减少使用产品或服务，目标是重新激活这些用户。策略包括发送提醒邮件、推送通知、提供特别优惠等。

⑤ 流失期，用户已经停止使用产品或服务。目标是尽可能地挽回这些用户，或至少从他们的反馈中了解用户流失的原因，以改进产品或服务。策略包括调查流失原因、制定

挽回策略、保持联系等。

用户生命周期能够反映不同阶段用户的状态，商家可根据用户的不同状态进行针对性运营。拉新、促活、留存就是基于用户在这5个阶段中的状态而采取的最重要的3个运营策略。

①用户"拉新"

所谓用户"拉新"，就是获取新用户，这是用户运营的首要工作。用户"拉新"的主要目的是增加用户的数量，一般可以利用微博、微信、社群、线下等渠道进行推广，邀请新用户注册或试用。例如，抖音在2016年上线后，其用户"拉新"的方式是在微博中邀请众多明星录制视频，借助明星的影响力吸引其"粉丝"注册抖音，增加新用户的数量。

一般情况下，不同的产品或品牌所使用的用户"拉新"的方法不尽相同。企业要想吸引新用户的关注，可以采用下面几种方法：

一是广告制用户"拉新"，这是获取新用户比较常用的一种方法，即通过投放广告的形式，传播产品的介绍信息、活动信息等，提升产品或品牌的曝光度和影响力，促进用户"拉新"。广告制用户"拉新"包括线上广告和线下广告两种形式：线上广告包括微信朋友圈广告、搜索引擎广告等；线下广告包括地铁广告、出租车广告、公交广告、电梯广告等。

二是合作制用户"拉新"，即通过同行合作、异业合作等形式进行用户"拉新"，如部分企业的交叉互推（如应用内互推、软文互推）、联合推广（如联合广告、联合定制）等。合作制用户"拉新"能够借助合作方的影响力提升自身的品牌形象，从而促进用户"拉新"。比如，农夫山泉就曾和网易云音乐合作推出30款"乐瓶"，让每一瓶水都自带音乐和故事（如图4-14所示）。

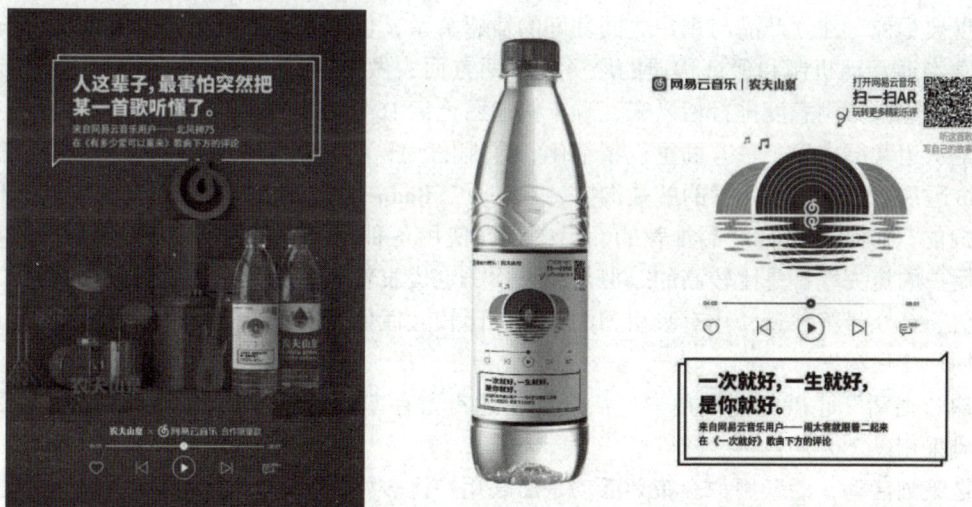

图4-14　农夫山泉携网易云音乐促进用户拉新

三是活动制用户"拉新"，这在用户运营中非常常见，一般而言，其用户拉新活动可以分为新用户专享活动和"以老带新"活动。在运营与推广过程中，几乎每个新产品或品牌都会开展新用户专享活动，如赠送礼品、双倍积分、专享特权等。"以老带新"，即利用老用户帮助拉新，常见的"以老带新"活动可以采用推荐有礼、老用户利益分发、拼单等方式进行。

四是口碑制用户"拉新"，即利用品牌的口碑进行拉新。相较于"以老带新"活动，其主要是通过品牌的口碑让老用户自动传播。要想进行口碑制用户"拉新"，企业需要先打造品牌口碑，只有有价值的品牌才能引发传播；企业还应当运用各种有效的营销手段，吸引企业的目标用户对其产品、服务以及企业整体形象进行讨论，并激励老用户向其周边人群进行介绍和推荐。

五是地推制用户拉新，即在指定区域范围内，利用大量的人力覆盖目标人群，从而迅速地打开市场。企业一般在开发新App、发布新产品时会采用地推制用户拉新，常见方式包括"扫街""扫楼"等。

②用户"留存"

用户"留存"，即通过分析用户数据，以策划活动、增加功能或发放福利等形式留住用户，提高用户留存率。例如，以App用户运营为例，用户在某段时间内开始使用应用程序，在使用过一段时间后，仍然还在使用该应用程序的用户，就可以被认作留存用户。对App应用运营来说，通常从以下两方面去提高留存率：

一是从产品层出发。一方面强化产品功能，在保证基础功能的前提下，优化期待功能，改善问题功能。例如，网易蜗牛阅读App的基础功能包括阅读书籍、分享书评、画线批注、查词典。在优化期待功能方面，针对读者希望免费阅读的需求，推出了"按时长阅读"，以每天免费一小时吸引用户；针对读者"一个人读书容易坚持不下去"的诉求，推出了"共读"功能，在阅读过程中可选择找人共读，共读设置规定时间，可查看排名和进度。在改善问题功能方面，针对不同机型出现的卡顿、闪退现象，进行了Bug修复。网易蜗牛阅读在产品功能方面很好地提升了用户体验。另一方面提高用户体验，用好的服务让用户感觉被重视，建立产品与用户之间良好的情感关系，也可以改善用户的使用体验，一般从建立沟通互动机制和保证优质的服务质量两方面去做。例如，自2009年国家邮政局首次公布快递服务满意度排行榜以来，顺丰快递已连续16年位列第一。

二是从运营层出发。一方面重视精细化、个性化、千人千面运营，针对用户属性标签进行App运营。大家比较熟悉的就是淘宝，启动页、Banner图、信息流等运营位都是针对不同用户的兴趣爱好进行产品推荐的。另一方面使用各种运营手段召回用户。大家都知道，新用户的流失率都是比较高的，但是流失不一定代表着放弃对他们的运营。企业可以通过短信、公众号等渠道，用有吸引力的活动、比较人性化的内容去唤醒这些沉睡用户。

③用户"促活"

用户"促活"也就是提高用户的活跃度，通常留存率稳定后，需要做好用户活跃工作，一般采用以下方法：

一是策划活动，活跃用户。策划活动是活跃用户比较好的一种方式，不管是线上还是线下。活动的内容、形式是多样化的，可以根据重要节假日、热点进行活动策划，也可以通过日常性活动进行用户活跃。日常性活动如签到、登录后获取积分、优惠券等。

二是制定用户激励体制。用户激励是互联网产品运营工作中非常重要的一部分，甚至可以说，App用户运营就是通过各种方法激励用户，以使其做出符合运营预期的行为。预期行为可以是活跃、发帖、互动和消费等，需要根据自己的App业务场景进行预期。用户激励体制，可以从物质激励、精神激励、功能激励三方面来制定。

三是任务类运营，提高用户活跃度。企业可以采取措施激励用户提高账号等级，通过完成任务列表，促使用户活跃度提高。

3.做好用户分级、用户画像调优工作，精细化运营

常见的比较宽泛的一种用户分级标准是将用户分为新用户和老用户，或者分为活跃用户和沉默用户。当然，分类标准可以根据产品特征和实际需求自定义，或者可以再细化，如利用RFM模型细分用户，即最近一次消费（Recency）、消费频次（Frequency）、消费金额（Monetary）（如图4-15所示）。

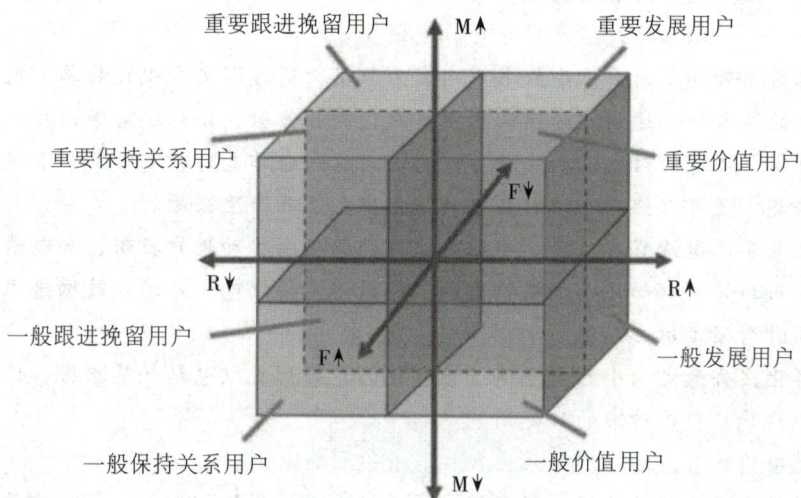

图4-15　RFM模型

通过上面的RFM模型，我们可以更直观地把用户划分为八个不同层级（见表4-6）。如果能够明确产品用户隶属于以下八类中的其中一类，就可以有针对性地制定更详尽的运营策略：

表4-6　　　　　　　　　　　　　　用户价值分层

用户分类	R	F	M	精细化运营
重要价值用户	高	高	高	优质，重点服务
重要发展用户	高	低	高	重点维持
重要保持关系用户	低	高	高	唤醒召回
重要跟进挽留用户	低	低	高	挽留
一般价值用户	高	高	低	挖掘
一般发展用户	高	低	低	新用户，推广
一般保持关系用户	低	高	低	一般维持
一般跟进挽留用户	低	低	低	即将流失

用户分类的目的是对不同特征的用户进行区分，以针对该特征制定差异化的策略；而

用户分层的本质是价值分层，将用户划分为低价值用户与高价值用户，这样才能搭建用户的成长路径，实现低价值用户向高价值用户的转化。

【案例阅读4-2】

小红书如何拉新、留存、促活

近年来，小红书在用户增长和社区建设方面取得了显著的成效，成为品牌和个人用户之间联系的重要平台。在用户增长和变现方面，小红书独有的社区生态和内容种草模式备受推崇。那么小红书是如何有效实现拉新、留存、促活的呢？

一、小红书的拉新策略：精准种草与社交裂变

（1）内容种草带动新用户。小红书以内容为驱动，通过图文和视频种草，吸引用户的兴趣。平台上的达人和普通用户分享的生活方式、美妆体验、旅行攻略等内容，给小红书的社区带来真实、丰富的信息流。品牌可以通过与达人合作进行精准种草，不仅能够迅速激发用户的兴趣，还可以让潜在用户在潜移默化中对产品产生兴趣。

（2）社交裂变：邀请好友注册。小红书通过奖励机制推动用户拉新，如邀请新用户可以获得积分、折扣等。例如，小红书推出的"邀请好友得红包"活动，鼓励老用户邀请新用户注册，同时增强了用户黏性。

（3）多样化广告形式。小红书还通过多样化的广告形式（包括开屏广告、信息流广告和品牌合作推广等）覆盖精准的目标用户。

二、小红书的留存策略：增强用户黏性与营造社群氛围

（1）高质量内容的持续输出。留存用户的关键在于提供他们感兴趣的高质量内容，小红书通过不断优化内容推荐算法，使用户更容易看到自己喜欢的内容。平台将用户行为与兴趣标签进行匹配，为用户推送个性化内容。

（2）互动氛围的营造。小红书注重社区互动，通过评论、点赞、收藏、关注等功能，加强用户间的互动。用户在参与互动的过程中增强了对平台的依赖性，提升了社区归属感，从而大幅度提升了用户留存率。

（3）福利活动增强用户黏性。小红书会定期开展福利活动，如打卡挑战、晒单活动、集赞返利等，提升用户的活跃度。例如，一些品牌联合小红书开展"日记打卡"活动，让用户连续几天分享体验，通过这种方式提升品牌的曝光度和用户的长期留存可能性。

三、小红书的促活策略：内容创新和活动激励

（1）丰富的内容形式。小红书通过内容创新，增加了短视频、直播等多元化的内容形式，让用户有更多样化的互动体验。例如，一些美妆品牌通过定期直播，让用户了解最新产品和使用技巧，有效提升了用户参与度和复购率。

（2）数据驱动的精准推送。小红书基于大数据分析，对不同用户进行精准推送，及时提醒用户回访。例如，用户曾关注或收藏的内容在更新时，会收到小红书的推送通知，提醒用户前来查看。

（3）社交游戏和挑战。小红书通过各种挑战任务和社交小游戏，增强了用户的互动体验和活跃度。用户可以在参与活动的过程中获得积分、奖励，或者在社群中获得成就感，逐渐形成对平台的依赖。例如，小红书举办的"打卡挑战"活动，鼓励用户连续签到、完成特定任务，借此提升用户的留存率和活跃度。

　　小红书通过多层次的拉新、留存、促活，实现了用户增长和商业转化的双赢。品牌在小红书上布局，可以借鉴以上策略，实现自身的业务增长和品牌影响力提升。

　　资料来源　模式牛. 小红书如何拉新留存促活转化，小红书拉新人［EB/OL］.［2024-10-28］. https://www.moshi6.com/74381.html.

四、用户运营的工作流程

1.确定目标用户

在用户运营的初期，需要进行市场研究，了解市场趋势，分析竞品，最重要的是确定目标用户群体。这个群体应是对产品或服务有需求且有可能成为忠实用户的人群。

2.获取目标用户

确定了目标用户后，需通过各种渠道（如线上广告、线下活动、社交媒体推广等）获取这些用户。在这个过程中，需要不断试错和优化，以提高获取率。

3.服务目标客户

获取目标用户后，需为他们提供优质的产品和服务。这可能包括优化产品功能，组织各种活动，提供互动方式，处理用户反馈和投诉等。始终要以用户为中心，提高他们的满意度和忠诚度。

4.相关数据分析

在服务目标用户的同时，还需收集和分析相关数据。这些数据有助于了解用户的行为、需求和偏好，为运营决策和产品优化提供依据。

5.经验总结和复盘

运营人员需总结经验，复盘整个运营过程。在这个过程中，可能会发现一些问题和改进点。通过总结经验、调整策略，可以不断优化运营效果，并为下一轮的运营工作做好准备。

第三节　产品运营

一、产品的定义及类型

产品是指能够提供给市场，被人们消费和使用，并能满足人们某种需求的任何东西，包括有形的物品，无形的服务、组织、观念或它们的组合。产品一般可以分为4个层次，即核心产品、形式产品、延伸产品、潜在产品。核心产品是指产品提供给顾客的直接利益和效用；形式产品是指核心产品借以实现的形式，涉及产品的品质、特征、造型、商标、包装、功能、信息和设计等；延伸产品是指产品提供给顾客的一系列附加利益的总和，包括产品的说明书、运送、安装、维修、技术培训等；潜在产品是指现有产品可能发展成为未来最终产品的潜在状态的产品，它预示着产品在未来可能发生的改进和变革。移动商务产品主要包括以下几种类型：

1.工具类产品

工具类产品是满足用户某种功能性需求的产品，如搜索引擎、安全管理软件、输入法、闹钟类软件以及天气类软件等。一般来说，工具类产品的使用场景会有限制，用户只会在真正要使用的时间点使用它。但工具类产品为用户提供了刚需服务，一旦为用户提供了高效、舒适的服务，培养了用户的使用习惯，那么用户的忠诚度会非常高。相比其他类型的产品，工具类产品的生命周期更长。

2.游戏类产品

游戏类产品是一个特殊而独立的产品类型，游戏创造了一个虚拟世界来满足玩家在现实世界中无法被满足的需求。游戏类产品按运行平台可分为手游、端游等，按内容类型可分为休闲益智、动作冒险、角色扮演等。

3.内容类产品

内容类产品主要用于满足用户对信息获取的需求。人们接触信息的主要方式有文字、图片、视频，继而由视频衍生出直播，信息的传播方式越来越高效、丰富。常见的内容类产品平台有简书、知乎、豆瓣、优酷、网易云音乐等。好的内容除了能吸引用户阅读外，也会激发人们的思考和讨论；通过内容让用户彼此互动起来，是内容运营和用户运营结合的典范。

4.社交类产品

社交类产品是满足用户在社会生活中所产生的社交需求的产品。社交类产品主要着力于人与人之间的信息交互，用户黏性很强，可拓展场景也很丰富，可以衍生出多样的拓展业务和变现渠道。社交类产品可以按照不同的维度进行细分，如"熟人社交"产品QQ、微信，"弱关系社交"产品微博，"职场社交"产品钉钉等。

5.交易类产品

交易类产品用于满足用户对各类交易行为的需求。交易类产品业务包括买卖实体商品、虚拟商品以及各类服务，业务模式有企业与企业之间的交易（Business-to-Business，B2B）、企业与个人之间的交易（Business-to-Consumer，B2C）、个人与个人之间的交易（Consumer-to-Consumer，C2C）等。常见的交易类产品平台有阿里巴巴（B2B）、京东（B2C）、淘宝（C2C）等。

6.平台类产品

平台类产品顾名思义是为第三方提供运营支撑的产品，能够连接供给方和需求方两个群体，帮助双方直接或间接达成交易，能够满足用户多方面的需求。移动商务产品初期大多由单一领域的功能切入，在逐步发展的过程中，不断拓展业务领域，最终发展成平台类产品。平台类产品往往是多种产品形态的结合体，业务覆盖广泛，功能众多，对技术和业务理解的要求也是各类型产品中最高的。阿里巴巴、京东、淘宝既属于交易类产品，也可归为平台类产品。此外，拼多多、有赞微商城、微信公众号、滴滴出行、美团等也是常见的平台类产品。

多数情况下，移动商务产品并不是单一的类型。为了拓展应用场景、用户覆盖范围，单一类型的产品往往会拓展功能和业务，并不断发展。例如，工具类产品提供内容咨询服务，内容类产品生产付费内容、提供交易服务。要注意的是，衍生的业务需要符合产品定位，与核心业务相关联，否则容易造成用户对产品定位的认知模糊或是对衍生业务的不认可，从而导致大量用户的流失。

专家指导4-1

如何定义"成功"的产品？成功的产品能引导和创造用户需求，能创造或改变用户的生活方式，拥有良好的用户体验，同时能给企业带来盈利和商业价值。

二、产品的价值

产品的价值，简单来说是指产品能为用户带来的好处。产品的价值主要分为使用价值和附加价值（即非使用价值）两种，在使用价值的基础上能够为用户提供更多的附加价值的产品对用户更有吸引力。

1.使用价值

使用价值是产品的自然属性，是一切产品都具有的共同属性之一。任何物品要想成为产品，都必须具有可供人们使用的价值；反之，毫无使用价值的物品是不能成为产品的。例如，食品的使用价值是充饥，衣服的使用价值是御寒，搜索引擎的使用价值是帮助用户查找资料，微信的使用价值是帮助人们方便地取得联系和进行沟通交流等。

2.附加价值

产品的附加价值可以满足用户更多的需求，给产品赋予更加丰富的内涵。那么，什么是产品的附加价值呢？例如，护肤品的使用价值是保护皮肤，其附加价值是使使用者更加美丽动人，高档护肤品还能体现出使用者尊贵的身份；微信的附加价值是能够增强用户间的信任关系，培养感情；多数交易类产品的附加价值是降低企业的运营成本和用户的购买成本。

【知识拓展4-2】

中国李宁城市主题店铺

2021年5月29日，首家中国李宁城市主题店铺——中国李宁宽窄巷子概念店落户成都，这也是当时全国面积最大的中国李宁店铺。宽窄巷子概念店将城市特色、地方文化、购买体验融为一体，让潮流不再是简单复制，更是对中国文化的不断解读与创新阐释。概念店保留当地的古建筑风格，采用中式榫卯结构，结合四川民俗民风、宽窄古风等特色元素，前场"悠然竹林"、中场"中国李宁"与后场"少不入川"三个主题相互贯穿。让我们一起走进李宁概念店。

李宁概念店主打国潮范，既具有中国传统文化特色，又融合了现代设计理念；店内颜色、材质、灯光以及道具形态等都区别于李宁传统门店，更具时尚气息。李宁在服装周上大胆采用中国元素，如"番茄炒蛋"色，运动和时尚相结合，把国潮推向世界。在宽窄巷子概念店开业当天还特别加入"红黄"灯笼，使消费者对"国风＋潮流"的理念产生情感共鸣，增强文化自信。

在"颜值即正义"时代，有特色的门店更能吸引消费者进店、打卡、消费，给他们带来愉悦的购物体验。宽窄巷子概念店在设计上极具特色，在保留原有建筑风格的基础上采用中式榫卯结构，在空间上选择了宽巷子中唯一保留原建筑已有结构的院落，结合四川民俗民风、宽窄古风等特色元素塑造整体概念场景。在这里，你可以看到成都现代时尚文化与历史古朴韵味的融汇。主题概念店从空间装置到产品陈列，都带有鲜明的本地特色，旨在打造出运动潮流新坐标；同时，通过感受概念店的特色设计，增强文化自信。

李宁宽窄巷子概念店深耕城市文化，并通过潮流运动的设计进行诠释，带给顾客更多城市生活方式的体验，展现了李宁品牌对中国文化的理解和传承，也赋予了城市文化以新的运动基因。与此同时，李宁服务标准也进行了升级换代，导购成为服务顾问和运动专家，拉近了品牌和顾客间的距离。

资料来源　成都文化旅游发展集团有限责任公司. 中国李宁今日首家城市主题店铺——宽窄巷子概念店在成都正式开业［EB/OL］.［2021-05-31］.https：//gzw.chengdu.gov.cn/cdgzw/c107979/2021-05/31/content_0c406f4d09244412.

三、产品运营的核心

在移动商务时代，不管是一个公众号、一个App，还是一家店铺，产品都是承载运营的介质，可以说没有产品就无法运营。产品运营的核心主要包括产品需求分析、竞品分析、产品卖点确认、推广方案策划和产品运营数据考核五方面内容。

1.产品需求分析

产品需求分析是在需求产生之后、产品生产之前的一个重要环节，产品需求分析有三个基本考虑因素，分别是战略方向、产品定位和用户需求。

（1）战略方向

每个企业都有自己的战略方向，虽然战略方向是抽象的，但它可以帮助运营人员找到产品需求的参考范围。战略方向在实施的过程中可细化为不同阶段，产品需求的参考范围则可根据不同阶段来评估，常见的战略阶段分为起步阶段、发展阶段和迭代阶段。

①起步阶段。该阶段的主要诉求在于快速推出产品，验证产品在市场上的可行性。在起步阶段，企业应注重产品核心功能和服务的实现。核心功能和服务的需求具有最高的优先级，核心功能或服务之外的需求应被暂缓或放弃。

②发展阶段。该阶段的主要诉求在于完善产品功能和服务。在这一阶段，企业应在完善核心功能和服务的基础上增加其他功能和服务，扩大使用场景和范围。

③迭代阶段。该阶段意味着产品进入了成熟期，在这一阶段，企业应更加注重用户体验上的优化。新产品进入迭代周期之后，会收到各个方面的需求反馈，因此企业需要对需求进行分析和判断，确定需要满足的需求。

在不同战略阶段，需求决策的标准是不一样的，战略重心也是不一样的。如微信构建商业生态系统的过程，在起步阶段，微信的核心功能是实现"点对点"的社交；在发展阶段，推出微信朋友圈、公众平台，开放定制接口，打造点对点、点对面的社交圈场景布局，构建商业蓝图，以吸引更多的参与者；在迭代阶段，升级服务战略，开放微信支付，放开权限，优化各类常见模式的实现方法，完善商业生态系统。

【案例阅读4-3】

小米的成功不是靠营销，而是卖客户需要的产品

小米在发布会上推出的各类产品，如手机、智能家电等，都展现出了对用户需求的精准把握。以小米手机为例，其不断在外观设计、性能提升、拍照功能等方面进行创新。小米手机在像素和拍摄模式上的持续优化，满足了用户对高质量拍照的需求，无论是日常记录生活还是专业摄影爱好者，都能找到适合自己的拍摄模式。这体现了小米的服务理念，即深入了解用户在不同场景下的使用需求，并将其融入产品设计中。

小米非常注重用户的参与感，通过建立庞大的用户社区，让用户参与产品的研发、测试和反馈。例如，小米操作系统的更新和改进，很多功能都是基于用户在社区中的反馈和建议进行的。用户可以在社区中分享自己的使用体验，提出问题和建议，小米的研发团队会及时回应并进行改进。这种用户参与的模式，增强了用户与品牌之间的互动和黏性。用户不再是被动的消费者，而是品牌建设的参与者和贡献者。通过社区建设，小米营造了一个良好的用户生态，用户之间可以交流经验、分享心得，他们具有一种强烈的归属感。这种用户参与感和社区文化，是小米用户思维的重要组成部分，也是其品牌能够持续发展的重要动力。

资料来源　佚名. 小米的成功不是靠营销，而是卖客户需要的产品！用户思维引领品牌升级［EB/OL］.［2025-01-13］https：//www.shangyexinzhi.com/article/24412870.htm.有删减.

（2）产品定位

产品定位和战略方向存在一些重叠因素（主要是策略型因素），考略的思路都侧重于主观性。战略方向更偏向于市场需求定位，而产品定位更注重功能。所以，企业需要从功能定位角度确定自己的产品定位；从另一个角度讲，产品定位是为了确定需求的性质。如一个专门做服装买卖的交易类平台，可以拓展商品品类，除了服装外，箱包、鞋靴也可以纳入产品定位范畴中，而一个外卖应用无论如何也无法拓展这些业务，这就是产品定位的不同。

（3）用户需求

企业必须准确锁定用户需求，一般产品项目中最大的风险就来自用户需求的变更，而需求变更会产生风险的最大原因在于未做好需求处理。与需求处理相关的两种基本方法是获取信息和需求分析。

企业可以围绕特定目标，在一定范围内，综合使用调查法、观察法、实验法、文献检索法、网络收集法等多种方法获取信息；再依据各种信息对用户需求进行分析，其中，马斯洛需求层次理论、客户满意度模型、四象限定位法是常用的用户需求分析方法。

【知识拓展4-3】

马斯洛需求层次理论

马斯洛需求层次理论是行为科学的理论之一，它将人类的需求从低到高像阶梯一样按层次分为5种，分别是生理需求、安全需求、爱与归属需求、尊重需求和自我实现需求（如图4-16所示）。举例而言，假如一个人同时缺乏食物、安全、爱和尊重，通常对食物的需求是最强烈的，其他需求则显得不那么重要。此时人的意识几乎全被饥饿占

据，所有能量都被用来获取食物。在这种极端情况下，人生的全部意义就是吃，其他什么都不重要。只有当人从生理需求的控制下解放出来时，才可能出现更高级的、社会化程度更高的需求，如安全需求。在进行移动商务产品设计时，也需要借鉴马斯洛需求层次理论来考虑用户的需求，即用户最基本的需求是什么，当得到满足后还会进一步想获得什么。

图4-16　马斯洛需求层次理论

客户满意度模型有多种，常见的有指数模型、四方图模型和KANO模型等。

指数模型是一个衡量经济产出质量的宏观指标，是以产品和服务消费的过程为基础，对顾客满意度水平进行评价的综合评价指数。

四方图模型又称重要因素推导模型，是一种偏向于定性研究的诊断模型。四方图模型列出了企业产品和服务的所有绩效指标，每个绩效指标都有重要性和满意度两个属性，根据顾客对该绩效指标的重要性及满意度的打分，将影响企业满意度的各因素归进4个象限内，企业可按归类结果对这些因素分别处理（如图4-17所示）。

图4-17　客户满意度四方图模型

KANO模型定义了三个层次的客户需求，即基本需求、期望需求和兴奋需求。这三个层次的需求根据绩效指标分类就是基本因素、绩效因素和激励因素，如图4-18所示。

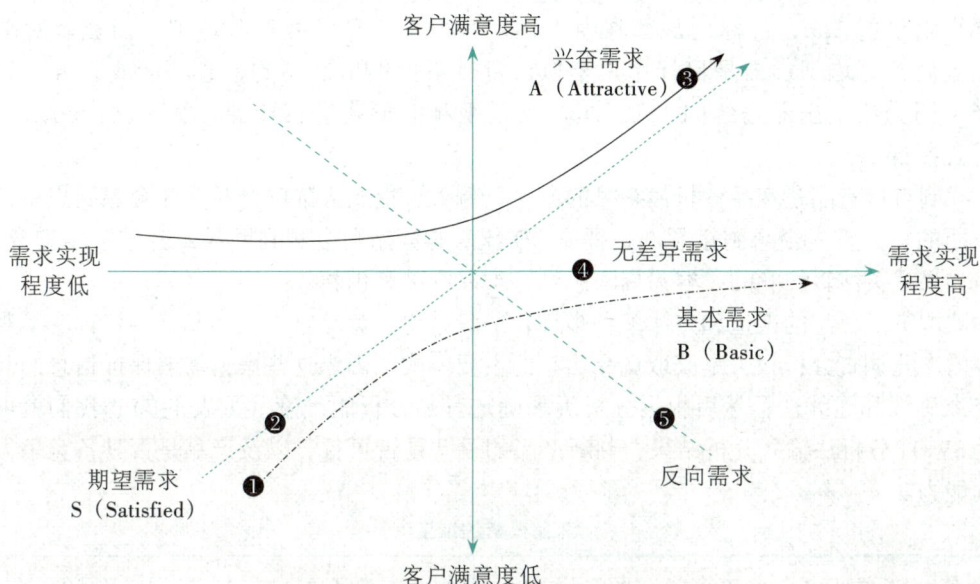

图4-18　客户满意度KANO模型

四象限定位法将消费者的多种需求按重要性和急需性分为四种。以需求的急需性作为横轴，以需求的重要性作为纵轴，建立如图4-19所示的消费者需求四象限图。消费者的需求特征层次归纳起来可分为四部分，即"需求特征四象限"，包括重要又急需、重要但不急需、不重要但急需、不重要也不急需。在进行品牌定位时，应该先从消费者需求四象限中的第一象限，即对消费者来说重要且急需的需求方面去考虑。

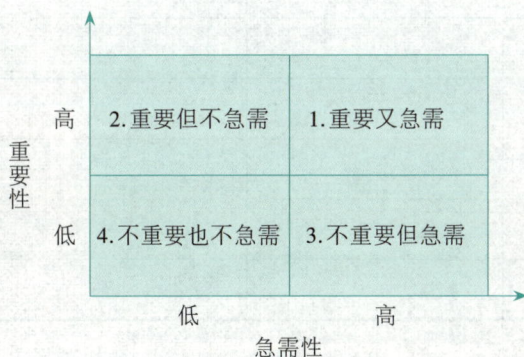

图4-19　四象限定位法

2.竞品分析

竞品分析是一种带有主观性的横向分析，即对多个竞品（一般不超过3个）的目标用户、核心功能、推广策略等进行横向对比，验证自己产品的可行性，或者了解对手的产品或市场情况，分析出自己产品的差异化运营方案，以及制定对应的竞争策略等。

竞品的选择非常重要，竞品选择错误，竞品分析结果将毫无意义。竞品一般分为直接竞品和间接竞品。直接竞品是指产品的商业模式、核心功能、市场目标、目标用户群体等与自己的产品定位基本一致。间接竞品一般是市场细分下与本产品相关的其他产品。间接竞品通常数量较多，应选择1~2个高质量的竞争性产品。同时，间接竞品主要分为以下两种类型：一是目标用户相似，产品功能或服务互补，如两个产品同为课程培训的App，目标用户都是中小学生，但本产品是做舞蹈培训，而竞争对手的产品是做钢琴培训；二是目标用户相似，暂时不提供本产品的核心功能或服务，如两款产品同为线上乐器陪练的App，本产品以视频的形式进行授课，另一款产品以语音的形式授课。

找到直接竞品是竞品分析最常见的方法。例如，提到天猫的竞品首先会想到京东，提到美团的竞品首先会想到饿了么，提到QQ音乐的竞品则会想到网易云音乐、酷狗音乐。但是如果只关注直接竞品，容易局限思维，难以突破和创新。

获取竞品信息的渠道和方法多种多样，一般来说，竞品官方渠道和艾瑞咨询、易观分析等的专业调查分析报告是获取竞品信息的主要方式，因为这些渠道能够保证信息的及时性、准确性和连续性；然后根据分析诉求确定竞品分析的维度（见表4-7），我们就可以使用SWOT分析法输入分析结果，判断产品的设想是否可行，以及产品是否具备竞争力和盈利能力。

表4-7 竞品分析的维度

分析维度	本产品	竞品A	竞品B
市场环境			
规模数据			
产品定位			
用户分析			
盈利模式			
会员体系			
核心功能			
交互设计			
运营策略			

【知识拓展4-4】

SWOT分析法

SWOT分析法是对产品的优势（Strengths）、劣势（Weaknesses）以及外在的机会（Opportunities）和威胁（Threats）进行分析判断的方法。因其兼顾内外因素，所以能够很好地将产品面对的内部环境和外部环境有机结合起来。其分析方式如图4-20所示。优势和劣势是产品可以调整的因素。

（1）优势。它是指对产品有利的因素，如企业的资金充足、资源丰富，产品的交互体验更好、服务价格比同行更低等。

内 部 环 境

优势(S)　　　　　　　劣势(W)

外
部
环
境

机会(O)

SO战略	WO战略
机会、优势组合	机会、劣势组合
（可能采取的战略，最大限度的发展）	（可能采取的战略，利用机会、回避弱点）

威胁(T)

ST战略	WT战略
威胁、优势组合	威胁、劣势组合
（可能采取的战略，利用优势、减少威胁）	（可能采取的战略，学习、收缩）

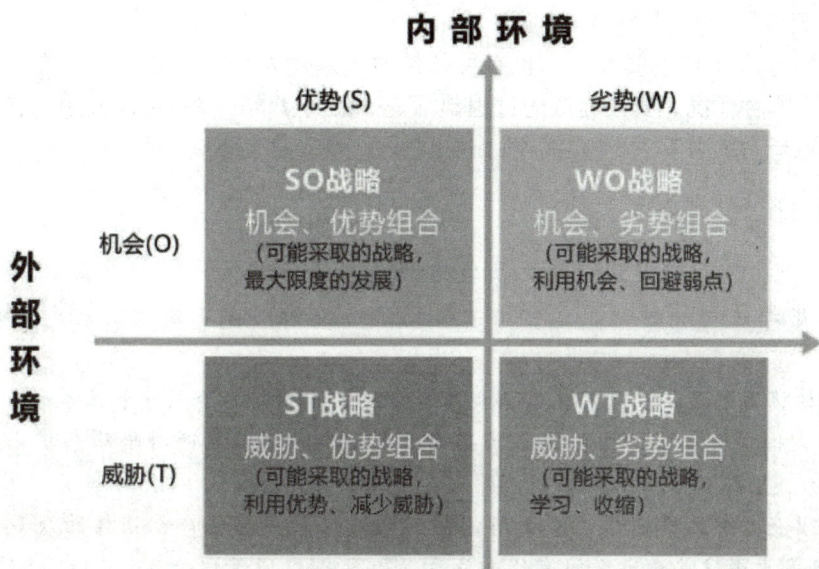

图4-20　SWOT分析图

（2）劣势。它是指对产品不利的因素，如知名度不如竞争对手、功能较少、促销方式不佳等。

（3）机会。它是指外部环境对产品有利的因素，如行业政策扶持力度大、产品进入红利期、用户规模扩大等。

（4）威胁。它是指外部环境对产品构成潜在威胁的因素，如出现新的同类产品、行业政策的不利因素等。

机会和威胁是产品不能加以影响的因素。

SWOT分析法可以分为两部分：第一部分为SW，主要用来分析产品自身条件；第二部分为OT，主要用来分析外部条件。利用这种分析方法，可以从内外部条件的优劣势中直观地找出对产品有利的因素、对产品不利的因素和应避免的因素。这样可以快速地发现机会与优势的契合点，并对其进行相应的分析，明确产品以后的发展方向。

总的来说，这种分析方法在实际运用中具有明显的科学性、合理性。因此，可以将分析结果作为产品运营决策的主要依据。

3.产品卖点确认

在移动商务环境下，产品同质化现象十分严重，因此，一个产品要想实现突围，必须找到核心卖点。移动商务产品的卖点指产品前所未有、别出心裁或与众不同的特点，它代表了产品的核心竞争力。卖点可以是产品页面设计，可以是功能设计，可以是业务流程，也可以是运行速度，但无论如何，只要化为用户能够接受、认同的利益和效用，就能达到产品畅销、树立品牌的目的。

核心卖点通常有新卖点、超级卖点和独家卖点三种表现形式。例如，一般小说类App都使用文字输出小说内容，而喜马拉雅App则率先大规模地用音频输入小说内容，从看小说转变为听小说，以新颖的方式打造出核心卖点；腾讯推出的小程序，与App相比是一种不需要下载安装、用完即走的应用，形成超越同类产品的超级卖点，也是独家卖点。

卖点可能是产品与生俱来的，也有可能是通过运营人员的想象力、创造力附加出来的，但无论是哪种情况，卖点提取的过程都不是一蹴而就的，我们可以使用九宫格来发散思维、辅助思考。

【知识拓展4-5】

九宫格思考法

九宫格思考法是一种利用九宫格矩阵图进行发散思考、强迫创意产生的简单练习法。

九宫格的填写思路是：利用九宫格提取卖点时，首先需要绘制一个正方形，然后将其分割成九个方格，并在中间方格填上产品名。我们可以用以下两种思路来扩充九宫格的内容：

一是在其他8个方格内依次填上所能想到的有助于产品推广、销售的众多卖点（优点），不用刻意思考这些卖点之间有什么关系（如图4-21所示）。

卖点	卖点	卖点
卖点	产品	卖点
卖点	卖点	卖点

图4-21　任意填充产品卖点

二是从不同的角度或方向来扩展九宫格的内容，如围绕产品的功能、安全性、操作等方面的优势提取卖点（如图4-22所示）。

功能丰富	运行稳定	操作简捷
免费使用	某App	页面美观
安全性高	兼容性好	体积小

图4-22　从不同角度提取卖点

在填充九宫格时，要尽量将周围8个方格的内容扩充完整，内容可以反复修改。为了使九宫格的内容通俗易懂，应使用简明的关键字来描述卖点。在利用九宫格提取卖点时有以下3个注意事项：

（1）卖点取舍。在填完九宫格后，运营人员可对所填内容进行整理，分析卖点的主次，并做出取舍。对于不明确的卖点，也可重新修改。这就是九宫格思考法的好处，它可以让运营人员尽情发散思维，对每一个卖点进行细分或扩展。

（2）强化卖点。如果某一产品的卖点太多，最好的方法就是强化其中一个或几个突出的优势，这样更容易让用户记住产品。

（3）因地制宜地使用卖点。利用九宫格归纳出产品的卖点后，针对用户的记忆点，运营人员需要因地制宜地使用卖点。例如，在宣传海报上推广产品时，其记忆点最多不要超过3个；但在官方网站的产品介绍栏中，可以尽可能地展示产品的众多卖点。

4.推广方案策划

产品运营的核心目标是扩大用户群、提高用户活跃度以及寻找合适的盈利模式以增加收入等，要实现这些目标离不开产品推广。一方面，产品推广可以围绕用户运营、内容运营和活动运营展开；另一方面，产品推广也可以利用线上和线下两个渠道实现。在实际应用中，可尝试多种产品推广途径和方法，不断测试出最有效的方法，然后集中资源推广，吸引更多的流量。

5.产品运营数据考核

在移动商务运营的产品推广过程中，下载量、用户数、留存率等是产品运营重要的考核指标，也是产品改进、优化工作的重要依据。一方面，在产品的不同时期关注的数据指标不同，种子期主要关注用户渠道来源、启动时间段等；推广期关注的数据包括新增用户、活跃用户、留存用户数等；而创收期关注的数据为付费用户数、付费金额等。另一方面，不同类型的产品关注的数据指标也不同，如工具类产品，核心数据是启动次数和停留时长；社交类产品，核心数据是活跃用户数和用户生成内容；而交易类产品，则更关注转化率。

四、爆品的打造

爆品是能够引爆市场的口碑产品，有可能是一款单品，也有可能是系列产品。其最主要的特征就是用户规模大、人气高，像华为的手机产品、字节跳动旗下的抖音、腾讯的微信红包等，都是移动商务时代下应运而生的爆品。

打造爆品是产品实现盈利的强有力方式。打造爆品需要先具备这种思维。下面从产品创新、文化创意、解决用户痛点和口碑效应这四个方面介绍打造爆品的关键思维。

1.产品创新

产品创新是品牌发展的根本，不断地推陈出新是满足目标用户需求的有效方式。创新具有先发优势，是一个产品成为爆品的有利因素。在进行产品创新时，需要掌握产品创新的分类、产品创新的途径和产品创新的关键点。

新产品管理领域里的世界级专家罗伯特·库珀把创新产品分为6种类型，即全新产品、新产品线、已有产品品种的补充、老产品的改进款、重新定位的产品和降低成本的产品。其中，全新产品和老产品的改进款是产品创新的主要方向。

在产品创新的具体实践中，主要有自主创新、逆向研制、创新引进、授权许可和企业并购5种创新途径。其中，自主创新和创新引进是常见的创新形式。自主创新是由企业自己研发新产品或对老产品进行改良。这在不少大企业中是一种常态，这些大企业有专门进行研发的部门，并借此提高竞争力，如苹果公司每隔一两年就会推出自己的新产品。

创新引进指企业直接购买新技术或购买新产品的生产权和销售权，然后改造引进的技术，使其更适应企业自身的生产条件和市场条件，在积累了足够的技术经验后，实现技术创新和产品创新，创造独立自主的知识产权。其整个过程包括引进、消化、创新三个步骤。例如，华为的技术创新就更多地表现在技术引进、吸收与再创新层面。

产品创新要有的放矢，符合市场需求，一定要抓住三个关键点：

第一个关键点是遵循市场的供需规律：坚持"需求决定产品"的原则，在产品研制的过程中积极进行市场调研和产品互动。

第二个关键点是找准产品的诉求点：要知道如何告诉用户产品的创新优势，创新时应尽量融合用户的痛点和产品的诉求点，这样才容易赢得用户的认可。

第三个关键点是把握市场和产品的发展趋势：很多企业在进行产品创新时没有把握好市场和产品的发展趋势，要么过于超前，要么切入时机不当，从而造成创新失败。

2. 文化创意

如果说产品是外在的具体表现，文化创意则体现了产品的内涵，它承载和传递了产品与企业的精神内核。好的文化创意不仅能快速吸引用户的注意，给其留下深刻的印象，还能形成转化，让用户使用产品并主动传播。通过这种文化创意，用户得到的是对产品的一种感性认知，这种感性认知会改变用户对产品或品牌的态度，使用户对产品或品牌产生好感。如果发现产品的使用情景与某种情感有关联，那么就可以利用这种情感，使之成为有效的诉求工具，形成文化创意。

3. 解决用户痛点

随着市场的发展与变化，产品创新的难度越来越大。即便是好的创意产品，如果没有高水准的营销策划方案，也不一定好卖，而找准痛点就是营销策划活动中常用和有效的方法之一。所谓痛点，就是大部分用户（在产品使用上）普遍存在的问题，问题是客观存在的，谁能最先发现并解决它，谁就能在市场上获得先机。许多企业在进行产品创新时，都期望抓住目标用户的需求点，并将其转变为产品的差异性卖点，然后在动态的竞争过程中试图通过差异化来提高自己的市场份额。例如，支付宝解决了买卖双方信息不对称、网上交易的信用问题等痛点，从而迅速成为支付领域的爆品。

4. 口碑效应

好的产品品质产生好的口碑，好的口碑会带动产品的销量。传统行业的产品依靠广告的"狂轰滥炸"来打造爆品，移动商务时代早已变成了熟人、朋友之间的"面对面"推荐，引爆指数也以几何级数增长。取胜的关键是能产生口碑效应。可以说，在移动互联网时代，口碑效应是打造爆品的必经之路，企业可以通过在社交平台上造势、开展相关活动、融合热点以及引导用户互动等方式产生口碑效应。

【知识拓展 4-6】

微信红包的"爆品成长史"

微信红包在腾讯内部被称作"七星级产品"，即超级爆品。微信红包的诞生，源于腾讯内部员工的一个痛点：过年开工发红包。腾讯公司有过年开工发红包的传统，而员工人数的众多造成了不小的困扰。2013年年底，腾讯公司内部萌生了"把发红包的传统做成一个应用，增加微信支付的用户数"的想法。微信中有一项随机掷骰子的功能，在微信群中多个好友一起掷骰子是一个既简单又刺激的游戏。把骰子换成红包，就是微信红包的核心功能——抢红包的雏形。2014年春节，微信红包首次亮相，"抢"红包这种新颖的方式不但能吸引微信群里不活跃的用户，从而活跃微信群的气氛，也能促进好友之间的互动。微信官方数据显示，除夕当日，微信红包收发总量达到10.1亿次，在20点到大年初一0点48分的时间里，春晚微信"摇一摇"互动总量达到110亿次；在除夕到正月初八这9天时间里，800多万人共领取了4 000万个红包。到这里，微信红包成了爆品。

　　除了春节发红包，微信红包能否升级为一个高频应用的产品呢？就是说除了春节之外，还有其他应用场景吗？这是腾讯内部接下来需要考虑的问题——为用户提供微信红包的更多实用场景。转折点出现在"滴滴出行抢红包"上，"打车出行"这个场景正好满足了微信红包的3个条件：用手机、高频消费、用户痛点。于是，作为滴滴出行的投资公司，腾讯投资了10亿元给用户发打车红包。这不仅吸引了更多的新用户，使该消息刷爆微信朋友圈，也使滴滴出行在"打车出行"的补贴大战中拔得头筹。更重要的是，"打车发红包"这种方式拓展了微信红包的应用场景，"京东购物送红包""大众点评消费送红包"等接踵而至。就这样，微信红包成为一个"无人不知、无人不晓、无人不用"的爆品。

　　资料来源　众联电商. 爆品营销打造爆品的三种路径［EB/OL］. ［2018-07-24］. https：//baijiahao. baidu.com/s？ id=1606882108035609584&wfr=spider&for=pc.有删改.

第四节　内容运营

一、认识内容运营

1.概念和作用

　　内容运营是指内容运营人员通过新媒体渠道，利用文字、图片、音频或视频等形式，将企业信息友好地呈现在用户面前，并激发用户参与、分享、传播的完整运营过程。内容运营是一种运营思维和方式，任何企业都可以使用该思维方式进行移动商务运营。通过内容运营，企业可以将产品以图片、文字、视频和音频等形式呈现出来，使其成为用户可以利用的信息。例如，京东快报等就是通过文章的形式将需要营销的内容展现出来，在前期满足目标用户的需求之后，吸引用户点击、阅读文章，激发用户的购买兴趣。同时，这种表达方式还可以在企业与用户之间形成强有力的互动，为企业品牌与形象的树立提供更直接的途径。

　　由此我们可以知道，内容运营不仅是"写推文"，还是基于产品或品牌的内容策划、内容创意、内容编辑、内容发布、内容优化、内容营销等一系列与内容相关的工作。对内容运营人员来说，内容运营需要体系化的思路和完整的运营流程，这对运营工作起着尤为重要的作用。

　　一方面，满足用户的内容消费需求。随着消费的逐步升级，用户内容消费的目的性也逐渐增强，个性化、高质量内容的消费需求日益凸显。通过内容运营，用户可以看到他想看的内容，满足其内容消费需求。例如，欧莱雅为了提供更多用户渴望了解的内容，创建了"内容工厂"，为美妆爱好者不断推送各种美妆教程，针对美宝莲、科颜氏等美容品牌的产品提供实时的、本地的共享内容。对干货视频、美妆教程以及社交媒体上的照片进行视觉和文本内容的创造，并与著名视频网站 **YouTube** 进行密切合作，创建更多与品牌相关的内容。每当推出新产品时，就制作相应的产品视频教程，不仅介绍产品的用法，还展示了如何利用产品打造出一个完美的造型，进一步满足了用户的搜索需求，也吸引了大批对美妆内容感兴趣的"粉丝"。

另一方面，传递产品或品牌的定位和调性。产品或品牌自身不会说话，需要内容来表达，内容运营可以使用户对产品或品牌产生某种感知，形成特定印象。对内容运营人员来说，要想传递产品或品牌的定位和调性，需要通过内容运营让用户知道"产品是什么""品牌是什么"等。例如，用户在使用产品之前，只能在企业的官网或者微博、微信公众号上通过产品的介绍、品牌新闻、用户的评论等了解产品。运营人员通过内容运营，创作并精准推送优质的内容，就可以让用户接触产品，从而传递产品的定位和调性。

2.内容的表现形式

移动商务环境下，内容的表现形式丰富多样。例如：电商类产品，内容为产品轮播图、网站横幅等；资讯类产品，内容为文章、视频等。无论内容是何种表现形式，归根结底，呈现的效果都是文字、图片、音频和视频这些基本元素。

（1）文字。它是内容信息最直接的表达方式，可以准确传递内容的核心价值，不容易使用户产生错误理解。同时，文字的写作手法多样，不同的写作手法可以产生不同的营销效果。标题、微博、文章等内容就常采用文字为主体的形式进行展示。

（2）图片。它比文字拥有更强的视觉冲击力，可在展示内容的同时给予用户一定的想象空间。图片展示也可以将文字作为图片的一部分，使图片既能更鲜明地表达主题，又能提升用户的阅读体验。微信公众号中的封面图、电商中的宣传推广图就常采用图文结合的方式来展示信息。

（3）音频。与文字和图片相比，音频具有更强的亲和力和感染力。通常，音频这类内容表现形式会出现在特定的应用场景中。例如，音频分享平台喜马拉雅将小说、故事等内容以音频的方式输出，并将内容打造成知识付费型产品，使用户从"看书"转变为"听书"。

（4）视频。它能够更加生动、形象地展现内容，具有很强的即视感和吸引力。所谓"眼见为实"，视频能增强用户对营销内容的信任感。视频内容的应用非常广泛，微博、今日头条、微信公众号推送的文章中均有视频内容。

综合以上几种内容的表现形式，我们可以发现不同的表现形式有不同的特点，运营人员可以合理搭配不同的表现形式，提升内容的吸引力。

3.内容的生产模式

内容生产包括两种模式：基于用户生产内容 UGC 和基于专业生产内容 PGC。

UGC 是指用户生产内容，企业提供开放平台，用户可注册账号、入驻平台、上传和发布内容等，平台对内容进行审查、筛选等。在 UGC 模式下，运营人员要从零开始填充内容，并通过各种运营方式来吸引用户参与内容生产，鼓励内容生产者在平台和其他社交媒体上发布内容；然后再引入更多用户，保证平台的内容供给，如社区、问答平台、社群等生成的开放性知识内容。

PGC是指企业自己生产专业内容，包括内容的采集、编辑和排版等，或企业与专业领域的个人、团队进行合作生产内容。PGC的内容质量较高，专业性较强，如有道精品课、网易云课堂等生成的专业课程内容。PGC主要有两种呈现方式：一种是单篇内容，即内容的最小单位，它可以是一篇文章、一张图片、一段视频、一条微博等，用于知识、技能、方法的分享；另一种是内容聚合，依靠专题、话题、相关推荐等形式，把内容打包并呈现给用户。

4.内容运营的方式

内容运营包括自运营和第三方运营两种方式。

（1）自运营

自运营是指个人或企业自己搭建平台（如官方网站、App、社区等）实现内容运营。这种运营方式成本较高，前期推广难度较大，一般适合已经具有一定影响力、拥有大量忠诚粉丝的个人或企业。

（2）第三方平台运营

第三方平台运营是指借助第三方平台实现内容运营。这种运营方式成本更低，可用于内容运营的第三方平台较多，如大家熟知的微博、微信、今日头条、抖音短视频等。其中，微信注重用户圈子的维系，内容的传播范围相对较小，但传播精准，其一对一的社交特点让用户之间的关系更加密切，更适合企业进行信息推送；微博是一个浅社交、泛传播的平台，内容传播范围广，但内容同质化严重，用户之间的关系相对薄弱，更适合进行品牌的曝光、用户关系的维护等；今日头条可以用于发布图文结合的原创文章，也可以用于发布视频，既可生产付费性的内容，也可用于品牌推广；抖音短视频是一款专注于年轻群体的创意短视频社交软件，能够直观地展示产品功能、产品使用场景等，以此引起用户或粉丝的关注和传播，让品牌或产品的曝光度在短时间内迅速提升。

每一个第三方平台都有自身的特点和优势，可以根据具体的营销策略选择适合自己的平台或全平台进行推广。此外，运营人员还可以借助有影响力的人力因素进行推广，如自由撰稿人、合作伙伴、行业意见领袖、高人气达人、忠诚优质的粉丝等。

二、内容运营的核心环节

企业的内容运营一般分为选题规划、内容策划、形式创意、素材的搜集与整理、内容编辑、内容发布与内容传播七个环节。

1.选题规划

选题规划是内容运营的第一个环节。选题并不是随机的工作，内容运营人员应根据企业的营销需要和用户需求来确定内容的主要方向，如内容的主题、表现形式等，然后再结合节日、热点等进行内容的规划。在新媒体运营中，很多阅读量高的文章的选题都是经过提前规划的，许多新媒体平台在年初或年末会推出类似日历的选题规划建议，保证在关键时刻不会错过重要选题。图4-23为2023年5月的选题日历表。

在进行选题规划时，可以采用表格的形式提前将下一阶段选题的日期、内容形式、暂定标题等罗列出来。表4-8是某微信公众号11月规划的部分选题。

图4-23　2023年5月选题日历表

表4-8　　　　　　　　　某微信公众号11月规划的部分选题

日期	内容形式	内容选题	推送时间	暂定标题
11月1日	文章	护肤技巧	18点	喝水比敷面膜更有效，8个护肤技巧帮你省钱
11月2日	视频	科普讲堂	8点	汉堡居然不是垃圾食品
11月3日	文章	科普讲堂	8点	长痘痘可以吃辣吗
11月4日	文章	护肤品推荐	21点	秋、冬干燥怎么办？要想白白嫩嫩就靠它
11月5日	文章	护肤技巧	18点	美白针、美白丸都没用，学会这3招让你变白
11月6日	视频	科普讲堂	8点	草莓竟然能减肥！20种水果的真相

2.内容策划

与选题规划相比，内容策划是更加具体的内容设计。在撰写内容之前，内容运营人员需要探讨内容的细节，可以运用九宫格思考法（如图4-24所示）和头脑风暴法等进行内容策划。要想完成内容策划，需要解决以下问题：

（1）内容运营的目的，如推广新品、宣传品牌等。

（2）内容投放的渠道，如微信、微博、短视频平台等。

（3）内容针对的用户，如孕妈、大学生、职场人士等。

（4）内容制作和传播的周期。

（5）内容主题、风格、表现形式的设计等。

活跃	互动	目标用户	联运	刷榜	首发	ROI	互动	策略
用户价值	G	用户分级	版本迭代	H	专题	转化	A	文案
用户心理	行为约束	用户习惯	应用市场	奖项	换量	成本	测试	逻辑
流失	留存	收集	用户	App	活动	统计	换量	用户属性
收入	F	筛选	数据	运营	渠道	跟踪监控	B	品牌
转化	流量	用户	内容	产品	新媒体	渠道数据	效果	KPI
传播性	趣味性	定位	功能	适配	入口	维护	反馈	标题
热点	E	主题	用户调查	D	跳转	排版	C	粉丝
情感	排版	风格	迭代周期	起名	渠道	互动	渠道	内容

图4-24　九宫格思考法策划内容

3.形式创意

完成了内容策划以后，应当确定内容对应的形式，常见的形式包括文章、海报、视频、音频等。用户总是会对新鲜、有创意的形式产生兴趣，如果其内容形式一成不变，用户就会产生阅读疲倦感。这就需要内容运营人员有创新意识，不断给用户带来一些新鲜感。例如，在宣传某活动时，网易考拉就一改以往的微信公众号推文或者海报宣传等形式，利用H5的创意形式，以一个网易新入职女员工的视角，讲述了她入职第一天接受总监安排的工作，顶着巨大压力完成工作以及工作过程中遇到的各种趣事和产生的内心独白，进而宣传活动。

4.素材的搜集与整理

完成上述工作后，内容运营人员即可搜集、整理素材。素材主要包括内部资料和外部资料。内部资料包括企业内部的图片、产品介绍、品牌介绍、活动流程等；外部资料则是指行业的数据、新闻以及图片、热点信息等。另外，内容运营人员还应当建立并完善自己的素材库，每当看到好的内容和有创意的对象，就可以随手收藏、保存，毕竟素材积累得越多、越具体，越容易写出好的文章、创作出好的作品。常见的素材可以分为文章、图片、视频和音频，网站，灵感主题三个归纳方向。

（1）文章、图片、视频和音频。内容运营人员在寻找素材时，可能会得到一些值得深入学习、可以作为内容指导的文章、图片、视频和音频等资料，但是又不确定具体的使用时间，那么在归纳的时候就可以按照对内容采集的方向，编制相关分类目录。对这类素材的归纳，内容运营人员还可以使用一些笔记型的效率工具，如有道云笔记、印象笔记等。

（2）网站。对于内容运营人员常登录的一些网站，可以将其放置在最方便点击的地方，如常用浏览器的收藏夹或个人定制的导航页等。在归纳时，应当在自己常用的浏览器中使用合理、清晰的简化命名提高工作效率。为了简化导航页和收藏夹，内容运营人员应当多了解行业现有的导航网站，如相比收藏许多会计类网站，就可以只收藏一个"会计网址导航——中国会计视野网"。

（3）灵感主题。对内容运营人员来说，一个素材带来的启示和灵感弥足珍贵，不对其进行归纳，就会转瞬即逝。对于灵感主题，一个团队的共同协作很重要。在归纳灵感主题时，可以建立一个灵感库文档，再对文档中的灵感主题进行分类、评级。灵感库文档应当设立在团队实时协作的在线平台上，如石墨文档等。

整理素材实际上是一个选择和淘汰的过程，素材并不是越多越好，只有有价值的素材才能创作出高质量的内容。在整理素材时，应当遵循三个基本原则：一是选择时新、淘汰过时；二是选择差异、淘汰同质；三是选择授权、淘汰侵权。

5.内容编辑

内容编辑，即内容运营的执行工作，是内容创作阶段，包括撰写文章、设计海报、创作视频等。在完成以上环节的工作后，该环节的工作是组织、运用素材进行内容创作。

（1）内容创作要注重情感的表达

注重表达情感的内容往往能够引起用户的共鸣，可以唤起用户心理与情感上的需求，从而提高他们对产品或品牌的认同感、依赖感和归属感。

使用情感来包装内容，可以使内容富有感染力，常见的情感包括爱情、亲情、友情等，这些情感是大部分用户都能切身感受到的。除此之外，内容运营人员还要善于挖掘用户的情感需求，通过内容唤起用户心理或精神上的认同来激发用户产生思考，将内容深深印在用户的心中。例如，2023 年，中国邮政推出了一部名为《老陈的望远镜》的微电影，聚焦乡村邮递员的坚守与奉献。影片讲述了邮递员老陈为了让大山里的孩子们能收到录取通知书，在暴雨中徒步翻山越岭的故事。老陈的儿子也是乡村教师，他用望远镜远远看着父亲艰难跋涉的身影，两代人虽未直接对话，却通过各自的坚守形成了情感呼应。影片结尾，当孩子们收到录取通知书时，老陈在远处露出欣慰的笑容，而儿子则用望远镜记录下这一幕，象征着"守护希望"的精神传承，引发了用户的情感共鸣。

注重情感表达的品牌非常多，蒙牛公司在这方面就十分出色。例如，春节期间，蒙牛公司就通过中国人"春节团圆"的情感诉求，针对公司旗下多种产品设计了海报，引发了用户十分强烈的情感共鸣。

在利用情感表达内容时，应当注意以下关键点：

一是情感关联。企业要通过情感来表达内容，需要先明确企业产品、形象与情感之间的关联。企业可通过 Logo、产品外观、颜色设计等能够体现企业形象的内容来与目标用户进行情感的联结，使目标用户受到企业产品、形象带来的文化、思想以及情感上的触动。

二是情感宣传。一般情况下，宣扬情感、思想文化的广告往往能够提升产品形象，用户也会减少对广告本身的抵触。企业设身处地地为用户着想，加强与用户的情感交流，更能让用户对企业及其产品从认识阶段升华到情感阶段，最终达到行动阶段。

三是情感氛围。为用户提供舒适幽雅、具有感染力的环境，一方面能够提升产品及品牌的格调；另一方面也能够让用户在无形中接受来自品牌的消费信息，提升消费欲望。

（2）保证内容有吸引力

优质的新媒体内容是能够吸引用户，促使用户评论、分享的；只有保证内容对用户具有吸引力，才能取得比较好的运营效果。

一是与"我"相关。用户总会不自觉地关注与自己本身相关的内容，对与自己没有直接利益关系的事情则不太在乎。在内容创作的过程中，内容运营人员要着重把握用户的这种心理来构思内容。与"我"相关的情况不外乎是与"我"的生活和与"我"可获得的利益相关。健康、安全等是受众永恒关注的话题，趋利避害是人的本能，所以内容运营人员可以结合产品的功能让受众感受到安全感或者说产品能给他们带来的利益。例如，在创作有关橘子的内容时，就可以罗列其营养成分及功用，诸如"富含膳食纤维、果胶，帮助消化，低胆固醇"之类；在创作与苹果有关的内容时，细数其"排毒养颜""健脾益胃""美白皮肤"等功效，就是从受众的切身利益角度出发来吸引用户，激发其购买欲。

二是关注用户的感受。对企业来说，"用户至上"是需要遵循的原则，用户的体验以及由此带来的口碑既能作为一种带来实际价值的回报资产，也有可能成为一种摧毁性的力量，所以揣测用户的心思、写出符合用户口味的内容非常重要。内容运营人员在创作内容时，一定要以受众为中心，以受众思维为立足点去思考，即理解受众，只有知道他们想要什么、怎样做才能打动他们，使他们对内容产生理解与认同。例如，在创作文字型内容时，常用的写法是唤醒受众的某种需求，如产品功能类的表面需求、产品诉求类的情感需求、品牌文化内涵类的自我实现需求，然后去满足它。

三是制造反差。人的大脑会对对比强烈的信息加以关注，因为人的感官会主动积极地搜寻周围环境中的突发情况，如寂静空间中的响动、漆黑环境下的亮光等，而对比的事物能增强人的这种感官体验，所以反差较大的事物能触发大脑的预警机制，引起用户的关注。很多时候，为了展示一款产品的功效，企业会利用使用之前和使用之后的图片对比，这样受众能更直观地感受到产品所展现的卖点。

四是注重内容的美观。一般而言，无论是文字型、图片型的内容，还是视频型的内容，美观、大方总是会比较吸引用户的。以文字形式呈现的内容，文字的大小、颜色、字体都影响着整体的感觉和效果；内容风格不同，就可以设置不同的版式，如左对齐、居中对齐、右对齐等。以图片形式呈现的内容，受限于一张图片内，因此就需要合理搭配颜色款式、大小比例等，使呈现出来的内容既富有创意又美观大方。以视频形式呈现的内容，要想吸引用户观看，美观是重点，如某视频达人始终将中国的传统文化作为视频内容的核心，通过美食、传统烹饪技巧、传统工艺、非物质文化遗产等表现出来，她的视频制作精良，帧帧都给人以优美、别致的感觉。

【知识拓展4-7】

图文内容排版

图文内容排版就是组织内容的逻辑顺序，布局内容在阅读媒介上的空间位置，使得信息以最佳的表现方式有效地向读者传达。排版过程主要包括文字排版、设置小标题与段落、优化内容版式三个环节。

1.文字排版

从用户阅读的角度考虑，文字排版包括文字颜色、文字字号、字间距、特殊效果等的设置。

（1）文字颜色

适宜的文字颜色能带给用户良好的阅读体验，一般建议将文章中大部分的文字设置为灰黑色，常见的#7F7F7F、#595959、#3F3F3F这三种灰黑色是让用户看起来比较舒适的文字颜色。对于一些比较重要或关键性的文字，可以使用其他暖色系（如橙色、红色等）进行突出显示；同时，要注意一篇文章中不要出现太多中文字颜色，应尽量保持简单、清新的文字风格。

（2）文字字号

合适的字号也是增强用户阅读体验的关键要素，若文字太小，用户在习惯的阅读距离内可能看不清文字；若文字太大，则在有限的空间中无法体现更多的内容，造成资源的浪费。因此，建议文字字号设置在14～20像素。

（3）字间距

字间距，即字与字之间的距离，一般设置为1或2像素，这样能够带来较为舒适的阅读体验。以微信公众号后台为例，单击"字间距"按钮，在打开的下拉列表框中可选择需要的字间距，包括"默认""0.5""1""2"这四个选项。

（4）特殊效果

文字特殊效果包括加粗、倾斜、下划线和阴影等，这些效果可以使文本更具特色。需要注意的是，特殊效果不能过多应用，用于突出重点内容即可，这样的设计效果会更好。

2.设置小标题与段落

当文章内容较多时，经常会采用小标题的形式来突出内容的重点，以明确文章各部分的内容，并让读者对文章所表达的主要观点一目了然。当设置多个小标题时，还应注意段落的设置。

（1）设置小标题

小标题的字体要尽量区别于文章的正文字体，且要比正文字体更加醒目，因此可对小标题的字体进行加粗、更改颜色等设置，使其突出显示。小标题字号可以设为18～20像素，运营人员可根据实际需要进行适当调整。当文章出现多级标题时，切忌将标题字体设置得过大或太花哨。

（2）设置段落

合理地设置段落可以使文章结构清晰、排版整齐、阅读方便。段落设置主要包括行间距和段间距的设置。行间距是文本上一行与下一行之间的距离，它是每行文字之间的纵向间距。行间距可以直接影响文章的篇幅长短，一般建议设置1.5～2倍行距。段间距是段落与段落之间的距离，根据段落方向可以分为段前距和段后距。标题与段落之间的距离和段落与段落之间的距离要保持明显的差异，这样才能让用户明显地区分出标题与段落，让读者阅读起来更容易。当文章正文字号为15像素时，正文段间距设置为10或15像素效果更佳。

3.优化内容版式

合理规划文章内容的版式并进行优化设计，可以增强内容的视觉表现力，在吸引用户的同时，能给用户带来视觉与精神的双重享受。运营人员可以从版面风格、图文搭配、分割线等方面进行改进，提升内容的视觉版面效果。

（1）版面风格

在进行内容版面的优化时要注意，内容版面应遵循简洁、清晰、整齐划一但又有自身特色的原则。同一篇文章中不要使用多种排版方式，左对齐、右对齐和居中对齐任选其一即可，避免使内容显得杂乱。

（2）图文搭配

在众多内容表现形式中，图文搭配是使用最多的。在文章内容中搭配适量的图片，可以缓解用户阅读文字时的疲劳，但需注意图片要清晰且符合文章主题。

将图片放在正文中时要遵循两个原则：一是图片的统一性，即图片的样式要保持一致（所有图片都为矩形、圆形或不规则图形），不与文章版面的风格相悖；二是图文间距要合适，既要保证文字与图片之间的距离保持在适合用户观看的距离范围内，又要保证当多图片连续展示时，图片与图片之间的距离合适，不会使用户产生多张变一张的错觉；同时，还要注意图片大小与图片排版。建议将文章中图片的格式设置为JPG格式，JPG格式文件较小，方便移动端用户查看。图片排版时要尽量在两侧和正文前后留白，图片一般保持居中对齐，这样可以较好地提升用户的阅读体验。

（3）分割线

分割线是文章中用于分割上下文内容的线条。善用分割线可以更好地划分内容结构层次，同时增强文章内容排版的舒适感。分割线并不局限于"线条"这种单一的表现形式，也可以是图片或其他具有分割意义的符号或图形，只要保证与内容版面的风格相符即可。

目前，以图文为主的典型新媒体平台有头条号和微信号，在平台上编辑发布内容时，可以借助排版同步编辑类工具提高排版效率，主流工具有秀米、i排版、新媒体管家等。

运营人员可以选用合适的排版同步编辑类工具，在软件平台上选择与风格相关的模板，进行可视化编辑，通过替换内容、调整布局等形式完成可视化在线编辑与同步操作，以提高排版的美观度和可读性。

6.内容发布

（1）内容的确认与审核

在创作出内容之后、发布内容之前，内容运营人员还应当反复确认和审核创作的内容。需要确认和审核的关键点包括以下几个方面：

①是否有错别字，逻辑是否清晰，语句是否通顺。

②图片是否完整、清晰，是否多传或漏传等。

③行距、段落、文字大小等是否正确、美观。

④内容中若存在数据和图表，其是否正确；若是直接引用其他平台上发布的数据和图表等，是否已经标注来源。

⑤原创内容是否进行原创标注，标注的信息是否错误。

⑥内容是否违反相关的法律、法规和制度，有无涉及危害国家安全、损害国家荣誉和利益、破坏民族团结等方面的内容。

⑦内容是否违反相关新媒体平台的规章制度。不同的平台由于其运营需求和属性不同，因此会有特定的规章制度。就微信而言，强制用户分享、利诱用户分享、胁迫煽动用户分享等行为都是平台明令禁止的。

⑧内容是否准确或值得信任，是否侵犯他人的隐私权、知识产权等。个人财产隐私、

姓名与形象隐私、肖像隐私等都属于隐私权，在未经当事人允许的情况下随意使用与个人隐私相关的信息，就会构成侵权。

（2）内容的发布

内容确认、审核无误后，就可以在新媒体平台上发布了。下面从发布平台、发布数量和顺序、发布时间等方面介绍内容发布的注意事项，内容运营人员应当好好掌握。

①发布平台。发布内容前，内容运营人员应当选择合适的发布平台。如果内容优质，不需要在所有的新媒体平台上发布，选择一个人气高、流量大的平台即可。需要注意的是，内容运营人员要根据内容的定位选择发布平台，应尽可能选择与内容行业相关的新媒体平台。另外，还应当注意新媒体平台在搜索引擎中的权重，应尽量选择一些权重高且有新闻源的新媒体平台。

②发布数量和顺序。对内容运营来说，发布的内容并不是越多越好，用户的阅读能力和阅读需求有限，数量太多，会增强用户的反感度，导致用户流失风险增加。但是对用户体量大、用户打开频次高的内容平台来说，发布的数量可以有所增加。

对某些内容平台来说，它们会对每天的内容发布数量有所限制，如微信公众平台限定订阅号一天仅可发布1次，服务号一个月仅可发布4次，每次最高可发布8篇内容，这样在选择发布内容时就需要注意发布的顺序。对文章类内容来说，如果一次发布多篇文章，那么活动宣传类等预计能够产生影响力和传播力的文章应当放在头文位置，有延续性的专题类型的文章适合放在最后。图4-25为某微信公众号每日推送文章的顺序，其在设置发布顺序时，就是将具有较强吸引力的文章放在首位，延续性的专题类型文章放在末位。就其他类型的内容而言，如果是没有频次限制的发布平台，一般最先选择时新、具有较大影响力的内容进行发布。

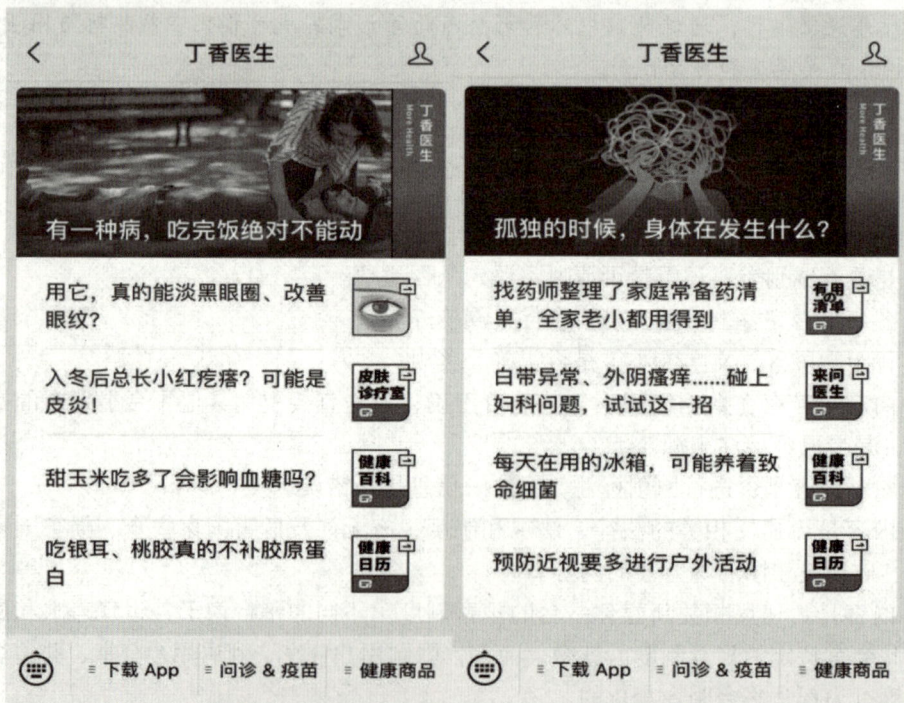

图4-25　某微信公众号每日推送文章的顺序

③发布时间。内容通常具有一定的时效性，根据热点事件撰写的内容和常规型内容所发布的时间是完全不同的。

•热点事件曝光型内容。这类内容的最佳发布时间通常为某个节假日或者特殊节日的夜间11点到次日7点。这个时间段发布内容，容易夺得第二天的头版头条，这也是为什么很多娱乐明星事件都是在深夜或者某个周六、周日爆出的原因，经过一夜的发酵之后，内容运营效果会更加显著。

•常规型内容。宣传推广型的内容对发布时间的要求就不是那么敏感，一般在周一至周五的早上8点至晚上11点之间发布。在这个时间段内，受众对新媒体的搜索和使用较为频繁，在发布内容后更利于共享和传播。

7.内容传播

发布内容后并不意味着内容运营的结束，内容能够传播出去，且有用户参与和分享，才最终构成一个系统的内容运营体系。传统的传播方式以广告居多，但是一味地投放互联网广告会增加运营成本，下面介绍两种既能降低推广成本又能吸引用户的内容传播技巧。

一是利用"粉丝"进行传播。传统的企业服务模式以产品或服务本身为中心，用户只能被动地选择和接受这种产品或服务，难以与企业产生更多的联系。而移动商务运营将重心转移到用户身上，产品和用户之间建立起了一种情感联系，"粉丝"开始成为企业重点培养的对象，一个拥有庞大"粉丝"群体的品牌，往往更容易实现内容的快速传播。利用"粉丝"进行传播，需要与"粉丝"建立联系，现在很多的新媒体平台都具有即时沟通的功能，可以与"粉丝"进行近距离沟通，并将内容精准地传递给"粉丝"，为其提供更多的便捷服务，引导其参与企业的互动和品牌传播。需要注意的是，"粉丝"这个群体具有很大的不确定性，甚至部分"粉丝"还具有盲目从众的特点，很容易被其他事物所吸引。要想实现利用"粉丝"传播，必须对"粉丝"行为进行有意识的约束和引导。

二是利用活动进行传播。要想让内容在短时间内得到广泛传播，还可以通过策划一些活动（如抽奖活动、红包活动、免费营销活动等）来实现。利用活动传播内容可以给产品或品牌带来巨大的用户效应，在短时间内汇聚大量用户参与、分享。

第五节　活动运营

一、活动运营概述

1.活动运营的含义与特点

活动运营是根据既定目标，通过策划并开展短期活动，在一定时间内快速提升产品指标的运营方式。活动运营的定义表明了大部分活动运营的工作要点和工作要求。首先，在开展活动之前，要设立明确且可量化的目标。其次，要进行活动策划，即进行活动的整体规划，如明确活动的主题、时间、对象、方式、流程等。最后，进入落地运营的活动执行阶段，包括宣传推广、指标监控和活动效果评估等环节。

与其他运营工作相比，活动运营是利用活动进行的，除了策划阶段需要用文字表现之外，在实际运营中具有较强的实操性。对活动运营而言，它是支撑用户运营的有效方式，如开展活动吸粉引流、提高用户活跃度和忠诚度、促进用户转化等。活动运营和内容运营都属于移动商务运营体系的运营分支，区别在于内容运营是必需的，因为任何一种运营方式都会将内容包含在内。活动运营则不同，并不是所有的运营都需要设计活动。也就是说，活动运营是一项额外的运营工作。这就决定了相比其他运营，活动运营具有更强的目的性：一是必要性方面，如果没有明确的目的，就变成为了活动而活动，最终一味追求活动的规模，却无法给企业带来实际的利益和价值；二是性质方面，活动运营不是日常性工作，而是带有目的性的额外工作；三是以目的为导向，即所有工作都是围绕活动目的展开的。

2.活动运营的作用

在电商运营工作中，活动运营得到了足够的重视，因为活动运营具有"快速提升运营效果"的作用。如微博运营、微信公众号运营、产品数据分析等日常工作，可以使企业新媒体稳定运行，而阶段性地开展企业运营活动，可以使运营效果在某个时期内快速提升。一次精细化的运营活动不仅能够吸引用户的注意力，还能够传递出品牌的核心价值，进而提升品牌的影响力和用户的忠诚度。具体而言，它有四方面的作用：

（1）提高品牌影响力。一次成功的运营活动可以快速、精准地吸引目标用户的注意力，传递出品牌的核心价值，特别是影响范围比较广的活动，十分有利于提高品牌影响力。

（2）吸引大量新的用户。活动运营在新品推介、品牌展示、品牌识别和品牌定位方面发挥着重大的作用；企业的活动策划得当且宣传到位，很容易吸引媒体和潜在用户的关注，使他们加深对品牌的理解，还可以影响对品牌触达度比较低的用户，使其变成真正的用户和忠诚的用户。

（3）提高用户的忠诚度。一般来说，运营活动都是为了吸引用户关注和参与而策划的，用户参与活动的过程实际上也是产品和品牌深入用户心中的过程。如果活动举办成功，口碑良好，还可以有效提升用户对品牌和产品的好感度和忠诚度。丰富多样的活动不仅可以增进企业和用户之间的互动，还可以培养企业和用户之间的感情，增强用户黏性。

（4）提高产品销量。一场成功的运营活动能带来几十万、几百万甚至上千万元的订单。成功的运营活动不但可以提高品牌的知名度，而且对销售也会有很大的帮助，如秒杀、满减等促销活动。

3.活动运营的主要类型

（1）品牌曝光类活动

品牌曝光类活动顾名思义是以提升品牌曝光度和用户的品牌熟悉度为目的的活动。这类活动适合新品牌上线，或者品牌已有一定的知名度，需要再次唤醒用户的情况。活动可以采用事件营销、硬广投入等方式。这些活动的共同点是虽然没有直接、大量的转化变现，但在微博、朋友圈等社交平台掀起了一阵转发的风潮，在短时间内形成了病毒营销态势，使品牌迅速被人熟知，如"百雀羚神广告""YSL星辰口红"等。

（2）拉新类活动

拉新类活动主要以提升新用户注册量、激活率、关注率为目的，此类活动较常见的是App的下载和推广。从时间上来看，拉新类活动分为短期营销活动和长期的常规化活动。短期营销活动利用短时间精心策划的营销事件，在2~3天迅速进行病毒营销并大量拉新，如天天P图的"PK武媚娘""我的小学生毕业照"等系列活动，以及火爆朋友圈的"柏拉图性格分析法"等长期的常规化活动常见于某些App针对新用户所开展的活动，用老特新、新用户专享福利等形式进行拉新，如网易海淘针对新用户的专享特价、美团的新人一分购、饿了么的新用户首单减15元等。

（3）促活类活动

促活类活动是以唤起沉睡用户、提升用户活跃度，从而降低用户流失率为目的的活动，用户的"弱关系"转化为"强关系"；电商、生活类App也会采用每日签到、助力优惠券、积分商城等形式，提升用户的内容打开率，培养用户的忠实度。

（4）引流类活动

引流类活动是从线上、线下用户池导流到另一个新用户池的活动形式，从大类别来说也算是拉新类活动的一种。这种线上的活动形式很多，凡是在其他平台发布的带有企业Logo、名称的活动形式，都属于引流活动，常见于横幅广告或其他商业合作活动等。另一种是微商、线下实体门店喜欢用的一种活动形式：借助朋友圈、微博等免费社交工具，以"底价巨惠""到店免费领取小礼物"等契机，引导用户进入店铺并消费。

（5）转化变现类活动

转化变现类活动是以增加销量、促进变现为目的的活动，活动文案简单直接，常见于电商类App，像天猫"双11"、京东"6•18"等都属于这种活动形式。

二、制订活动运营的策划方案

活动运营的策划方案是指专为策划某一次活动而制订的书面计划，是活动的大体框架，能够为后续活动的运营提供指导，一般来说，活动运营的策划方案包括活动目的、活动对象、活动主题、活动时间、活动形式、活动内容等。

1.活动目的

运营人员在策划活动时需要先明确活动目的。通常，活动目的包括以下四种：一是促进"粉丝"增长和提高已有"粉丝"的活跃度与忠诚度；二是用于企业产品的信息推广和销售转化；三是提高品牌的知名度和曝光度；四是实现企业线上商城的导流。活动目的也可以具体量化，如"粉丝"增长10 000人、品牌曝光量40万次、活动内容转发量50 000次等。

2.活动对象

明确活动对象就是进行用户群体定位，用户群体的定位与企业品牌和产品定位相关。例如，企业主要是做教育品牌的，用户群体定位可以是学生或者初入职场的白领及宝妈等；企业产品是笔记本电脑，用户群体定位可以是大学生或者白领等。此外，进行用户群体定位有助于设计活动主题和形式等。

3.活动主题

鲜明的主题可以方便用户快速地了解活动内容，如"××语录征集""××趣味照片秀""×周年庆，转发有奖"等。当将用户群体定位为年轻人时，"语录征集"这种新颖的活动是年轻群体喜闻乐见的。

4.活动时间

策划活动必须设置具体的活动参与时间。活动上线一般会借助一定的时间点，把握好上线的时机，选择合适的时间点，活动运营才能达到甚至超出预定的目标。一般可选择节假日、品牌节日、季节变化和热点时间等作为活动时间。

5.活动形式

不同的活动形式适合不同的推广渠道，所取得的推广效果也不同。例如，微博上的活动形式一般包括有奖转发、有奖征集、有奖竞猜等。其中，有奖转发是最常见的一种微博活动形式，具体包括转发就能抽奖、转发关注就能抽奖、转发关注并评论才能抽奖、转发关注并@好友才能抽奖等多种参与形式。如果单纯为了提高品牌的知名度，就只需要转发；如果为了增加"粉丝"数量和提高品牌知名度，就需要转发加关注；如果需要用户贡献原创内容，就使用转发中带评论或话题的形式。

6.活动内容

活动内容是用户阅读的主体，是用户了解活动热点的载体。活动内容的优质与否，直接关系到用户会不会参与到活动中来。活动内容包括活动缘由、抽奖规则、抽奖工具等。在设计活动内容的过程中，可以应用以下三个小技巧：

一是给予利益。想让用户积极地参与活动，给予利益是一种比较有效的方法。策划活动时，运营人员可以采用赠送、抽奖等形式直接给予用户利益，如支付宝从集五福到祝你成为中国锦鲤的转发活动，吸引了大量的用户参与。

二是借助情感。对活动运营来说，情感的加持非常重要，有了用户情感上的认同，运营人员在组织活动时就会更加得心应手。要想活动走心，展现出情感魅力，让用户产生情感共鸣，就必须抓住用户的情感痛点，从用户的情感需求入手，如"爱回收"举办的"爱回收·思念回收小铺"活动，线上线下同步进行，在活动页面或思念墙上向家人或朋友表达自己的思念之情，对他们说出那句一直放在心里的话，就是借助情感策划活动的典型。

三是跨界。在活动策划中，跨界是指不同行业、领域的品牌之间的相互合作。2020年，我们经历了疫情期间的艰难，但仍有这样一群坚守岗位的普通人，他们用热爱与坚守、责任与初心，成为更多人心目中的平凡英雄。百事可乐再度携手《人民日报》新媒体，打造人文关怀满满的"跨界联名"特别活动，通过推出热爱守护者限量罐，记录平凡英雄的故事，在传递热爱精神的同时，见证着家国担当。除此之外，王者荣耀和稻香村联名，推出"峡谷月明"中秋月饼礼盒；网易严选"牵手"考拉海购反套路营销，发起"爱就是放手"活动。

【知识拓展4-8】

战略联盟

战略联盟是指两个或两个以上的企业为了抓住战略机会或达成共同的战略目标，通过各种协议、契约而形成的优势互补、资源共享、风险共担、生产要素双向或多向流动的一种松散的合作组织。

从联盟对象来看，战略联盟可以分为纵向、横向和交叉三种类型。纵向战略联盟是企业与供应商和购物者结成的战略联盟，其中企业与其供应商结成的联盟又称为反向联盟，如宝洁与沃尔玛的联盟；横向战略联盟为企业与同业竞争者、替代品生产者和潜在进入者结成的联盟，如房地产联盟；交叉战略联盟则是横向和纵向战略联盟的混合。

7.活动流程图

对应用户的参与步骤，根据活动流程图，技术人员能够更快速地设计出相应的功能，减少活动开发的时间。

8.活动页面原型图

一方面，活动页面原型图反映了活动页面在用户面前的呈现效果；另一方面，活动页面原型图反映了技术人员设计出的页面效果。活动页面的完成是运营人员和技术人员共同努力的结果。为了保证活动能够在预定时间上线，需要运营与设计、技术做到无缝对接，避免内耗。

9.活动推广渠道

如果仅依靠活动自身的推广，效果会有一定的局限性，因此需要扩展活动的推广渠道，如微博、微信公众号、QQ群和微信群、问答平台等。

10.活动费用预算

进行活动策划时需要对活动费用进行评估，主要包括提供奖品的费用和推广渠道的费用等。需要注意的是，方案中的花费必须详细备注，对奖品的数量和价格以及推广渠道的账号都需要进行详细的表格展示。

11.活动总结

在活动开始后，营销人员应对活动数据进行监控，关注用户的参与情况、互动情况和反馈意见，及时调整活动中的不合理之处。另外，在活动结束后，需要对活动效果进行总结，以利于在下一次活动上改进。

三、活动运营的执行

活动的执行是活动运营的根基，优秀的策划没有好的执行，活动也达不到预期目的。活动运营执行阶段通常包括活动的预热、活动的传播、活动的数据监控和活动复盘四个环节，下面分别进行介绍。

1.活动的预热

用户每天都会面对各种企业的各类活动，活动预热就是为了让用户了解活动，提醒用户准时参加，并点燃用户的活动热情，调动用户参与的积极性。这也是为什么很多企业在活动开始前、产品促销前会进行歌舞等表演的原因。

活动预热就是前期宣传阶段。在这个阶段，企业可以有意无意地释放一些内幕消息，如奖品设置、活动参与流程、邀请的重磅嘉宾等。这些消息如果是爆炸性的，就能够引起媒体的争相报道和用户的口口相传。活动预热时需要掌握关键的一点，就是要告知用户参与活动会给他们带来切实的利益，让他们觉得不参加此次活动是个巨大的损失。同时，要营造出一种急迫感和稀缺感，如"活动通道报名名额剩下最后5名""活动一票难求""过时不候"等。活动预热越成功，人气越火爆，营销效果就会越明显。但切记，活动预热时不要刻意"欺骗"大家，一定要诚实守信，否则将带来负面效应，造成不可估量的损失。活动宣传的持续时间不宜过长，否则会降低消费者的参与兴趣，一般来说最长不超过15天，这样会使消费者产生一定的紧迫感，提升其参与的积极性。

另外，应选择在合适的时间发布活动预热消息，通常可以选择在线人数多的时候，如中午午休时间、下午上班时间等。同时，可借助直播、视频、微信、微博等多种营销渠道和方式发布活动预热消息。

2.活动的传播

活动营销的对象不同，传播渠道和传播形式也不同。要想实现优质的引流，活动的传播应主要面对三个层面的对象，分别是行业意见领袖、媒体平台和用户。

（1）行业意见领袖。如果邀请的活动嘉宾的知名度和影响力比较高，是行业内的知名人物或行业意见领袖，那么他们本身就会吸引行业的关注，自然就会产生巨大的影响力。此外，还可选择行业内知名的合作伙伴，借用其资源和力量，打造含金量更高的活动，以此扩大活动的覆盖人群和影响范围。

（2）媒体平台。它是活动的宣传平台和报名通道。媒体平台的选择对活动影响力也有一定的作用。企业通常会选择覆盖面更广的媒体平台，如微博、微信等新媒体，使活动产生更大的影响力；或通过行业垂直领域内的知名新媒体进行活动造势，如海鲜产品一般在直播或电商平台进行推广宣传。

（3）用户。营销活动需要用户的直接参与，以产生最直接的影响，带给用户好的服务体验，然后用户将成为活动的重要推力，活动口碑也将会通过用户的微信朋友圈等自媒体平台自动扩散。

3.活动的数据监控

任何活动都会经历起始、渐强、高潮、减弱、落幕五个阶段，其中起始、高潮、落幕3个阶段对消费者的影响最大。运营人员需要对各个阶段的数据进行跟踪和监测并及时分析，而后依据分析结果制定出改进策略。那么在一场运营活动中到底有哪些数据需要运营人员时刻关注呢？通常，整个活动中很多节点都需要进行数据监控。例如，推广渠道的引流效果，包括不同渠道的用户来源、不同地域的用户来源、不同渠道的投入产出比等；用户参与活动情况，包括到达着陆页的用户数量、流失的用户量等。运营人员应及时查看活动的数据变化，能够知道哪个渠道的推广效果不好，哪个页面的跳转流程导致用户流失量增大等，以便针对不合理的地方进行及时处理。例如，通过数据监控，发现活动流程问题导致用户流失严重，此时便可对不合理或者繁杂的流程进行删减，并尽快地进行活动产品的迭代，按照新的流程尽快生产产品。如果是推广渠道出现了问题，可以对与活动推广相关的文案、美工或者传播的地域和人群进行调整。

4.活动的复盘

在活动运营中，我们经常会听到"复盘"这个词。复盘的概念最早来源于围棋，是围棋中的一种学习方法，指对局完毕后，复演该盘棋的记录，看看哪里下得好，哪里下得不好，对下得好和不好的地方进行分析和推演。简单地讲，复盘就是重新演绎过去做的事情，从而加深对这件事的理解。

每次活动结束之后，都应该认真做好复盘工作，对整个活动的细节、数据进行分析。进行活动复盘，能够得到有关活动成功、活动不足、用户的喜好等非常有价值的信息，以便为下一次活动提供经验和参考。活动复盘包括回顾活动目标、呈现数据结果、深入分析差异和导出经验总结四个方面。

不管是失败的活动运营还是成功的活动运营，都要进行复盘。失败的活动运营通过复盘可以找到失败的原因，吸取其中的教训；成功的活动运营通过复盘可以总结成功的经验。

【素养课堂4-1】

以身作则弘扬新时代企业家精神

习近平总书记在党的二十大报告中指出："完善中国特色现代企业制度，弘扬企业家精神，加快建设世界一流企业。"党的十八大以来，以习近平同志为核心的党中央高度重视企业家群体和企业家精神在国家发展中的重要作用。在江苏考察调研时，习近平总书记称赞张謇为新时代"中国民营企业家的先贤和楷模"。

（1）厚植家国一体的情怀。苟利国家生死以，岂因祸福避趋之。一名优秀的企业家，必然会把企业发展同国家繁荣、民族兴盛、人民幸福紧密地结合在一起。清末民初的爱国企业家张謇，为抵制帝国主义的侵略，毅然放弃功名仕途，回到家乡发展民族工业，一生致力于"实业救国"。

（2）勇当创业创新的先锋。实体经济是国家经济的立身之本、财富之源，是构筑未来发展战略优势的重要支撑。建设现代化产业体系，必须打赢关键核心技术攻坚战，加快实施创新驱动发展战略，形成以创新为主要引领和支撑的实体经济体系。

（3）争做诚信守法的表率。对人以诚信，人不欺我；对事以诚信，事无不成。诚信是企业经营的基石，守法是企业生存的保障。诚信守法既是所有企业的经营之道、立足之本，也是推动经济平稳发展、维护社会和谐稳定的必然要求。所有企业家都应当牢固树立诚信为本、诚信兴商的思想，自觉履行劳动法、反垄断法、知识产权法等法律条款规定的义务，提高诚信意识，强化守法观念，争做诚信守法的表率，推动经营发展行稳致远。

（4）弘扬兼济天下的品格。企业既有经济责任、法律责任，也有社会责任、道德责任。

（5）拓宽接轨国际的视野。企业家们应当立足中国，放眼世界，提高把握国际市场动向和需求特点的能力，提高把握国际规则的能力，提高国际市场开拓能力，提高防范国际市场风险的能力；依托我国超大规模的市场优势，以国内国际双循环吸引全球资源要素，增强国内国际市场资源联动效应，带动企业在更高水平的对外开放中实现更好发展。

资料来源　高轩. 以身作则弘扬新时代企业家精神［EB/OL］.［2022-11-25］. httpsmp.weixin.qq.coms__biz=MzIwMTE0ODk4Mw=　&mid=2649775545&idx=5&sn=6c05c2ffb03b57ba3060c23013d3ec29&chksm=8ef6a2e1b9812bf7defdabe510f9a890eedee9ed880398d70bb548395a454b93126378ecdfb3&scene=27.

【实训项目】

微信图文消息的策划、编辑与发布

一、实训目的

（1）掌握图文消息的标题、正文的写法及图片的设计内容。

（2）能够使用编辑器完成图文消息的排版。

（3）培养学生的文化素养、道德修养和爱国情操。

二、实训要求

（1）具备一定的文学功底和审美能力。

（2）具有一定的信息敏锐性，能够抓住当下的热点话题。

三、实训内容

（1）以航天云课堂为主题制作一篇图文消息。

据中国载人航天工程办公室消息，北京时间 2025 年 4 月 24 日 17 时 17 分，搭载神舟二十号载人飞船的长征二号 F 遥二十运载火箭在酒泉卫星发射中心发射，约 10 分钟后飞船入轨，发射圆满成功。23 时 49 分，飞船对接空间站天和核心舱径向端口。3 名航天员陈冬、陈中瑞、王杰将与神舟十九号乘组"太空会师"。在空间站期间，他们将开展空间生命、微重力科学等多项试验，进行出舱作业。此次任务是空间站应用发展阶段的第五次载人飞行，意义重大。

（2）使用秀米编辑器完成图文消息排版。

（3）发布到微信公众号上，请你身边的同学浏览并提出修改意见。

四、实训方法与步骤

（1）资料收集：根据实训内容收集与航天相关的图片与文字信息。

（2）资料整理、分析与制作：①确定标题及子标题；②撰写正文内容；③进行图片设计，并将其插入正文中；④进行文章排版，设置统一的风格样式，对文章内容的字体、字号、颜色、页边距、对齐方式进行设置，对图片的大小、样式进行设置，并插入合适的边框、线条、图形等素材；⑤预览后发布到微信公众号上，分享给同学。

（3）成果展示：小组课堂展示汇报。

（4）实训考评：教师根据学生实训成果的汇报情况，对学生的表现进行点评；学生自评、互评，最后由教师进行总结。

【本章小结】

本章测试

答案

【本章测试】

一、单项选择题

1.移动商务运营是围绕（　　）而展开的一系列计划、组织、实施和控制活动。

A.产品管理　　　B.人员管理　　　C.财务管理　　　D.物流管理

2.移动商务运营和移动商务营销的主要区别在于（　　）。

A.都需要进行用户分析

B.移动商务运营偏向内部工作，移动商务营销偏向外部工作

C.都需要进行产品策划

D.都需要收集用户反馈

3.（　　）不是移动商务运营的基本模块。

A.用户运营　　　　　B.产品运营　　　　　C.市场调研　　　　　D.内容运营

4.在移动商务运营中，用户画像的主要作用是（　　）。

A.提高产品销量　　　B.指导产品研发　　　C.降低运营成本　　　D.增强用户黏性

5.产品需求分析的基本考虑因素不包括（　　）。

A.战略方向　　　　　B.产品定位　　　　　C.市场规模　　　　　D.用户需求

6.竞品分析的主要目的是（　　）。

A.了解用户需求　　　　　　　　B.提高产品质量

C.验证产品可行性　　　　　　　D.增强用户黏性

7.在内容运营中，UGC是指（　　）。

A.用户生成内容　　B.专业生成内容　　C.营销内容　　D.品牌内容

8.（　　）不是内容运营的表现形式。

A.文字　　B.图片　　C.实体商品　　D.视频

9.在移动商务运营中，用户（　　）的目标是保持用户满意度、提升用户忠诚度。

A.引入期　　B.成长期　　C.成熟期　　D.流失期

10.在活动运营中，活动的预热阶段主要是为了（　　）。

A.提高产品质量　　B.吸引用户关注　　C.降低运营成本　　D.增加销售渠道

二、多项选择题

1.移动商务运营的主要模块包括（　　）。

A.用户运营　　B.产品运营　　C.内容运营　　D.活动运营

2.用户画像的维度通常包括（　　）。

A.基本特征　　B.行为特征　　C.偏好特征　　D.社交特征

3.产品运营的核心环节包括（　　）。

A.产品需求分析　　B.竞品分析　　C.用户画像绘制　　D.推广方案策划

4.内容运营的方式有（　　）。

A.自运营　　　　　　　　B.第三方平台运营

C.实体店铺运营　　　　　D.合作伙伴运营

5.活动运营的主要类型包括（　　）。

A.品牌曝光类活动　　　　B.拉新类活动

C.促活类活动　　　　　　D.转化变现类活动

三、简答题

1.简述移动商务运营的内涵。

2.简述用户运营的核心工作及其重要性。

3.简述产品运营的核心内容及其作用。

4.简述内容运营的主要作用及其在移动商务运营中的重要性。

5.简述活动运营的主要目的及其在移动商务运营中的作用。

四、材料分析题

欧莱雅护肤品营销

欧莱雅公司根据相关调研发现，男性消费者初次使用护肤品和个人护理品的年龄已经降到22岁左右，男士护肤品消费群体的年龄区间已经获得较大程度的扩张。虽然消费年龄层正在扩大，但即使是在经济最发达的北京、上海、深圳等一线城市，男士护肤用品的销售额也只占整个化妆品市场销售总额的10%左右，全国的平均占比则远远低于这一水平。作为男士护肤品牌，欧莱雅对该市场的上升空间充满信心，期望进一步扩大在中国年轻男士群体中的市场份额，巩固在中国男妆市场的地位。

欧莱雅经调研后推出了新品男士BB霜，希望迅速占领中国男士BB霜市场，树立在该领域的品牌地位，并希望打造成为年轻男性心目中人气最高的BB霜产品。欧莱雅男士BB霜目标客户定位于18～25岁的人群，他们是一个热爱分享、热衷于社交媒体并已有一定护肤习惯的男士群体。

为了提升该产品的网络知名度，欧莱雅针对目标消费人群，开设了名为"型男成长营"的微博和微信账号，开展一轮单纯依靠社交网络和在线电子零售平台的营销活动。首先，欧莱雅在微博上发布话题，引发了针对男生使用BB霜的接受度讨论，发现男生和女生对男生使用BB霜的接受度都大大高于人们的想象，为传播活动奠定了舆论基础。其次，邀请明星代言人加入，并发表属于他的"先型者宣言"，号召广大网民通过微博申请试用产品，发表属于自己的"先型者宣言"。微博营销产生了巨大的参与效应，更将微博参与者转化为品牌的主动传播者。最后，欧莱雅在京东商城建立了欧莱雅男士BB霜首发专页，开展"占尽先机，万人先型"的首发抢购活动，设立了欧莱雅男士微博部长，为BB霜使用者提供一对一的专属定制服务，并开通微信专属平台，每天及时将新品上市、使用教程、前后对比等信息通过微信推送给关注巴黎欧莱雅男士微信公众号的每一位用户。

活动开展两个月内，在没有任何传统电视广告投放的情况下，覆盖人群达到3 500万，超过30万用户参与互动。在整个微博试用活动中，一周内就有超过70 000位男性用户申请了试用，在线的预估销售库存一周内即被销售一空。

资料来源 作者根据网络相关资料整理.

结合上述案例资料，回答下列问题：

（1）欧莱雅采用了哪几种运营方式？

（2）欧莱雅的用户"拉新""留存""促活"工作是如何进行的？

第五章 移动商务营销

【学习目标】

知识目标：

（1）熟悉移动营销思维，能举例说明移动营销思维的应用场景。

（2）了解不同阶段的营销策略，能说出移动营销策略的使用方法。

（3）掌握移动营销的主要渠道，能总结每种渠道的步骤和要点。

能力目标：

（1）能够灵活运用移动商务思维，策划企业营销活动。

（2）能够根据企业情况，选择合适的营销策略完成营销策划。

（3）能够整合主要移动营销渠道，发挥多渠道营销合力。

（4）能够分析相关营销数据，优化移动营销方案。

素养目标：

（1）具备创新意识，发挥移动商务营销在促进经济社会发展中的作用。

（2）具备与移动商务营销相关的法律意识和职业道德。

（3）践行社会主义核心价值观，致力于打造诚信网络空间。

第一节 移动营销思维与策略

一、移动营销概述

移动营销指面向移动终端（手机或平板电脑）用户，通过无线网络直接向目标受众定向和精确地传递个性化营销信息，并通过移动社交工具微网站、微店等网络渠道，与消费者开展信息互动，以达到市场营销目标的行为。

1.移动营销模式变革

近年来，移动互联网新产品、新应用、新模式不断涌现，带来蓬勃发展的生机与活力，引领新型经济模式，催生出信息消费新业态。直播平台和网红催生出网红经济，网约车、共享单车、短租市场等引领分享经济，移动应用平台深挖数据价值，加快了大数据经济的发展。

移动营销在广告形式、媒体环境、产业链、渠道等方面都有着新的发展趋势：移动端视频广告和原生广告的规模迅速扩大，场景营销概念开始流行；移动端流量变现加速，新渠道带来增量可能，移动营销企业的业务得以充分曝光，移动营销手段越来越多样化。

移动营销的发展变革体现在四个方面：①信息触达和用户体验：移动广告更像是用户真正需要的信息。②消费者洞察：移动端用户黏性强，场景丰富，可得到更全面的用户画像。③营销全过程的技术化：包括采买、创意素材、受众分析、效果监测等全流程都在向技术化发展。④数据价值变现：数据挖掘和定向优化，已经逐渐成为成熟的实践。

在移动广告领域，视频广告和信息流广告发展最快。国内视频App内容质量有显著提升，泛IP娱乐的火热、热门剧情话题的不断引爆、流行娱乐节目的引进和创新、网络视频自制剧的精彩，吸引了大批量的用户注意力。由于移动设备的便携性，越来越多的PC端用户转而使用移动端观看视频节目，移动视频的受众大量增长；而网络流量和广告主预算都集中到了移动端视频上，移动端视频广告兴起已成明显之势。

程序化购买助力移动端流量加速变现，引流加广告是互联网产品主流的商业模式，大多数移动应用也采用此种方式，用户对移动设备的使用时长增加，使用频率进一步提升，用户对移动端的依赖性增强，许多App的使用行为已经融入了用户的日常生活中。

2.移动营销的特点

移动营销的过程实际上是针对目标市场定位，通过具有创意的沟通方式，依托移动互联网，向受众传递某种品牌价值，以获益为目的的过程。移动营销行业的主体包括广告主、移动营销服务商、移动媒体和受众，营销行为基于移动互联网完成，核心目的是帮助广告主推广其产品或服务。移动营销的特点体现在以下几方面：

（1）便携性

移动终端具有先天的便携性，实用、有趣的手机应用服务让人们大量的碎片化时间得以有效利用，吸引越来越多的手机用户参与其中；平台的开放也给手机用户以更多个性化选择；基于信任的推荐将帮助企业快速形成品牌黏度。

（2）精准性

在浩瀚的人海中如何锁定与自己的项目相匹配的目标人群，并把新信息有效传播出去？营销人员可以借助手机信息投放系统，通过精准匹配实现信息四维定向（时空定向、终端定向、行为定向、属性定向），将其传递给与之相匹配的目标群体。

（3）成本低

由于移动终端用户规模大，不受地域、时间限制，基于移动互联网的移动营销具有明显的优势，以其低廉的成本、庞大的受众规模成为企业提升竞争力、拓展销售渠道、增加用户的新手段，并受到越来越多企业的关注。移动营销以其快捷、低成本、高覆盖面的特点与优势迎合了时代潮流和用户需求。

（4）互动性

移动营销具有互动性，借助QQ、微信等即时通信软件，双方交易、沟通时，可以方便地传递信息，交流方式从文字、图片延展到了语音和视频；用户可以在微博、微信社群中互动、关注、分享、转发、点赞等。

3.移动营销的作用

当前，移动营销已经成为一个不能忽视的渠道，很多公司已经把移动广告当作了第一位的营销方式。移动营销有助企业实现以下商业目的：

（1）推送产品信息

随着智能手机的普及，手机网民的数量在逐年递增，如今越来越多的人更习惯使用手机在线购物和支付。所以，借助移动媒体，开发独立的移动网上商城来进行移动网络营销，有利于企业直接通过手机向用户展示企业信息与产品信息，开展精准营销。

（2）提高站点访问量

当前，广告形态和广告媒体都在发生变化，移动广告在整个行业中的地位越来越重要。开展移动营销，是企业展现自身实力、与目标用户便捷沟通，同时方便手机用户随时随地地查询和浏览、提高企业站点访问量的重要手段。

（3）拓展新用户

当前，越来越多的企业都已认识到顾客的重要性，并加深了对顾客在帮助企业提升新的竞争力中所起作用的理解；企业基于营销与推广的需求，利用各类搜索技术、新兴媒体、网络广告等，将企业信息以丰富多彩的形式展现给有需求的客户，并开通官方微博、官方微信，积极搭建企业自媒体，吸引用户加入，开展粉丝营销，通过网络互动促成交易，从而有效地拓展新用户。

（4）开展促销活动

由于移动互联网信息传播快、展示佳，所以可以通过移动促销满足用户的需求，激发消费者的购买欲望，最终实现营销目标。比如，企业可以借助微信促销工具等，开展大转盘、摇一摇等移动促销；而微商城运营也离不开促销活动，如多人拼团、节日促销等，吸引用户的注意，扩大影响力。

（5）提高销售量

当前，诸多企业都开始重视移动端的用户市场，并且纷纷进行移动营销，开展移动业务和拓宽产品在移动端的销售渠道。企业的移动网上商城开发主要是为了增加产品的销售渠道，是企业开拓移动端市场所必备的工具。企业创建自己独立的移动网上商城，可以吸引更多的手机用户，并逐步提升产品的销量。

（6）提升品牌形象

企业借助移动媒体可以拉近与移动用户的距离，更快、更好地服务用户和粉丝，有利于企业和用户间建立一对一的联系，且对客户的咨询或者是投诉能够更快速地响应；客户只要通过移动网上商城直接咨询或投诉，企业就能够及时回应并为客户解决问题，从而增强用户体验，提升企业品牌形象。

4.移动营销方法

当前是移动营销的时代，用户依赖从手机上获取信息，新颖而有趣的内容最受用户欢迎。用户的移动社交与互动十分频繁。因此，商家必须重视移动营销。

当前，主要的移动营销方法包括移动广告、App推广、微信营销、微博营销、口碑营销、粉丝营销、病毒性营销、移动社群营销、网络直播营销、场景营销等。

其中，移动广告、App推广、病毒性营销等方法是原网络营销方法在移动端的应用；而微博营销、微信营销、移动社群营销、网络直播营销等方法，则是新出现的基于移动社交媒体的营销方法。

5.移动营销人员需要具备的素质

相较于传统的市场营销、网络营销，移动营销在渠道、技术运用、营销内容、信息沟通方式等方面有着显著不同，它具有技术性、多媒体性、互动性、精准性、即时性等特点。移动营销人员一般需要具备如下职业素养和能力：

（1）基本的职业素质

基本的职业素质包括较强的沟通能力、管理能力、协作能力、抗压能力，要具备良好的服务精神和服务意识，具有一定的创新意识和开拓精神，有较强的学习能力，具备良好的职业道德。

（2）较好的电商专业能力

一名合格的移动营销人员要懂互联网、懂电子商务，能够熟练应用计算机、智能手机、平板电脑等终端设备；要熟悉互联网、移动互联网的各种应用，包括搜索引擎、电子邮件、新闻客户端、网络论坛、网络博客、视频网站、直播网站、移动社群、知识社区、微博、微信等不同类型的移动社交软件，以及企业网站、淘宝网店、微店、微网站等网络交易平台。

（3）移动营销能力

移动营销能力具体包括：

①新媒体运营能力。在当前的移动互联网碎片化时代，微信、微博、抖音等新媒体App占据了人们大部分的社交与闲暇时间，这些移动应用的用户数量庞大，蕴含着巨大商机。营销人员可以从中挖掘种子用户，分析用户的需求，开展宣传推广工作。新媒体运营能力具体包括自媒体建设能力、内容建设能力、视频拍摄能力、粉丝运营能力、选品能力、移动媒体推广能力、客户服务能力等。

②营销策划与渠道投放能力。开展移动营销需要进行网络市场调研，分析用户的需求，研究市场竞争态势，制订移动营销方案，组织策划营销活动，借助各种移动互联网营销渠道，进行内容分发和信息推送。

因此，从业者要具备移动调研能力、用户需求分析与画像能力、营销方案与营销活动策划能力、广告策划能力、营销活动实施能力、渠道对比与选择能力、营销费用测算能力、内容分发能力等。

③文案策划能力，即内容建设能力。在移动互联网环境下，营销推广的内容载体主要有文字、图片、视频，无论哪种内容载体，都需要强大的文字功底来支撑。目前，50%的营销宣传内容都是文字形式的。要想写出好的文案，就需要深入了解自己的产品，并充分了解产品受众群体的需求。

文案策划具体需要学习和研究标题策划、开篇组织、内容策划、热点分析、文案结构规划、广告植入、软文写作技巧、借势营销、节日活动策划等内容。从业者要有较强的新闻敏感性和网络文案编辑、软文写作能力等。

④数据分析能力。移动营销要经常依托网站、网店、微信公众号、App等交易平台，一切活动都可以通过数据展现，运营即数据，数据会告知营销者一切信息。营销工作自始至终都需要不断收集店铺、用户的数据，了解活动方案和推广内容是否是用户喜欢的，广告的曝光率是多少，有多少的成交额等，通过这些运营数据了解营销效果、客户反馈、市场反应，不断改善、优化产品和营销方案。

因此，营销人员要会用相关数据分析软件，分析网店或商城的客户数据；负责网络数据的收集、整理和处理工作，做好详细的"数据传递记录"，能够进行数据整理、汇总分析、店铺数据管理等。

⑤移动营销工具应用能力。移动营销的基础是移动互联网，随着技术的进步，移动营销活动也越来越复杂，不再单纯是人际沟通、面对面洽谈、话术推销等方式。为了提升移动营销的效率、效果，增强营销活动的广度与深度，营销人员必须学会利用一些营销工具，如调研问卷、图片处理软件、视频剪辑工具、即时聊天软件、数据分析工具等。合理地运用工具会节省营销人员很多时间，且容易制作出高质量的推广作品，营销信息更容易被推送给大众用户。

6.移动营销岗位与职责

当前，我国移动商务呈现出良好的发展势头，企业应用成为移动商务发展的热点，呈现出广泛渗透、规模扩张的特点。移动营销市场也随之飞速发展，移动社交、移动视频、移动电商、移动资讯等平台近年来加速广告变现探索，已经成为移动营销市场的重要增长动力。

移动商务市场的高速发展造就了大量的人才需求，行业人才短缺是近年来的常态现象；移动营销是新兴领域，特别是随着移动社交平台的广泛使用、移动端交易额的不断提升，以及新媒体赢得用户的喜爱，对移动人才的需求更为旺盛。

据统计，移动营销领域企业人才招聘最为频繁，市场需求最为旺盛的岗位包括新媒体运营、微信营销、文案策划、信息编辑、视频拍摄、视频剪辑、网络美工、微店运营等。

虽然不同公司招聘的移动营销人才的岗位名称与岗位描述略有差异，但整体上，移动营销领域中的主要工作岗位内容及从业者应具备的职业能力大体相同，见表5-1。

表5-1　　　　　　　　　　　移动营销主要工作岗位

工作岗位	工作岗位内容	应具备的职业能力
微信营销	负责建立微信群，开展微信群营销；负责微信公众号的管理与运营工作，能完成公众号加粉、信息策划、编辑、推送任务；能够策划微信专题与活动	熟悉微信群营销、微信编辑工具和微信公众号运营；具备文案策划和推广能力；能策划微信专题，开展微信互动；善于把握社会热点，能策划年轻人喜爱的文案
新媒体运营	负责微信、微博、直播平台等新媒体运营工作；能够撰写文案、策划专题、推送信息；开展企业或产品的策划与宣传工作；增加粉丝，提高关注度、活跃度	熟悉互联网媒体传播特点，具备较强的新媒体运营能力，具备文案物料信息编辑能力；具有新闻敏感性，能开展策划专题活动
文案策划	负责移动营销文案和推广软文撰写，编写策划方案，参与产品广告策划，完成其他文字工作；负责为各项销售及促销活动提供创意性文案	具备较强的新闻敏感性，能进行产品文案策划；具有较强的编辑整合能力，能对产品创意和产品卖点进行深入发掘和提炼，撰写产品广告文案；文字功底深厚，具备优秀的文案编辑和撰写能力；能够准确捕捉产品亮点，有创新思维
营销策划	负责微博、微信产品文案、微信公众号活动策划；负责各类文案策划及撰写，包括广告文案、产品宣传推广文案；负责营销活动规划	具有独立的思考能力、解决问题的能力及敏锐的洞察力；具备营销活动策划能力；有营销创意及微信公众号等营销策划经验

续表

工作岗位	工作岗位内容	应具备的职业能力
视频剪辑	负责公司所需要新媒体短视频的剪辑与后期制作；负责短视频、文字、标题等的编辑；对视频进行筛选、剪接、编辑、修饰、音频处理	有视频剪辑经验，具有较强的剪辑能力，能熟练使用剪辑软件独立完成剪辑工作；能够对视频内容进行二次创作，有良好的影视镜头感和节奏感；对音乐、画面有一定的品位和鉴赏力；拥有较强的学习能力
网络美工	负责网店、公众号等平台的装修设计、视觉设计、界面设计；承担网店产品拍摄、图片设计与修饰工作；能根据营销要求进行创意设计	熟练使用各种绘图工具，具有扎实的美工功底，懂色彩搭配，对页面布局有独到见解，有创造力，懂摄影艺术，熟悉PS软件
网络客服	负责网站、网络店铺的客服工作，与客户沟通，完成销售和售后任务	熟悉网店客服工作，沟通、协调能力强；熟悉客服技巧和沟通礼仪；具备较快的打字速度和熟练的客服话术
网络主播	担任网络主播，与粉丝进行网络聊天；通过演唱歌曲等才艺与粉丝互动；能担任网络主持，参与线上线下娱乐互动活动	熟悉网络直播与运营；拥有才艺表演或主播经验；具有直播运营能力、视频内容运营经验；能独立完成活动策划及直播活动；熟悉网络直播设备

在移动营销活动中，企业要想取得理想的营销效果，需要掌握社交、网媒、应用市场三大媒体核心资源，覆盖尽可能多的移动用户，并努力做好新媒体运营和渠道推广工作，对用户精准营销。

当前，信息技术不断进步，移动媒体不断推陈出新，这对移动营销人员提出了更高要求，要争取成为复合型人才，具备多种技能和全面的素质，要不断积累经验，强化新的技能，提高自己的职业竞争力，适应移动互联网行业快速发展变化的特点。

【知识拓展5-1】

让"正能量"和"大流量"双向奔赴

"正能量"是网络空间的精神脊梁，它代表着积极向上的价值观、温暖人心的情感和鼓舞人心的力量。无论是普通人在困境中坚守善良的感人故事，还是科技创新领域的重大突破，这些向善向上的内容都能引发人们的情感共鸣，激发人们的奋斗精神。

"大流量"是网络传播的强大引擎。在信息爆炸的时代，流量意味着关注度、影响力和传播力。拥有大流量的网络平台和内容能够迅速吸引大量用户的目光，将信息传递到更广泛的受众群体中。大流量为正能量内容的传播提供了广阔的舞台，使正能量能够突破地域和人群的限制，在更短的时间内产生更大的影响。同时，大流量会不断吸引更多的创作者和参与者加入传播的行列中来，形成良性循环。

"正能量"与"大流量"的双向奔赴，是网络传播发展的必然要求。一方面，正能量内容需要借助大流量的传播力来扩大影响力，让更多的人感受到正能量的魅力。只有当正能量内容成为网络流量的主流，才能真正发挥其引领社会风尚、凝聚社会力量的作用。另一方面，大流量也需要正能量内容来提升品质和内涵。只有让正能量成为网络流量的核心价值，才能使网络传播真正服务于社会发展和人民幸福。

资料来源 李群. 让"正能量"和"大流量"双向奔赴［EB/OL］.［2025-03-30］. https：//baijiahao.baidu.com/s？id=1828031690487110069&wfr=spider&for=pc.

二、移动营销思维

移动互联网在很多方面颠覆了传统的互联网思维，以日新月异的趋势开拓出很多新业务，要想跟上移动互联网时代的潮流，学习和运用移动营销思维是一项必修课。

1.免费思维

免费思维是通过前端绑定后端的产品或服务来获客。前端的产品或服务是免费的，后端的产品或服务是付费的，从而达成最终的转化，以实现利益最大化。免费思维的核心思路是核心产品免费，增值业务赚钱。例如，腾讯公司通过QQ即时通信软件的免费使用招揽了海量的用户，QQ平台上的诸多产品，也都是免费的模式，如QQ空间、视频、游戏等，而免费的背后，每个产品都提供更深层次的高级别服务，这些延伸服务就成为核心盈利点。免费的主要模式有：

（1）体验型模式

体验型模式，是客户先进行体验，获得客户的信任后再成交的方式。这种模式具体可以分为两种：一种是企业设计用于体验的产品，客户免费体验该产品，感觉良好后再进行消费；另一种是与时间挂钩的免费体验，就是客户在特定时间内，可以免费体验该产品，而后付费进行长期使用。

（2）第三方付费模式

消费某个产品的客户将获得免费机会，而真正付费的是想拥有客户的第三方，如很多地方报纸、杂志等，消费者可免费领取产品，而付费者是第三方企业。

（3）产品型模式

它是指通过对某一产品的免费使用来吸引客户，而后进行其他产品的再消费方式。产品型模式是产品之间的交叉型补贴，即某一个产品对客户是免费的，而该产品的成本由其他产品补贴。产品型模式分为三种：①诱饵产品设计。设计一款免费的产品，吸引大家使用，目的是培养大量的潜在目标客户。②产品配套设计。客户将免费获得企业的某个产品，但是与该产品相关联的产品耗材需要客户付费。③产品分级设计。客户可以免费得到普通版产品，高级版本或个性化产品需要客户付费。

（4）客户型模式

它是指通过对其中一部分人群免费，从而获得另一部分消费人群的模式。该模式要求企业找到一部分特定的客户采取免费模式，对另一部分客户则采取更高收费的模式，实现客户与客户之间的交叉性补贴。这种模式设计的关键在于找到特定的客户群。例如，女士免费，男士收费；小孩免费，大人收费；老人免费，家属收费等。

（5）时间型模式

时间型模式是指在某一个规定的时间段内对消费者免费。例如，月中的某一天，或周中的某一天，或一日中的某个时间段。采用这种模式时，要将具体的时间固定下来，让客户形成时间上的条件反射。该模式对客户的忠诚度宣传有极大的作用，另外客户还会消费其他产品，实现产品之间的交叉补贴。

（6）功能型模式

功能型模式是指将其他产品的功能集成在主要产品上，让客户获得免费的使用机会。例如，使用支付宝可免费骑行共享单车七天；某邮箱提供免费微盘的功能等。

（7）增值型模式

为了增强客户的黏性，使其重复性消费，企业对客户提供免费的增值型服务。例如，网购达到一定额度可以包邮，指定服装可以免费烫洗，购买化妆品可以享受免费美容培训，在有赞微商城开店可以获得免费的开店培训等。

2.粉丝思维

（1）概念

粉丝思维是在如今以微博、微信等社交媒体为载体的环境下，消费者群体中形成的一种具有品牌依赖性和黏度的消费思维模式。

粉丝思维能提升品牌产品销量，使得品牌产品拥有固定的销售方向。粉丝思维会给品牌产品带来粉丝黏度，从而逐渐带动粉丝经济的发展。粉丝思维能给品牌带来正向口碑传播，学会粉丝思维，能给企业带来巨大利益。企业要培养粉丝思维，就需要重新定义品牌的理念和价值主张，吸引粉丝；将品牌打造成粉丝们温暖的精神家园，激发粉丝的激情和参与感。

例如，自媒体"罗辑思维"一经推出就斩获了无数粉丝，它通过优质内容将有相同价值需求的用户聚集在一起，通过收会员费赚取利益。同时，以粉丝群体为基础，向需要精准营销的品牌提供合作机会，自己则作为社群与品牌的联结介质，获得稳定收益来源。

（2）粉丝运营策略

①偶像策略

企业开展粉丝运营，可借助偶像效应，以明星为产品代言人和话题中心，将内容传递给受众，建立偶像、产品、粉丝之间的三边关系。通过偶像与品牌的互动，激发粉丝的个体潜力，实现粉丝与产品在情感上的紧密联系。

②拓展理念

概念烘托、限量供应、服务取胜、口碑相传、互动活动、搭建平台是粉丝运营收到实效的几个重要方面。

•概念烘托。它是公司将市场需求和产品开发同步进行的结果。消费者只要对产品产生期待，经济效益就会接踵而至。进行产品设计时要保证新产品适销对路，在促销活动中要做到重点突出并保留神秘感。

•限量供应。它对用户的吸引力很大。苹果公司前几年的饥饿营销不仅吸引了大量的粉丝，还让企业收益创下新高。如今这种营销策略仍然有效，秒杀和低价相继成为网络交易的新热点。

•服务取胜。凭借遍及全国的售后服务网络，通过优质客户服务说服消费者，让消费者成为产品的粉丝。

•口碑相传。粉丝经济的命脉就是粉丝应援互动平台，平台上的人大多是具有强消费能力和高活跃度的粉丝；除具有消费能力外，甚至可以在平台上对接粉丝站，与明星、企业、商家面对面交流。

•互动活动。它是粉丝经济的主要助推力。例如，小米公司联合 B 站举办"米粉科技狂欢节",与海量"米粉"热烈互动。活动不仅开放工厂参观,让粉丝近距离感受产品生产流程,还举办线上线下的科技主题派对,结合限时优惠购买手机、智能家居等产品。活动以丰富的内容和强大的吸引力,带动了智能产品的消费热潮。

•搭建平台。目前,市场上的粉丝互动平台纷纷崛起。支付宝在2023年的"集五福、送红包"活动中,增添了更多创新玩法。除了传统AR扫福字、写福字集福方式外,还引入多种趣味小游戏,像福气乐园中用户生成数字形象互动、玩福气兔等游戏积攒福气值换红包。活动期间,大量用户积极参与,将平台的影响力推向新高度,支付宝软件也进一步稳固了其作为"粉丝经济"重要载体的地位。

③推广模式

无论是社群还是粉丝,最关键的是信任感。因此,商家要紧紧围绕这三个字创新有效的推广模式。

粉丝运营,首先,就是要吸引粉丝,可以举办一些示好的活动或公益活动,如抽奖活动、互粉求关注、用话题悬念等来吸引粉丝;其次,制作有吸引力的内容,平台互动圈定粉丝;最后,让粉丝成为真正的主人,紧跟粉丝的思维和关注点。

当得到粉丝深度信任的时候,粉丝不仅会消费产品,而且会主动传播产品相关信息。那时候,就不是明星代言产品了,而是让粉丝成为品牌的代言人。

④营销策略

从产品策略的角度来看,粉丝是全新的一类消费群体,因此要根据粉丝的需求与爱好来定位目标商品。目前,市场上利用粉丝思维开展营销,最成功的就是手机、化妆品类商品,因其种类多样、品牌繁杂而在"明星引导、粉丝购买"方面效果显著。

从价格策略的角度来看,由粉丝经济所带动的目标产品的定价不宜过高。因为粉丝的消费水平参差不齐,过高的价格定位会将部分潜在消费者拒之门外,而粉丝群体人数上的优势也将不复存在。

从渠道策略的角度来看,营销媒体的选择也应与粉丝群体的特点相匹配。移动互联网时代,粉丝群体多集中于15~35周岁。企业可以选择新媒体,如微信公众号、微博、抖音等平台,以取得一呼百应的效果。

从促销策略的角度来看,应紧紧抓住企业(产品)对粉丝的吸引力,可通过"购买产品即可与明星互动"这一理念进行销售。例如,微博推出了"明星V+会员"服务,成为会员的粉丝不仅可享受评论靠前、评论区标志等特权,还可收看和收听明星的独家视频、图片及语音,与明星形成一个非公开的小社群。

3.社群思维

人与人通过某种媒介的联结和互动,就形成了关系,联结这两个人的线条就是社交。现实中,多个人在一起互动、交流、协作,这种社交关系形成了面,就是社群。社群的特点是有稳定的群体结构和较一致的群体意识;成员有一致的行为规范、持续的互动关系;成员间分工协作,具有一致行动的能力。

【知识拓展5-2】

网络社群及其发展阶段

广义的网络社群是指随着互联网的出现而实现的用户基于网络平台的聚合与交流。互联网的出现是网络社群产生的基础，网络平台的更迭、社群成员需求的变化、新的商业模式，三者共同推动网络社群发展。网络社群可以大致分为三个阶段（如图5-1所示）。

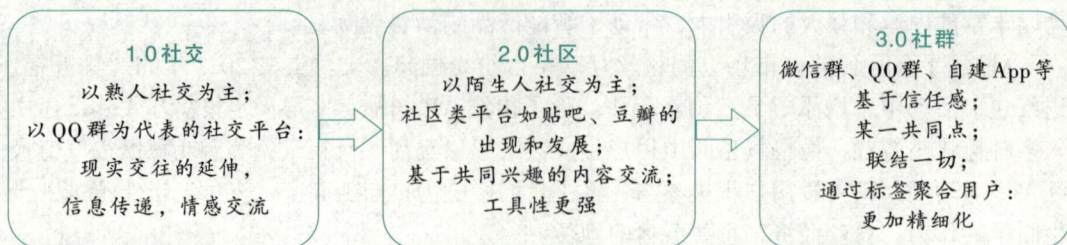

1.0社交	2.0社区	3.0社群
以熟人社交为主； 以QQ群为代表的社交平台： 现实交往的延伸， 信息传递，情感交流	以陌生人社交为主； 社区类平台如贴吧、豆瓣的出现和发展； 基于共同兴趣的内容交流； 工具性更强	微信群、QQ群、自建App等 基于信任感； 某一共同点； 联结一切； 通过标签聚合用户： 更加精细化

图5-1　网络社群发展阶段

社群是有共同爱好、需求的人组成的群体，有内容、有互动，由多种形式组成。社群实现了人与人、人与物的联结，提升了营销和服务的深度，建立起了高效的会员体系，增强了影响力和用户的归属感，为企业发展赋予新的驱动力。

（1）社群思维特性

移动互联网的发展让更多的移动终端成为传播入口，形成了一种去中心化的传播方式。任何企业都可以与用户零距离接触，这为产品的推广和销售带来了强大的保障，所以企业一定要具备社群思维。

社群是移动互联网时代用户一种新的生存方式和生存载体，它构建了许多新的社交关系和链接，社群思维就是基于这种关系而产生的。

① 从实质上来说，社群思维就是圈子思维，以多人的思维模式来调动集体的智慧，最后形成一股强大的力量。

② 社群思维也产生了新的客体链接关系，也就是去中心化的口碑传播，企业可以借助社群思维开展高效、快速的免费传播活动。

③ 社群思维就是用户"蓄水池"，企业想要留存粉丝，有多个维度需要考量，包括目标受众定位、产品使用场景定位、品牌定位等，而社群是留存粉丝、用户运营的良好载体。

（2）社群思维的主要方式

① 借力思维：人与人之间建立长期关系的本质是双向奔赴，而不是单向信息的输入；用户深度参与后会更加认可产品，甚至会自动推广。例如，小米手机的发烧友通过社群头脑风暴给出产品迭代建议，然后又去买有自己脑力贡献的手机。购买产品的用户在服务型社群的吐槽大会中，发布产品迭代方向和需求信息，群员因此更愿意认可、转发相关内容。

② 服务思维：提供超预期体验的做法胜似销售。例如，华为门店人员解决用户问题，看似不做销售，但是胜似销售。

③ 复利思维：不止带来眼前的金钱，还有长期的认知，如财富、人脉、经验、影响力等。建立利他的价值观，不要计较短期的得失，这样才能产生长期的价值。例如，打入社群，获得人脉，为大家分享知识，整理笔记。

④ 共生思维：共生永远大于竞争。例如，樊登读书兼职社群体系、分销体系，用户更懂用户，业务跟用户一起成长。

【案例阅读5-1】

罗辑思维

罗辑思维是由两位知名媒体人合作打造的知识型自媒体社群。"罗辑思维"长视频脱口秀于2012年12月21日在优酷视频上线，最早是每周一更。视频中，创始人分享个人读书心得，启发观众独立思考。其以丰厚的知识积累和独特的表达风格，在互联网视频中脱颖而出。后来，在视频的基础上，罗辑思维又衍生出微信语音、图书（含纸质版、电子版）、线下读书会等多种互动形式，主要服务于"80后""90后"中有"读书求知"需求的群体。罗辑思维的广告语包括"有种、有趣，有料""做大家身边的读书人"，其定位是打造自由人自由联合的知识社群。2016年，"得到"App上线，罗辑思维演变成平台的引流端，在个人品牌之外推出了其他"大咖"的收费课程。发展至今，《罗辑思维》节目在优酷、喜马拉雅等平台的播放量累计超过10亿人次，每一集平均播放近300万次。罗辑思维巧妙借助粉丝经济，牢牢抓住知识付费的发展机遇，创始人也一跃成为国内极具影响力的知识"网红"之一。

4.场景思维

（1）概念

场景，原意是指戏剧或电影中的场面。移动营销中也需要场景，就是移动用户所处的营销情景。改善营销场景有助于增进消费体验、促进消费，因此商家越来越重视营销场景的打造。移动互联网的发展，使得人与商品、人与服务、人与人之间产生了更强的链接能力。这种链接给信息传递、需求唤醒、用户体验、产品交付等都带来了便利。在当下的传播环境中，企业开发一个新产品，要想卖得好，必须占领消费者生活的时间和空间，要在其消费的具体情景中寻找产品卖点。

场景思维其实是从用户的实际使用角度出发，将各种场景元素综合起来的一种思维方式。目前的消费场景不再是以往相对单一的以购物为主，已经变得更加丰富多样，如居家、购物、餐饮、出行、社交、娱乐等。当前，消费场景已经更多地转向健康、运动、旅游、休闲、文化、社交等，以吸引更多的消费者的关注。

（2）场景要素

场景包含四个要素：时间（Time）、空间（Space）、人物（People）、事件（Event），可归结为场景"STEP"原则，核心目标是给用户提供更加贴心的解决方案（如图5-2所示）。

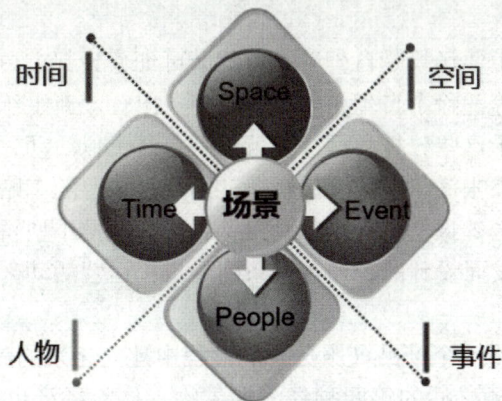

图5-2　场景的四要素

①人物。人是场景里的主体，商家对主体的研究就是给用户画像，了解一个人群的年龄层次、性别构成、地域分布、收入以及喜好等；然后就产品、运营、销售等问题进行相关设计、运营与营销策划。营销者要能参透用户需求背后的心理动机，把握用户的心理状态，然后结合特定场景激发用户产生消费行为。

比如，小米在手机系统中加入"老人模式"，特意放大了字体，并精简了功能，就是针对"老年用户使用手机"的这一场景来进行产品设计的例子。

②时间

场景发生的时间维度，是场景化营销中较大的一个变量因素。在把握个体触景生情的情感反应时，时间具有随机性、不确定性和顺时性等特征，但是人们对特定情感的存储是有记忆的，场景化营销要做的就是"激发"，然后尝试着满足这种情绪状态，尽量做到场景和情感联结的连续触发。

比如，喜马拉雅瞄准人们充分利用时间的需求（目标市场），开拓"新声活"场景，把"听"从消遣进化为学习、社交与娱乐行为，从早晨起床的音乐闹钟，到驾驶汽车时的有声小说，到晚上睡觉播放催眠音乐等，成为一种新的生活方式。

③空间

任何事情的发生、发展都要依托一定的物理空间而存在，只不过场景化营销的物理空间有特定的要求，如背景音乐、灯光色彩、周围道具的摆设、装修风格、气氛等。因为场景化营销中很重要的一点便是用户的很多需求往往是对外在环境的应激反应。

比如，力美科技是中国领先的场景智能营销公司，它借助公交车、地铁站、咖啡馆、火车站、酒店等公共场所提供 Wi-Fi 入口，接入用户相应的出行、休闲、购物场景，进行定向推广营销，这样广告可以通过网络流量入口覆盖各个受众人群，集群优势明显，覆盖面大。

④事件

场景化营销中发生的人与人之间的互动关系称为"事件"。所谓互动关系，即产品营销与用户情感需求的交互与匹配响应。要满足用户在不同场景下不同的情感诉求，烘托现场情绪，实现营销内容和个体的情感共鸣，营销者需要在场景内容上多下功夫，即需要在产品设计和运营规划时考虑到场景内容的关联性、趣味性，通过好玩、好上手的设计与内容将碎片化的情感诉求转变为"群体"的共鸣反应。产品运营者再借助互动、鼓励等方法提高营销转化率。

比如，租车产品的主要场景是自驾游，自驾游可细分为都市白领、学生短途周边自驾游和旅游爱好者长途游等。除了自驾游外，还有商务出行、新手练车、春运回乡用车、出险替代用车等场景。基于这些分析，运营者就可以包装类似活动，如一线城市"全家周边游"打八折，还提供户外帐篷，主推家用轿车；川藏长途游随车赠送探险装备，主推越野车型；本本族练车则赠送 2 小时、提供 58 元陪练服务，主推小型轿车等。这些套餐都是从用户的使用需求角度出发而设计的，通过一系列场景化运营活动来实现业务目标。

5.体验思维

体验，是在用户使用一个产品（服务）的过程中建立起来的纯主观的一种心理感受。它是继产品、商品、服务之后的第四种经济提供物。体验经济也是继农业经济、工业经济、服务经济后出现的第四个人类的经济生活发展阶段。

体验思维是企业以服务为舞台，以商品为道具，围绕着消费者打造出值得消费者回忆的活动，人们在获得物质享受的同时，得到精神享受。其中，商品是有形的，服务是无形的，而创造出的体验是令人难忘的。体验思维是连接消费者和生产者之间的桥梁，其核心目的是通过体验让用户对公司的品牌产生忠诚度。

比如，当咖啡被当成货物贩卖时，一磅只卖300元；如果能让咖啡成为一种香醇与美好的体验，一杯就可以卖到近百元。

总而言之，体验经济是以商品为道具、以服务为舞台，通过满足人们的各种体验需求而产生的经济形态。

6.口碑思维

互联网打破了地域、空间和时间的限制，信息传播的速度以分秒计算，信息传播的广度大到不敢想象，因此移动互联网企业更要重视声誉的管理，要拥有正确的口碑思维。

口碑的实质是通过用户的好评来积累品牌的信用度，这里面既包括用户对品牌的信任，也包括其他人对用户评价真实度的信任。

在传统的口碑思维中，企业品牌主要通过熟人、朋友的口口相传建立起知名度，这样的传播方式速度慢、信息遗漏多；企业与用户之间缺乏有效的社交渠道，无法进行频繁的互动交流。而在移动互联网环境下，口碑是用户自己创造出来的，或者说是用户在与企业互动的过程中形成的，并非企业单方面灌输的结果。

口碑思维不是传统的产品思维，而是用户思维，只有以用户为核心，并满足其需求，才能在海量的受众群体中形成口碑效应。口碑由产品、社会化媒体、用户关系这个铁三角组成。产品是口碑的发动机，社会化媒体是口碑的加速器，用户关系是口碑的关系链。

例如，某手机公司一直把用户体验放在最前面，不断推出优质并让人印象深刻的产品的同时，关于这些产品的讨论也随之而来。每一次推出新产品，粉丝们都会给予极高的赞誉，这个过程本身就是口碑建立的过程。因此，该手机品牌能够通过口口相传成功地宣传自己的产品，并创造了一个忠实的用户基础。

三、移动营销策略

从传统营销发展到互联网营销，进而发展到移动营销，经历了三个发展阶段，营销从"有限范围内主动寻找客户"到"无限范围内被动等待客户"，再到"无限范围内主动寻找客户"，企业需要整合与升级各种营销策略，以适应营销的需要。移动营销的基础理论——移动营销策略，分别是4P策略、4C和4I理论（如图5-3所示）。

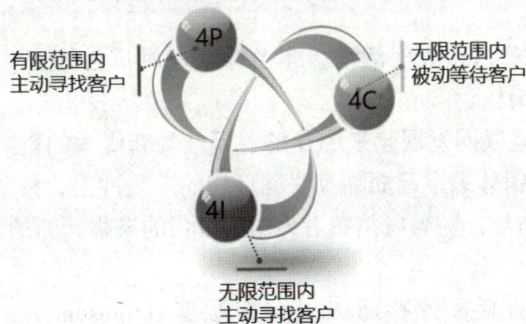

图5-3　三种移动营销策略

1.4P策略

传统的4P策略包括产品（Product）、价格（Price）、渠道（Place）、促销（Promotion）组合。其核心理念是为消费者创造价值。

（1）产品策略

产品策略涉及产品的效用、质量、外观、式样、品牌、包装和规格，还包括服务和保证等因素，要求商家根据需求开发新的产品，产品有独特的卖点。

随着移动互联网的发展，消费者越来越重视产品的质量和体验，体验方式也越来越多，效率越来越高，产品已成为企业与消费者之间最好的联结者；通过产品吸引消费者参与、体验和消费，通过优质的产品构建竞争壁垒，通过响亮的口号让消费者清晰认知，以建立企业的核心优势。为此，商家要深入剖析客户的痛点，改进产品、创新产品，与消费者共同成长。如中国的小米、海尔、美图等企业，推出了扫地机器人、运动手环、美颜手机等网络创新产品。

（2）价格策略

价格策略是指企业要根据不同的市场定位制定不同的价格策略。由于网络的开放性，消费者很容易掌握同行业各个竞争者的价格，信息不对称的现象已经基本被消除。因此，移动营销的价格策略应该根据变动成本、市场供需状况以及竞争对手的报价来适时调整。

（3）渠道策略

渠道策略是指产品经历的销售渠道，包括代理、批发、零售、直销、分销等，企业要开拓销售渠道、培育和建立销售网络，缩短中间环节。为了迎合移动用户的购买习惯，企业应该及时升级传统销售渠道，探索线上线下融合的全渠道营销模式；开拓和利用更多的网络直销平台，探索创新的销售模式；及时在站点发布促销信息、新品信息、公司动态，提供多种支付方式，让消费者有更多的选择。

比如，迪奥等品牌入驻抖音平台开店卖货；江小白的销售网络从传统的"餐饮渠道、流通渠道、烟酒行渠道"逐渐演变为当前的线上线下新渠道矩阵。

（4）促销策略

促销策略包括促销活动、品牌宣传（广告）、人员推销、营业推广、公关活动等一系列营销行为。营销的基本目的是为增加销售提供帮助，大部分移动营销方法都与促销有关。促销活动要取得良好的效果，必须事先进行市场分析、竞争对手分析；有创意地组织实施促销活动，使活动新奇、富有吸引力和影响力。移动互联网时代的促销活动采用自媒体、品牌IP、社交、社群和直播等全新的形式。电商企业通常采用网络销售促进、网络广告、公共关系等形式。

例如，积极参加"双11"大促活动，本身就是一种广告效应；通过网络直播进行营业推广，一边直播一边销售。

时代在变迁，随着互联网发展起来的社群、网红等新媒体的影响力正在增强。基于传统市场角度设计的4P营销体系，已面临互联网环境的严重冲击，传统的营销组合必须加以创新，才能适用互联网市场。随着以消费者为中心时代的来临，新的营销要素逐渐被提出。

2.4C理论

4C理论由美国营销专家劳特朋提出，即顾客（Consumer）、成本（Cost）、沟通（Communication）和便利性（Convenience）四要素。

4C理论的基本原则是以顾客为中心进行企业营销活动的规划设计，从产品到如何实现顾客需求的满足，从价格到综合权衡顾客购买所愿意支付的成本，从促销的单向信息传递到实现与顾客的双向交流与沟通，从通路的产品流动到实现顾客购买的便利性。

在4C理论的指导下，企业要更加关注市场和顾客，与顾客建立起一种更为密切和动态的关系。消费者对品牌的感知和购买决定逐渐深受网络和社交媒体的影响。用户可以通过网络上的用户评论平台，与其他用户分享他们对产品、服务和体验的评论；网络口碑能够通过网络低成本的传播，帮助用户决定购买何种商品，迎合用户的自主消费需求；目标消费者可以与企业进行网络沟通和交互，以及与自己喜欢的意见领袖进行交流；企业则借助网络平台为消费者提供足够便捷的订购、支付、售后等服务。

3.4I理论

4I理论由美国市场营销学教授唐·舒尔茨提出，包括趣味（Interesting）、利益（Interests）、互动（Interaction）、个性（Individuality）四要素。

4I理论不仅是电子商务社会化媒体营销的实施理论基础，更是电商营销的突围方向，可帮助企业强化营销深度。

（1）趣味

在泛娱乐化时代，互联网产品的立足点多数集中在"娱乐"主题上。当前，社会化媒体高度发达，充满了趣味的文字、图片和视频内容。在碎片化阅读的背景下，枯燥、老套的话题已经逐渐被网民所摒弃，缺乏趣味性的内容、没有转发分享的内容，难有营销价值。

（2）利益

利益指的是要给企业社会化媒体的粉丝关注和分享的理由，它也是刺激信息交互的催化剂。无论是话题还是活动，都需要能够深入网友的内心。企业通常会以策划活动或鼓励传播分享等方式给粉丝带去利益，主要包括物质和精神两方面，以满足其内心需求。比如，天猫、新浪微博会定期发送商家的促销信息和优惠活动资讯。

（3）互动

互动是社会化媒体营销的最大特性，企业可以通过平台与粉丝直接对话，及时回复其反馈的问题，且能够感知到粉丝对企业的评价和好感度。此外，有创意的活动策划可引发粉丝互动与购买行为。

（4）个性

社会化媒体与传统平面媒体最大的区别在于它具有生命力，是一个鲜活的个体，拥有自己的性格和态度。企业需要彰显自身的特点和独特的文化，使用个性化的语言，让其自媒体"鹤立鸡群"，以专属、个性俘获消费者的心。

第二节 移动广告

一、移动广告概述

1.移动广告的概念

广告行业历经多年发展渐趋成熟，投放渠道逐渐被打开。在多元化投放渠道中，数字广告成为当前最受广告主欢迎的广告形式；而受移动互联网快速发展的助推，移动广告逐渐成为广告市场的主力军，也在数字广告中占据较大份额。

移动广告是基于无线通信技术，以移动设备（如手机、平板电脑、穿戴式智能设备等）为载体的广告形式。它是一种依托移动终端的新型营销方式。与传统媒体广告相比，移动广告具有精准性、互动性、灵活性和个性化的特点，更为关注便捷性、用户收看场景和网络承载力。

2. 移动广告的特点

（1）精准性

相对于传统媒体广告，移动广告在受众人数上有了很大超越，传播范围更广，可以根据用户的上网习惯、行为偏好和实时情境将广告直接送到用户的手机上，真正实现了精准传播。

（2）即时性

移动广告的即时性来自手机的可移动性。手机是个人随身物品，绝大多数用户会把手机带在身边，甚至24小时不关机，所以手机媒介对用户的影响力是全天候的，广告信息触达也是最及时、最有效的。

（3）互动性

移动广告可以借助点击、扫码、重力感应等各类互动形式，丰富其展示效果，吸引用户的关注和转发，引导用户进行交易，增强消费者的主动性，提升其阅读或观看体验。

【知识拓展5-3】

手机重力感应技术基于压电效应实现，其核心构造为内部集成的重物与压电片一体化组件，通过测量重力在正交两个方向上的分力大小，来判断手机的水平状态。具体而言，力敏传感器会感知手机姿势变化时重心的位移，进而将力学信号转化为电信号，驱动手机光标位置调整，实现交互选择功能。借助重力感应技术，手机可实现多种趣味交互功能，如界面自动切换、游戏方向控制、甩动交互、摇一摇场景等。

例如，某运动品牌在推广新款运动鞋时，在某视频平台投放了一支"重力感应互动广告"。用户进入广告页面后，需通过倾斜手机（利用重力感应技术）控制屏幕中的虚拟人物跨越障碍，完成"云端跑酷"挑战。当手机向左/右倾斜时，虚拟人物会相应调整方向；快速晃动手机则触发"跳跃"动作。用户完成挑战后，广告会弹出优惠券弹窗（如"满300减50"），点击即可跳转至品牌电商页面核销。数据显示，该广告的用户互动率较传统视频广告提升了47%，跳转转化率提高了32%。这种将重力感应技术与广告内容结合的方式，让用户从"被动观看"变为"主动参与"，既强化了产品的运动属性认知，又通过互动趣味增加了广告记忆点。

通过手机的重力感应，可以自动切换手机界面，实现一些交互功能，比如游戏方向控制、甩屏翻页、甩动切换、摇一摇抢红包等，是一项具有趣味性的手机功能。

资料来源　作者根据网络相关资料整理。

（4）位置性

移动设备往往具备位置服务功能，能通过自带的定位设备获取用户的地理信息。广告主可以根据用户的地理位置、出行范围和出行模式，更精准地推送信息给用户，并能打通线上线下进行一体化运营。

（5）扩散性

移动广告的扩散性，即可再传播性，指用户可以将自认为有用的广告通过短信、微信、微博等方式转发给亲朋好友，直接向关系人群扩散信息或传播广告。

（6）可测性

对广告主来讲，移动广告相对于其他媒体广告的突出特点，在于它的可测性或可追踪性，包括受众数量、点击情况、交易数据等均可准确统计。

3.移动广告的作用

（1）平台推广

平台推广是移动广告的主要职能，即帮助网站获得尽可能多的有效访问量；移动广告通常会链接到相关产品的页面或站点首页，用户对网络广告的每次点击，都能给平台带来访问量。因此，移动广告对平台推广具有显著的作用，尤其是关键词广告、轮播图广告等。

（2）促进销售

用户受到各种形式的移动广告吸引而获取产品信息，已成为影响用户购买行为的因素之一，尤其当移动广告与企业站点、网上商城等营销手段相结合时，产品促销的效果更为显著。移动广告对销售的促进作用不仅体现在在线直接销售上，也体现在通过互联网获取产品信息后对线下销售的促进上。

（3）指导消费

现代化生产门类众多，新产品层出不穷，网络消费者可选择性多；互联网不仅可以展示产品信息，还可以分享网络大咖、意见领袖、先前用户的使用意见，甚至可以通过网红的演绎促进销售，因而能起到指导消费的作用。

（4）品牌推广

移动广告最主要的效果就是提升企业品牌价值，哪怕用户不点击广告，同样会产生传播效果。在所有的移动营销方法中，移动广告的品牌推广价值最为显著。同时，移动广告丰富的表现手段，也有助于展示产品信息、树立企业形象。

二、移动广告的要素

1.广告主

广告主是广告的投资者，同时也是广告的传播者，广告主可以根据产品属性提出投放需求，通过广告传播提升产品的影响力，树立品牌形象，实现商业价值。

2.广告媒体

广告媒体就是传播媒体，为移动广告提供了传播渠道，它可以根据目标用户的消费行为精准投放广告。当前，主流的移动广告媒体包括微博、微信等社交媒体，微信公众号、今日头条等自媒体，各大门户网站，移动搜索引擎，电商购物平台，视频网站，短视频平台等。

3.广告受众

广告受众就是观看广告的用户群体，也是指广告要影响的用户群体，就是广大的智能手机用户群体。作为移动广告的接收群体，广告受众可以提供充分的数据反馈。

4.广告费用

广告费用是移动广告的制作及投放等一系列活动所产生的费用。它会根据广告主的要求、广告媒体的选择、投放的频次等而发生改变。

5.广告服务商

广告服务商是广告服务的提供者，它为移动广告提供技术支持，根据广告主提出的广告要求定位目标受众，进行广告策划，然后选择最适合的传播渠道。

6.需求方平台

需求方平台是专为广告主打造的跨媒介、跨终端广告投放管理平台。随着互联网技术与广告行业的深度融合，需求方平台顺势而生。它为广告主及广告代理机构提供了更便捷的广告资源接入渠道与更高效的程序化购买解决方案。该平台通过整合各类广告交易平台、媒体资源、供应方平台及媒体库存，有效简化了网络广告采购流程中烦琐的中间环节，实现了从投放需求确定到资源匹配、效果优化的全链路智能化管理。

三、移动广告的计费方式

1.展示计费CPM

展示计费CPM（Cost Per Mille，即每千人印象费用），是指广告条每显示1 000次的费用，其取决于消费用户的"印象"。CPM的收费标准往往根据广告投放主页的热门程度（即浏览人数）划分价格等级。

2.点击计费CPC

点击计费CPC（Cost Per Click，即每次点击费用），是指以每次点击为单位计算广告费用，更加符合移动用户的消费习惯和广告主诉求，避免了广告费用浪费。关键词广告一般采用这种定价模式。

3.行动计费CPA

行动计费CPA（Cost Per Action，即每次行动费用），是根据每个访问者对移动广告所采取的行动收费的模式。用户行动有特别的定义，涉及用户完成注册行为、完成一次交易、提交有效问卷、完成转发任务等。

对广告主来说，这种计费方式可以规避广告投放风险；而对移动媒体来说，这一方式使得风险和收益并存，如果投放成功，收益要大于CPM等计费方式。

4.安装计费CPI

安装计费CPI（Cost Per Install，即每次安装费用），是指按软件实际安装情况计算广告费用。其主要被用于App推广，是前期获取用户的有效方式。

5.佣金计费CPS

佣金计费CPS（Cost Per Sales，即每次佣金费用），即按销售成功情况支付广告费用，一般根据移动广告所产生的直接销售金额的一定比例支付佣金。

6.参与计费CPE

参与计费CPE（Cost Per Engagement，即按参与付费）是一种新的关于广告营销的计费方式。所谓参与，可以有多种形式，如转发、关注、收藏、短链点击等。CPE常用于信息流广告计费。

7.观看计费CPV

观看计费CPV（Cost Per View，即每次观看费用），是指按照广告完整播放次数来计算广告费用。这种计费模式较适用于图片、视频类广告。其主要用于衡量广告主为每一次完整看完广告视频所支付的费用。

8.时长计费CPT

时长计费CPT（Cost Per Time，即按广告投放的时间长度计费），是按固定价格包时长的计费方式，广告主选择广告位和投放时间，费用与广告点击量无关。

四、移动广告的类型

广告行业历经多年发展渐趋成熟，投放渠道逐渐被打开。在多元化投放渠道中，移动广告凭借其精准性、即时性、互动性等特点，逐渐成为广告市场的主力军。移动广告按照不同维度可以分成不同类别。目前，中国市场上移动广告较常见的有五大类：普通静态展示广告（旗帜广告、视频广告、视频贴片）、原生/信息流广告、激励/深度激励广告、开屏/插屏广告、互动体验广告（360全景广告、VR广告、H5互动广告）。

1.旗帜广告

旗帜广告，即横幅广告、通栏广告、广告条，是最早出现的网络广告，也是最常见的网络广告形式。其形象、特色早已深入人心。旗帜广告通常置于页面顶部或底部，大多以轮播形式出现，最先映入网络访客的眼帘。创意绝妙的旗帜广告对树立并提升客户品牌形象有着不可低估的作用。

（1）旗帜广告的特征

旗帜广告是GIF、JPG、SWF等格式的图像文件，定位在网页中，大多用来表现广告内容，同时还可使用Java等编程语言使其产生交互性。

旗帜广告的特点是短小精悍、重点突出，尤其是一些购物类App主页上的旗帜广告，对引导用户消费起着很大的作用。

优点：展示直观，体验相对较好，干扰小，且制作简单，费用低。

缺点：较容易被受众忽视，且对设计要求高，粗糙设计会形成品牌负面印象。

计费方式：CPM、CPC。

（2）旗帜广告的设计原则

①动态化设计。具有动态感的旗帜广告可有效吸引用户。统计表明，动态广告的吸引力比静态广告高3倍，广告效果更好，而且设计者可把原本需要冗长文字来传达的思想通过动态化设计来表现，使广告内容一目了然。

②适当时限。旗帜广告应尽量使动态效果不超过3秒，最长也不能超过5秒。设计者应注意用户的浏览速度，如果超过5秒，用户将没有耐心等待，从而失去进一步了解产品的兴趣。

③精练正文。广告图案能使信息凝聚，不分散，但是如果无法用图案表达所传递的信息，这时文字就显得很重要了。广告设计者应使正文长度最短，突出关键字，使用户在最短的时间内抓住关键信息，并产生进一步了解产品的欲望。

④易读性。旗帜广告播放是一个快速传递信息的过程，因此设计者应使其尽可能容易

地被阅读。决定旗帜广告能否容易阅读的因素包括广告的尺寸、颜色、背景、行距、字间隔和字体。

通常，不要让广告正文靠近广告页面的边缘，应留有相当的空隙，也不要挤在一起，这样才显得风格舒缓；广告关键词要突出、明朗。

⑤忌滥用颜色。有时为了创造品牌效应，广告设计者会用到多种颜色，以取得自己满意的效果。但应注意颜色不要过多，一般不超过三种。

（3）旗帜广告的影响因素

①广告位置。在一个网页上一般不会出现两个以上的旗帜广告，如果只有一条，往往放置在顶部比较有效，网络用户不用拖动滚动条就可以看到，因此这个位置受到绝大多数广告主的青睐，如图5-4所示。

图5-4　旗帜广告

②点击行为。网络用户是否点击旗帜广告，对品牌忠诚度影响巨大。据美国传媒机构统计，若受众未打开旗帜广告，广告对消费者产生的影响只有5%，而那些浏览过广告的消费者忠诚度高达50%。

③互动效果。旗帜广告中设计互动元素，可以提高用户的参与性和网络传播效果，这就在广告受众和广告主之间形成了营销关系。旗帜广告由于篇幅有限，为了给消费者留下良好的印象，以及吸引受众点击广告，必须在几秒之内抓住用户的注意力，因此要尽量在旗帜广告中增加与受众喜好相近的内容，让用户有点击的兴趣倾向。

④内容更新。针对同一广告媒体（广告位），可投放系列不同的旗帜广告，从而形成整体效应；可以保持广告主题不变，仅更换广告图片，以吸引用户的注意力。研究表明，每周更换一次图片，可以保持新鲜感。此外，要确保旗帜广告的内容和风格接近所在网页的内容，这样可与网页相互补充、相得益彰。

2.视频广告

视频广告是指在手机网站、微博、微信公众号、移动商城上展示的视频/动画形式的广告，是通过移动互联网在移动设备上所展现的一种方式。其主要采用数码及 HTML5 技术，融合视频、音频、图像及动画，在手机用户开启或退出移动应用等碎片化时间插播视频。

视频广告一般展示在移动应用（游戏类 App 较为多见）的启动页面、过渡页面及结束页面。

（1）视频广告的特性

移动视频广告的特点包括：声影具备，碎片时间展示，不滞留手机页面，互动性、感官性较强。移动视频广告主要投放于各种移动应用（如电子书、手游、工具类软件等）上。作为一种新的广告展示模式，它已逐渐被移动用户所接受。

优点：以内嵌的形式植入广告，不增加额外的内容板块。

缺点：普通用户（不愿意付费购买 VIP 业务）长时间观看会影响用户体验。

计费方式：CPC、CPA。

（2）视频广告的形式

①悬浮窗口式。其多用在 App 启动页或者过渡页面中，该模式的特点是视频播放窗口不固定，用户可用手指移动，比较灵话，互动性比较强，如图5-5所示。

②贴片模式。其多用于移动设备的视频播放 App 中，与传统互联网中爱奇艺、土豆、优酷等视频网站的贴片广告模式相近，如图5-6所示。

③控件内置模式。其多用于 App 或手游的资源加载页面。由于资源加载等待时间长，可以被用来插播视频广告。该模式的特点是不可移动，可配合加载进度条，看起来比较自然，如图5-7所示。

图5-5　悬浮窗口广告　　　　图5-6　爱奇艺中的贴片广告　　　　图5-7　控件内置广告

3.信息流广告

信息流广告是在社交媒体用户好友动态或者资讯媒体和视听媒体内容流中出现的广告，于2006年由 Facebook 首先推出。这种穿插在内容流中的广告，对用户来说体验相对较好，对广告主来说可以利用用户的标签进行精准投放，因此在移动互联网时代迎来了爆炸式增长，几乎所有的互联网媒体，包括国内的微信、今日头条、微博等都推出了信息流广告。信息流广告的推广方式也成为1+X网店运营推广职业技能等级认证考试的重要内容。

信息流广告以一种十分自然的方式融入用户所接收的信息当中，用户触达率高；根据广告主的需求，它支持按用户标签去投放。信息流广告依托海量的用户数据和信息流生态体系，可精准捕捉用户意图，有效减少用户干扰，将广告展现给目标用户，且容易激发受众的主动性，促使其主动接受、分享。

（1）信息流广告的特性

① 算法推荐：通过大数据描绘多维度用户画像，通过人群标签精准定位理想受众，把合适的信息在合适的场景推送给合适的人。

② 原生体验：广告与内容融合在一起，用户操作和阅读时无强行植入，实现了商业和用户体验的良好平衡。

③ 互动性强：用户可以参与互动，根据平台的特性可以自发进行广告的多维传播（如微博的转发、评论，朋友圈的点赞），持续影响潜在受众。

优点：不影响用户操作行为。

缺点：内容定位不精准会让用户产生厌恶情绪。在使用初期，用户有新鲜感，广告效果会好些，后期用户见怪不怪了，广告效果可能不及预期。

计费方式：CPM、CPC。

（2）信息流广告的展现样式

①文字+小图展现样式

一般建议图片中尽量减少或不显示文字内容；图片清晰可辨认，且在有限的尺寸内尽可能突出重点。

②文字+大图展现样式

建议尽量采用高清真实图片，让广告看起来有质感和可信度；同时，可适当加入文字内容，如行动召唤类文案（倒计时、抢先购）、利益诱惑类文案（免费送、买二送一）等。

③文字+多图展现样式

建议使用分别展示不同产品（如电商类推广）或不同场景（如游戏类推广）的图片，以增加卖点和吸引点。同时，所有图片之间布局要协调，颜色搭配需合理，整体完整性要强。

④文字+视频展现样式

建议文字不宜过长且突出重点，视频画面要通透且有吸引力，让用户有点击观看的冲动。

（3）信息流广告投放的主要媒体

① 新闻资讯类App。其包括各大门户网站App、新闻客户端等，用户基数大、访问频次高、黏性强。资讯类产品也是率先推出信息流广告的产品类别，广告售卖形式多样，广告位样式也较多，需要提前规划，做到精准投放。

② 社交媒体类App。其包括微信、微博、头条等，特点是用户互动性强，信息可二

次传播，拥有大量注册用户，用户自然属性判定精准度高，但是由于不像资讯类App有较多内容频道，所以广告形式和样式较为单一。

③ 搜索引擎类App。以百度、搜狗、360等为主，其特点是双叠加功能（搜索+资讯），用户群庞大，营销投放精准度高，可锁定用户近期购买需求，投资回报率高。

④ 短视频类App。由于移动互联网短视频市场的火爆，抖音、快手、腾讯微视等短视频应用很受年轻用户的欢迎，所以短视频网站的信息流广告深受广告主的关注。但是短视频类的信息流广告制作成本较高，需要整合多方资源。

⑤ 浏览器类App。这是常见应用，特点是本身用户基数大，多与其他平台整合，仅首页触发，用户关注度低。

⑥ 其他主流站点。其主要是一些提供单一服务的产品（如美团外卖、滴滴出行等），由于其功能较单一，用户使用频率低，所以一般为多产品联合投放。相对于其他类型的信息流广告，其投放范围、精准度、转化率都略显不足。

通过以上介绍可以看出，信息流广告在很大程度决定了使用场景，即产品价值。新闻资讯、社交媒体、搜索引擎类App由于用户量大、精准度高、可操作性强，是广告主目前比较青睐的信息流广告阵地。

4.原生广告

原生广告是一种让广告作为站点内容的一部分，植入到实际页面设计中的广告形式。它是从网站和App用户体验角度出发的盈利模式，由广告内容驱动，并整合了网站和App本身的可视化设计。这种广告会成为网站、App内容的一部分。

原生广告是从信息流广告中衍生出来的一种新的移动广告形式，由用户感兴趣的内容所驱动，能进行良好的效果展示。

5.插屏广告

插屏广告也叫插片广告，是移动广告中的一种常见形式，具有较为强烈的视觉冲击效果。它在用户的移动应用开启、暂停、退出时以半屏或全屏的形式弹出，展示时机巧妙地避开了用户正常使用应用程序。

素材形式：图片、图文、GIF、视频、动态创意、H5富媒体等。

优点：尺寸更大、视觉效果震撼；采用了自动广告适配和缓存优化技术，可支持炫酷的广告特效，视觉冲击力强、定位更精准、效果显著；点击率比旗舰广告高，广告效果佳，是目前比较有效的精准广告推广形式。

缺点：会暂时打断用户操作，影响用户体验；容易被用户误点，浪费广告费（尤其广告采取CPC计费形式时）。

计费方式：CPC、CPM。

6.积分墙广告

积分墙是在一个应用内展示各种积分任务（下载安装推荐的优质应用、注册、填表等），以供用户完成任务获得积分的页面。用户在嵌入积分墙的应用内完成任务，该应用的开发者就能得到相应的收入。

积分墙广告也是一种常见的移动广告形式，是第三方移动广告平台提供给应用开发者的另一新型移动广告盈利模式。

积分墙分为有积分和无积分两种模式。有积分的模式内含有"虚拟积分"的功能，开发者可以在自己的应用中设定消耗积分的地方，如购买道具，以刺激用户在应用中安装积分墙的产品，获得积分进行消耗。无积分的模式分为列表和单个应用两种展示形式。通常以"热门应用""精品推荐"为推荐墙入口，用户点击进入，便可以看到推荐的优质产品。

优点：通过积分的方式实现互利共赢。

缺点：在品牌信誉度不高的情况下，容易让用户怀疑目标App的安全性，严重情况下会影响品牌形象。

7.H5广告

H5广告随着自媒体时代的到来而异常火爆，图5-8为某应用十年账单案例示意图。

H5就是第五代HTML的简称，是网页标记语言的行业规范。现在的H5可以在移动设备上支持多媒体内容，如video、audio标记，之前版本要通过Flash等插件来完成命令。H5还引进了新的功能，真正改变了用户与文档的交互方式。

H5可以把广告做成一个场景，通过二维码或者转发链接，

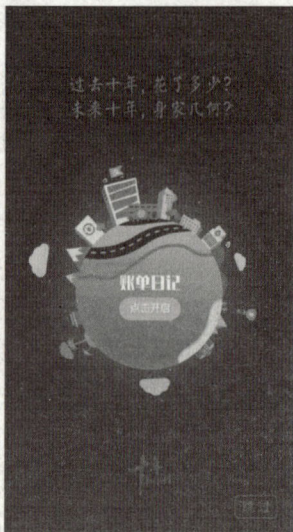

图5-8　H5广告优秀案例

让用户更直观地体验互动，场景包括图片、视频、音频、地图、导航、会议报名、产品链接等多个模块，是一种新的移动媒体广告模式。

（1）H5广告的要素

要设计一个好的H5广告，除了综合考虑营销目标和受众需求外，还需要考虑内容创意、诱发传播和优质渠道三个方面。

①内容创意。和传统网络广告一样，H5广告作品设计首先要考虑的就是内容创意。好的创意可以把运营需求和受众痛点很好地结合在一起，在安慰或激励用户的同时推广自身活动、产品或品牌。

②诱发传播。H5内容的触发点同时必须是吸引用户的点，在第一时间吸引用户点击很重要，否则再好的H5也不会转化成流量。触发点要有诱惑性，能提供用户不得不点的理由。这个诱因可以是奖励，可以是触到痛点的文案，可以是美食。可以采取的方式包括：

• 标题吸睛："十二星座适合开什么车"，主要利用人们的好奇心。

• 悬念营销："做到这三点，你也可以成为年薪40万元的创意总监"，策略是制造悬念、引人猜想。

• 利益宣告："15日15点，中信红权益欢喜兑换"，直接宣告点击即可查看收益。

同时，为了获得需要的宣传效果或者品牌影响力，需要选择合适的传播机制。例如，采用"集赞"或接力方式，一人发布可以换来可持续的传播。

③优质渠道。上述两点确定后，需要的就是合适的发放渠道了。目前，比较常用的渠道有：通过公众号的图文群推广、微信群推广、线下二维码推广等。自身App和公众号的推广是比较保守的形式，前提是自身App有足够大的用户群体或者自己的公众号有足够多的活跃粉丝。

（2）H5广告的设计策略

H5广告凭借跨平台的通用性、多媒体的融合性以及多样的互动性，受到众多品牌广

告主的追捧。和传统广告单一的传播形式相比，H5广告更能体现新媒体技术所带来的前所未有的交互体验。以下是H5广告交互常见的三种设计策略：

①展示型交互

展示型交互，就是打开H5页面或者几个简单的滑动或点击操作就开始展示内容，对交互的要求最少，对内容质量的要求高。这种H5一般展示一段H5视频或者动画，要求在展示的一瞬间就抓住受众的注意力。展示型交互常见的表现形式有以下三种：

·视频方式。这种方式的H5最为简单，打开H5就开始播放视频，直到结束。这种H5广告对视频内容的要求很高，能否达到运营目的，取决于视频内容的质量。

·幻灯片式。传统幻灯片式的播放也属于展示型交互，通过触发切换不同页面内容，一页页地观看，利用图文和音乐播放来讲故事。

由于制作简单、周期短，这种H5的展现形式适用于频繁、小型的需求；用在线编辑器的话，不需要任何开发，只需要配备一名设计和文案。因此，幻灯片式H5特别适合定期发布或者结合热点的营销活动。

幻灯片式H5的常见应用包括：

A.话题法：追踪热点事件，借助热点事件达到品牌传播或者产品推广的目的，如滴滴"春节返乡"的话题。

B.数据法：用数据讲故事，如支付宝年度账单，就是通过幻灯片式的H5场景故事，对用户的消费数据进行呈现，既生动又有趣。

C.科普法：介绍有趣、有用或者极其重要却鲜为人知的小知识，如在朋友圈流行的养生小知识。

D.温情法：利用一句节日的问候、一份对母校的祝福或者一个抚慰心灵的故事等以赢得转发。如滴滴出行在父亲节发布的"打开时光机"，让我们倍感温暖。

·空间展示方式。它指的是将移动端屏幕当作一个展示窗口，打开后可以通过简单交互（移动或触控）看到很多信息。常见的形式包括全景交互以及"一镜到底"。

②引导式交互

相对于视频广告，H5的优势是可以进行互动。特别是有故事情节的广告，通过交互式引导，让受众和故事形成互动，从而提升受众的参与感，激励受众继续看下去。

根据内容形式的不同，引导式交互的H5有三种交互方式：

·互动视频式引导。这种方式需要精心选择触发时机，配合故事的结构，烘托整个故事的气氛。

某公司出品的"首个手机话剧团开张了"是这一方式的经典案例：一方面，它的话剧部分非常魔性，演员很有表现力，视觉冲击感很强；另一方面，又结合了恰到好处的交互触点，把控住了受众观看的节奏。

·小场景式引导。由于幻灯片切换方式相对沉闷，所以很多H5广告的切换会采用小场景方式，每一页是一个场景，在当前场景中制造一个有趣的热点，让用户触发热点切换到下一个场景，或者有多个场景可以选择，每一个场景会有一个互动性的小故事。

·页面探索式引导。设计一个大场景，通过让受众在场景内主动探索来达到运营目的。在探索过程中，受众一边体验着浏览的乐趣，一边接受着H5推广宣传的故事或概念。在探索的最终，受众会被引导到相关的App或者活动页。

③游戏式交互

相较于展示型和引导型H5而言，游戏型H5最注重交互。设计一个简单有趣的小游戏，通过游戏交互来达到吸引受众的目的，可以满足受众获得感官刺激、打发无聊时间或者炫耀自己的需求。

•图片合成。天天P图出品的"我的小学生照片"是图片合成方式的经典案例。在"六一儿童节"期间，天天P图新增了小学生证件照功能，用户可以使用这个功能把自己P成小学生证件照的样子，通过一键生成图片，让用户秒变小学生，在朋友圈引起了广泛的传播和关注。

•网络测试。其一般是通过简单的几步问答选择，就给出一个有意思的测试结果。目前的主要形式是开展一些带有预测、恶搞、科普或者祝福意义的测试，然后引导用户关注公众号或下载App。

•原创小游戏。设计者还可以将双屏互动、地理定位、声音识别、面部识别等技术融入其中，借助各种应用场景增强用户的交互体验，使H5广告更具参与感和传播度。

【知识拓展5-4】

新广告法禁用词汇大全

按照2021年新修正的《广告法》的规定，以下这些广告类法规定的禁词，记得不能用：

（1）与"最"有关。最、最佳、最具、最爱、最赚、最优、最优秀、最好、最大、最大程度、最高、最高级、最高档、最奢侈、最低、最低级、最低价、最底、最便宜、时尚最低价、最流行、最受欢迎、最时尚、最聚拢、最符合、最舒适、最先、最先进、最先进科学、最先进加工工艺、最先享受、最后、最后一波、最新、最新科技、最新科学。

（2）与"一"有关。第一、中国第一、全网第一、销量第一、排名第一、唯一、第一品牌、NO.1、TOP.1、独一无二、全国第一、一流、一天、仅此一次（一款）、最后一波、全国×大品牌之一。

（3）与"级/极"有关。国家级（相关单位颁发的除外）、国家级产品、全球级、宇宙级、世界级、顶级（顶尖/尖端）、顶级工艺、顶级享受、极品、极佳（绝佳/绝对）、终极、极、极致。

（4）与"首/家/国"有关。首个、首选、独家、独家配方、全国首发、首款、全国销量冠军、国家级产品、国家免检、国家领导人、填补国内空白。

（5）与品牌有关。王牌、领袖品牌、世界领先、领导者、缔造者、创领品牌、领先上市、至尊、巅峰、领袖、之王、王者、冠军。

（6）与虚假有关。史无前例、前无古人、永久、万能、祖传、特效、无敌、纯天然、100%。

（7）与欺诈有关，涉嫌欺诈消费者。单击领奖、恭喜获奖、全民免单、单击有惊喜、单击获取、单击转身、单击试穿、单击翻转、抢爆、再不抢就没了、不会更便宜了、错过就没机会了、万人疯抢、全民疯抢/抢购、卖/抢疯了。

（8）与时间有关。限时必须具体时间、今日、今天、几天几夜、倒计时、趁现在、就、仅限、周末、周年庆、特惠趴、购物大趴、闪购、品牌团、精品团、随时结束、随时涨价、马上降价。

资料来源　佚名. 收藏! 新《广告法》极限用语词汇大全［EB/OL］.［2023-08-29］. https: //www. bilibili.com/opus/835092494746124293.

【案例阅读5-2】

瓜子二手车被罚千万! 原因竟然是这四个字?

近几年, 二手车成为资本追逐的创业风口, 各种形式的二手车交易网站纷纷成立, 如人人车、瓜子二手车、优信二手车等, 一时间视频网站、公交站、户外墙体、电梯间, 都能见到二手车平台的广告。其中, 瓜子二手车的广告词相当洗脑: "没有中间商赚差价""车主多卖钱买家少花钱""创办1年成交量遥遥领先", 让人耳熟能详。而正是"遥遥领先"这句广告词让瓜子二手车摊上事了。北京市工商部门 (现市场监督管理部门) 认定瓜子二手车"创办1年成交量遥遥领先"缺乏事实依据: "创办1年"期间 (2015年8月至2016年7月), 瓜子的成交量为85 874辆, 而在此期间, 人人车成交量为92 375辆, 北京旧机动车交易市场的成交量则是44万辆。

根据《中华人民共和国广告法》第9条的规定, 各类商业广告中不得使用"国家级""最高级""最佳"等用语。而瓜子二手车的"遥遥领先"是变相使用"最"字广告。

最终, 北京市工商行政管理局 (现市场监督管理局) 海淀分局公布了行政处罚决定书, 责令金瓜子科技发展 (北京) 有限公司 (瓜子二手车主体) 停止发布违法广告, 在相应范围内消除影响, 并处罚款1 250万元。

资料来源　作者根据网络相关资料整理.

第三节　微博营销

一、微博营销基础

1. 微博营销的概念

微博是一种通过关注机制分享简短实时信息的广播式网络社交平台, 因其具有互动性、即时性和开放性等优点, 迅速被人们所熟知。微博连接了数亿人的庞大用户群体, 在商家宣传方面发挥了重要的营销作用。微博营销注重价值的传递、内容的互动、系统的布局、准确的定位, 从而使其得到了快速发展, 它能够帮助卖家达到提升自身知名度、推广产品或者服务的目的。

微博是基于用户关系的社交媒体平台, 作为继门户网站、搜索引擎之后的互联网新入口, 微博改变了信息传播的方式, 实现了信息的即时分享。由于手机已成为人们日常生活不可或缺的工具, 移动互联网也随之进入一个新的发展阶段, 移动微博客户端能同时打破时间、地域、空间限制, 实现社交传媒功能, 因此, 微博营销成为众多企业和商家青睐的重要营销手段。

微博具有多样化的展现形式, 产品描述图文并茂, 沟通互动方式多样, 资讯传播迅速。相对于传统营销, 微博节约了大量的时间和成本, 对企业品牌的传播更是行之有效。它的用户群体数以亿计, 是国内最大的社交平台, 一直是各大企业推广品牌和产品的首选阵地。

国内的微博平台主要是指新浪微博。自2009年8月上线以来，新浪微博就一直保持着爆发式增长。2010年10月底，新浪微博注册用户数超过5 000万。2014年，新浪微博正式更名为微博；同年新浪微博在美国纳斯达克市场上市。截至2024年年末，微博的月活跃用户数达到5.9亿。

微博营销以微博客户端作为营销平台，每个粉丝（听众）都是潜在的营销对象。企业利用更新自己的微博向网友传播企业信息、产品信息，树立良好的企业形象和产品形象。

2.微博账号的种类

（1）个人微博：是新浪微博中数量最大的部分，又可以分为明星、不同领域的专家、企业创始人、高管、草根等类别。

（2）企业微博：很多企业都开设了官方微博，部分企业的微博还形成了矩阵式经营，包含企业领导人微博、高管微博、官方微博、产品微博等，相互呼应。

（3）政务微博：凭借强大的舆论影响力，微博已成为党政机关的主要宣传阵地。

（4）校园微博：各类学校特别是各大高校纷纷开设官方微博，传递信息、增进沟通，成为学校与学生、学校与社会之间沟通的纽带与桥梁。

（5）其他类别微博：包括活动类微博、新产品上市的微博等，这类微博有一定的时效性。

二、微博营销流程

1.市场定位

微博营销的策划，首先需要确定整体方向以及企业的商业目标、营销传播目标和目标受众。商业目标或经营目标，即在一定时期内，企业生产经营活动预期要取得的成果；营销传播目标，即企业的市场营销及传播活动希望实现的目标；目标受众，是指一个企业的业务及营销传播所针对的群体。

2.现状分析

现状分析主要分析四方面内容：一是分析微博平台的新功能能否给企业带来有价值的机遇；二是分析目标用户心理及行为特点；三是分析企业直接或潜在竞争对手的粉丝数、关注数等基础数据指标；四是分析企业自身的状况，如现有的企业微博账号。

3.目标设定

微博营销传播的目标设定，是与企业的商业目标及整体营销传播目标保持一致的，而且应该遵循SMART原则，即：S（Specific，明确性）、M（Measurable，可衡量性）、A（Attainable，可实现性）、R（Relevant，相关性）和T（Time-based，时限性）（如图5-9所示）。

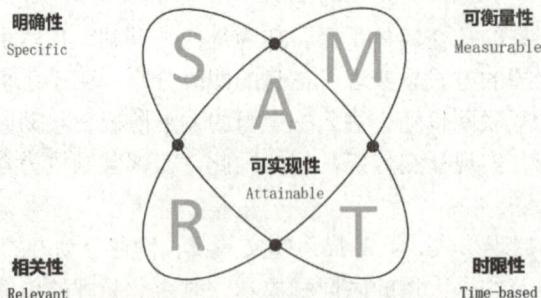

图5-9 SMART原则

4.战略战术制定

微博营销传播的具体目标和关键绩效指标确定后，相当于"目的地"已经非常明确了，下一步就是要确定"如何抵达目的地"，即第四个环节是战略战术制定。

一是关注策略。它有两层含义：一层是如何吸引粉丝的关注，另一层是企业品牌微博如何通过主动地关注他人来实现自己的目标。

二是内容策略。优秀的内容策略对微博活动的成功具有显著的推动作用，其中至少有三点非常重要：内容主题、内容来源和内容发布规划。

考虑到企业的传播目标，这里有一个三分原则可以作为参考：1/3为向用户提供的有价值的内容，如对用户或用户周围好友有帮助的信息（用于增加转发量和提升曝光度）；1/3为交互内容，如与用户进行互动的内容（用于体现微博的活跃性，提升交互度）；1/3为与企业品牌、产品营销等相关的内容。

内容来源主要包括三大类型：原创、转发、互动（与网友评论交流等），同样应遵循三分原则。发布时间取决于业务需求，可以制定年度、季度、月度、一周内容发布日程，并根据上面提到的内容主题提前准备好相关内容，从而指导日常的内容发布和更新。

5.运营规划

在宏观战略和具体战术指导下，运营规划也非常重要，我们需要从六个方面进行规划：

一是粉丝管理。针对具有不同微博行为特点的用户，应该根据其行为和偏好等，采用不同方式进行沟通与交互，从而进行有效的粉丝管理。

二是意见领袖管理。意见领袖是大众传播中的信息中介、人际传播中的活跃分子，经常为受众提供信息、观点、建议，对他人施加影响。意见领袖管理需要方法和工具的支持。其中一种方法是从相关度、影响力和合作机会三个维度，对意见领袖进行综合评估。相关度是指该意见领袖与企业传播目标和内容的相关程度；影响力是指该意见领袖在企业受众中的影响力大小；合作机会是指与该意见领袖达成合作的可能性大小。根据这三个维度，可以制定出一个意见领袖管理模型，针对不同的意见领袖，采取不同的管理措施。

三是微博活动。从是否涉及其他平台的角度，微博活动可以分为仅使用微博平台的微博活动、微博+其他网络营销渠道、微博+其他网络营销渠道+线下渠道三种类型。

四是整合营销传播。微博营销只是众多营销方式中的一种，是为了实现总体目标的众多手段之一。因此，微博营销不能孤立地考虑微博平台的情况，必须与其他营销形式相结合，优势互补，共同为总体目标服务。

五是资源规划。这里的资源包括人力、财力、物力等多个方面，如规划好年度或季度预算、建立相关团队或者与外部代理商进行合作等。

六是网络危机管理。很少有人会质疑微博的市场营销潜力，然而，网络舆论就像一把"双刃剑"。客户可能会投诉，人群可能会传播负面信息。所以，为了应对网络舆论危机，企业应建立危机管理机制，及时回应并处理负面新闻。

6.实际行动

在制订行动计划的过程中，不同类型的工作需要不同的团队和人员。比如，全年的微博营销战略规划，需要策划方面的人才；日常微博的内容信息搜集、内容撰写、微博日程的规划等，需要内容和文案方面的人才；微博的图片处理和企业版微博首页的设计，需要美术设计和用户体验方面的人才等。另外，企业根据实际情况和需求，可以考虑内部自建团队或外包给第三方代理公司。

7.监测控制

在采取行动的过程中，为了保证绩效的不断优化，持续的监测和控制必不可少。其中，关键的一步是对这些数据进行分析与挖掘，找出其中有价值和指导意义的要点，从而为接下来的优化进行指导。

三、微博增粉策略

粉丝是微博营销的基础，微博增粉是一项内外兼修的工作，"内"指的是要让能够有效转化为企业客户的粉丝觉得这个微博账号有内容，有持续关注的价值；"外"是指实际增粉的技巧，包括以下三点：

1.微博账号认证

微博账号认证主要是为了确保信息的真实、准确。认证通过后，微博外观显示和普通用户也不一样，并且能设置一些个性化模式，在内容发布和展示上也占据优势，更容易获得大量粉丝。认证的用户还可以申请入驻微博名人堂，这是没有认证的用户不能比及的，而且通过名人堂的申请，在微博上的影响力会迅速提升，会得到更多展示的机会，同时也会吸引更多的粉丝关注。

2.吸引粉丝关注

要让微博用户主动关注，企业需要制定巧妙的策略，增加粉丝数量。吸引粉丝关注，做法大致可以分为：①在企业自主拥有的媒体上进行推广；②付费媒体推广；③通过社交媒体转发推广，如以高质量的内容吸引微博粉丝主动转发和关注。

3.其他方法

其他增粉方法包括但不限于：①快速获得第一批粉丝：亲朋好友推荐；②通过关注同类人群增粉；③通过其他平台导流增粉；④通过外部导流增粉，如直播、问答平台、媒体网站、视频平台、博客出版物、口碑、搜索等；⑤通过线上活动增粉；⑥通过合作增粉，如和大V合作；⑦通过原创内容增粉；⑧通过线下活动增粉，线下增粉比线上粉丝更真实、更有黏性；⑨相互推荐增粉；⑩名人转发增粉；⑪借势增粉。

四、长微博营销

平时在刷微博的时候，经常看到很多优秀的博主发布长微博，图文排版十分精美，这些好看的长图或者文章总能够吸引眼球。长微博营销就是利用微博平台发布一些长微博内容进行产品或活动的推广，可分为长图和文章两种：

1.长图长微博

长图长微博是指将文字或多张图片经过排版布局生成一张较长的图片，最终发布在微博平台上。那么，如何制作出一张好看的长图呢？

步骤一：明确主题，设计创作思路。

在制图前务必要明确目标受众，设定与其相关的主题。当明确目标后，针对目标设计一个线索，让读者轻而易举地看清图片的逻辑。

步骤二：收集资料，填充信息内容。

确定好图片的主题之后，就要开始行动去搜索权威的资料；将数据或内容作为图片的基本，必须可靠可信，才能准确表达出观点并去说服读者。

步骤三：整理素材，基础构图。

简明的元素组织层次可以让读者快速明白图片的逻辑，记住长图所要传递的信息，因此，要思考用什么样的方式对收集到的信息整合排版，并且能够突出重点。

步骤四：选择合适的软件制图。

如果素材由多张图片构成，就可以用美图秀秀等修图软件进行拼接，形成一张长图；如果素材比较零散，可以用 PS 等软件进行制图。

步骤五：发布微博。

最后可以利用长微博工具、太长了、九云图等对图片进行加工并发布。

2.文章长微博

在新浪微博中，可以利用头条文章发布长微博。新浪微博已将微博字数限制从 140 字提升到 2 000 字，那为什么还要通过头条文章发布长微博呢？

（1）长微博可以更好地传播与互动。新浪微博在改版内测期间的数据显示，头条文章的阅读量较之前版本的长微博提升了 152%，互动量提升了 33%，信息流加权提升了 5 倍，头条文章的信息流权重是全站最高的，所以可以通过发布头条文章，获取更多的曝光与传播。

（2）长微博可以带来好的使用体验。打开速度慢、发布体验不友好、没有草稿箱等，是过去使用长微博的用户经常吐槽的问题，头条文章很好地解决了这些问题。其良好的体验主要体现在四个方面：高效发布、阅读流畅、传播力强、影响力大，可以说是为移动而生的，任何人都可以利用碎片化的时间随时随地地编写长文内容。

（3）长微博可以让内容变现更容易。长文写得好不好，不仅体现在阅读量上，内容能否变现也是一个标准。微博打赏、付费阅读、广告分成是目前微博自媒体作者变现的三大利器，头条文章不仅保留了以上这些变现渠道，还优化了使用体验。如付费阅读文章，原先作者只能通过"管理中心"的"粉丝服务"进行编辑及发布，现在在头条文章的发布器上就可以直接发布付费阅读文章，使用门槛更低。

五、微博话题营销

1.微博话题

微博是开放平台，话题讨论是重要的互动方式之一。对网友来说，话题能在第一时间获得自己关注的信息；而对品牌来说，热点话题可以为品牌赢得上亿甚至数十亿的阅读量，如果话题冲上了热搜榜，就能很好地实现声量的提升和品牌的破局。

微博话题，就是根据微博热点、个人兴趣、网友讨论等多种渠道的内容，经过话题主持人补充修饰和加以编辑，形成与某个话题词有关的专题页面。微博用户可以进入该页面发表微博进行讨论，同时微博话题页面也会自动收录含有该话题词的相关微博。

"微博话题"就是微博搜索时的关键字，其书写形式是将关键字放在两个#号之间，后面再加上想写的内容，即可形成一个微博话题。可以参与已有的话题讨论，与其他人进行互动，也可自己创建新话题与其他用户进行互动。

创建话题或者参与话题互动的方式很简单：进入发布微博界面，点击"#"按钮，出现输入话题的界面，如输入"抗击疫情"，确定之后即可在内容前面显示"#抗击疫情

#"话题名称，在后面输入要发送的内容发布即可。内容发布后，点击#抗击疫情#，即可进入话题讨论界面，与其他用户一起讨论互动。注意：太长的句子不适合吸引网友们参与讨论，话题词中间不能加入空格等符号，且长度需为4~32个字，否则无法发布生成话题页面，也无法申请成为话题主持人。

2.微博话题营销策略

话题营销主要是利用媒体的力量以及消费者的口碑，让广告主的产品或服务成为消费者谈论的话题，以达到营销效果。

（1）选定一个爆点话题

不管是微博话题营销还是其他方式营销，对营销创意点的要求都很高。为什么要选定一个爆点话题呢？原因很简单，因为微博平台更开放，大家更喜欢参与有冲突的话题讨论，甚至越不可思议的事情，越适合成为微博话题营销的爆点。

（2）完善内容及执行细节

微博话题营销过程好比波浪起伏的线条，而微博话题仅是其中的一个小点，还需要结合其他内容及相关执行细节，才能将话题推向新的高度。一个根本分不清蓄势阶段、起势阶段、旺势阶段和收尾阶段的微博话题营销方案，基本上没有继续实施的必要。

（3）冲刺微博话题榜

微博话题营销内容策划得再好，如果不能将设计好的话题推上微博话题榜，那也很难取得理想的事件营销效果。在当下瞬息万变、高度碎片化的网络时代，什么样的话题能够跟上时代，挖掘出普通人内心深处的渴望，点燃其参与热情，触动其情感共鸣，具有现实意义，使两者产生互动，那么它定会成为当下的热门话题。什么样的活动注重用户感受与体验，同时又可以保护好个人隐私，而且敢于打破常规，大胆尝试，那它就一定会吸引人们的参与，更能实现真正的口碑传播。

增加话题的讨论量，首先要有效利用话题的导语和配图，提升话题基本介绍区的吸引力，增强话题的阅读性；其次应利用话题页面中部的微博推荐模块和推荐用户模块展示相关内容，增强话题的引导性；再次是分享、转发话题，适当与话题页下方的用户进行沟通，营造话题讨论氛围；最后是利用微博之外的其他网站及渠道，分享、推广话题，引导其他用户参与话题讨论。

第四节　微信营销

一、微信朋友圈营销

朋友圈是熟人之间的一种社交圈，是朋友间的生活状态体现，是一个人的名片、展示自我的窗口。在社交经济时代，朋友圈也是营销窗口，是熟人社交电商的阵地。随着微商的发展，朋友圈中的广告营销活动日渐增加。

1.朋友圈营销策略

（1）塑造个人品牌

朋友圈的作用是通过一系列内容，来塑造我们的形象，凸显我们的人格魅力；通过人格魅力，来长期影响他人。这是朋友圈内容的核心和根本，具体塑造什么样的形象，视个人特点而定。你可以爱学习、爱生活、爱工作，也可以是懂感恩、人缘好的人，但无论如何，一定都是充满正能量的人，这对提升信任感尤为重要。

（2）发展微信粉丝

大量粉丝或好友是朋友圈营销的基础，但并不是什么人我们都要去添加好友。由于添加好友的目的是营销，所以必须围绕产品来添加好友，也就是精准粉丝。这样添加的好友才有转化率。

（3）开展网络互动

好的朋友圈营销，需要与好友和粉丝互动，调动大家参与营销活动的积极性，提升人气。比如，可以多给朋友点赞，增强互动性；通过点赞投票吸引更多用户，提高其参与度；利用优惠活动吸引用户参加，提高其积极性；引导朋友分享产品使用感受，提高其美誉度；鼓励好友转发朋友圈信息，提高信息的到达率。

（4）成为行业专家

每个人都有自己的个人专长。运营者要不定时地与朋友圈用户分享一些观点和"干货"，以此来树立专业形象，打造粉丝圈。比如，服装营销者可以适时分享流行趋势、穿搭技巧等，树立潮流达人的形象；化妆品销售者可以分享化妆技巧、护肤心得，树立美肤专家形象；做母婴用品的可以定期分享育儿故事、育儿经验、教育知识。这样得到广大用户的认可之后，就更容易与他人产生链接。

（5）善用软文宣传

朋友圈营销的实质是社交电商，社交电商不能只销售产品，更要帮助用户成长，让用户了解产品背后的知识，做出正确的选择。所以要善于利用文案的方式阐述品牌内涵、产品故事、企业文化等内容，以此来打造不一样的卖点和场景，激发用户的需求。另外，朋友圈中可以通过软文适度分享用户的购买行为，展示购买后所产生的效果，激发其他人做出购买行为，促成更多的成交。

2.朋友圈营销步骤

第一步：设置个人微信号。

昵称建议简单、直接、明了，最好是"品牌名"＋"你的名字"，如"哈职大—王小明"，这样既可以突出公司和品牌，还可以让人记住你，给人一种真实、可信赖的感觉。

微信头像建议使用本人真实照片、品牌Logo或者其他相关图片，这样可以给人一种真实感，也有利于个人品牌的塑造。

微信号是微信唯一的ID，设置后不能进行修改。微信号设置应尽可能避免出现难记忆字母组合、不明意义的字符。

一旦确定了名称、头像、微信号等，就不要轻易修改，保持固定的品牌认知很重要。

第二步：添加更多的微信好友。

添加微信好友有四种方法：

一是批量添加手机上的"实体"朋友。微信支持导入通讯录好友，只需单击"新的朋友"→"添加手机联系人"，就可以添加手机通讯录中开通微信并绑定手机号的朋友了。

二是扫描二维码添加好友。一般情况下，大家都是通过"我"→"个人信息"→"二维码名片"调出自己的微信二维码。当然，也可以将自己的二维码设置成自己的头像，直接点击头像就可让人扫描添加。

三是"发现"新的朋友。在微信的"发现"中有"附近的人",可以随机添加陌生人为好友。如单击"附近的人",可以显示附近正在使用微信的人,单击右上角的"…"还可以对这些人进行筛选。

四是通过微信群添加好友。一个微信群最多可以有500个用户,是一个非常大的营销群体。不过人们通常不会随便同意陌生人添加好友的申请,所以平时需要在群里与其他人多交往、展示自己,给群成员留下较深的印象与好感。

第三步:做好内容营销。

虽然朋友圈广告有效,但广告发布不宜太频繁。每天微信朋友圈发布的内容建议不要超过10条,并且遵循"343原则",即包含大众类内容3条,如热点时事、新闻推送等,增强阅读性;客户喜好类4条,如趣味性内容、个人成长故事等,增强粉丝黏性;专业知识类3条,如专业性内容、产品服务内容、客户见证等,树立专家形象兼进行产品推广。

第四步:做好优化设计。

朋友圈营销的内容形式应尽量多样化,图文、视频尽量都覆盖到。如果采用图文信息方式,营销者要在2秒内把事情讲完,确保内容简洁、信息呈现到位;图片像素要高,确保画面清晰、风格一致,可以采用一、四、六、九张图片的布局方式,排列更整齐,视觉效果最佳;图文编排要整齐划一,以提升客户对产品的认知和视觉体验。

第五步:做好互动营销。

运营者可以利用朋友圈策划活动,让大家参与并主动转发传播,集赞、转发、领取红包都是能让大家参与的好方法。

二、微信公众号营销

微信公众号属于自媒体,也是新媒体的一种类型。当前,越来越多的企业都已意识到微信公众号的重要性、营销作用和传播价值,纷纷通过微信公众号开展移动营销。

1.微信公众号分类

微信公众号每种类型的使用方式、功能、特点均不相同,用于运营的微信公众号一定要选择最适合自己的类型,这样才能为取得预期的运营效果做好铺垫。微信公众号有服务号、订阅号、小程序和企业微信四种类型(如图5-10所示)。

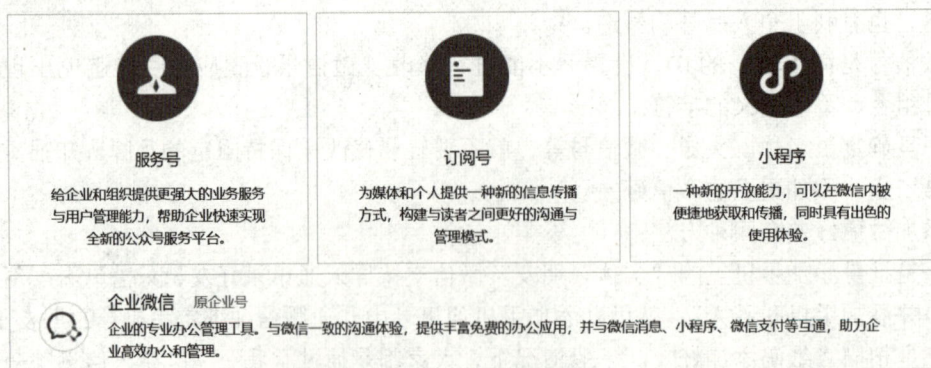

图5-10　微信公众号的类型

（1）服务号。其具有管理用户和提供业务服务的功能，服务效率比较高，主要偏向于服务交互，如提供银行、114等服务查询功能的服务号。企业若对用户服务需求高，也可开通服务号。服务号认证后每个月可群发4条消息，还可开通微信支付功能。

（2）订阅号。其具有发布和传播信息的功能，可以展示个人或企业的个性、特色和理念，树立个人形象或品牌文化。订阅号主要偏向于为用户提供资讯（类似报纸、杂志），认证后每天可以群发1条消息，具有较大的传播空间。如果想通过简单地发送消息便可以取得宣传效果，可选择订阅号。

（3）小程序。其具有出色的使用体验，可以被用户方便地获取与进行信息传播，适合有服务内容的企业和组织使用。

（4）企业微信。其主要用于公司内部通信，具有实现企业内部沟通与内部协同管理的功能。

2.微信公众号的选择方法

企业一旦决定要开通微信公众号，就应当选择好类型。微信公众号的选择方法如下：

（1）根据账号的特点和优势选择。对比不同类型的微信公众号可以发现：订阅号在信息的传递和互动上占据优势，一天1条消息基本上可以满足运营人员的需要，便于与用户进行互动，非常适合个人、媒体、企业、政府和其他组织使用；服务号可以为用户提供具体的服务，适用于以服务为主的企业、媒体、政府或其他组织，如银行等；企业微信主要是供企业内部使用的，它可以很好地进行内部运转，维系企业与员工、企业与供应商等之间的关系，保密性较好，适用于内部构造较为复杂的大型集团性企业，如美的集团等。

（2）根据企业（个人）自身需求选择。除了根据账号的特点和优势进行选择外，企业还可以根据自身需求进行选择。如果是服务性企业，可以优先选择做服务号，如航空公司等需要与用户经常产生联系的企业。

（3）根据企业的运营能力选择。在选择微信公众号时，运营人员还可以根据企业自身的运营能力来选择。例如，就服务号而言，需要深层次的技术开发和系统的功能规划，如果企业有足够的运营人员和技术支持，就可以选择开通服务号。

3.微信公众号定位

（1）人群定位

物以类聚，人以群分。无论推荐什么商品或服务，任何微信公众号都离不开与其相配的人群。如"樊登读书会"主要针对热爱读书、热爱学习的用户。

（2）行业定位

公众号运营者可根据自己的产品或服务进行行业定位。只要运营者定位准确、运营出色，不难让自己从行业中脱颖而出，成就一个订阅号霸主，实现商业上的价值。

比如，"茶业复兴"微信公众号是茶行业坚持原创的微刊。该微信公众号凭借持续的内容创作、输出新的概念与观点，成为最具传播力与影响力的茶行业自媒体，已有2万多用户以及近300个微信功能群。

（3）地域定位

地域定位主要针对地方性的区域自媒体，微信公众号名称可以选择"城市名+服务"的形式，让人一眼就知道公众号的内容和方向，具有较强的生命力与可持续性。

比如，"福州微生活"公众号的定位是为福州市民提供服务，运营者福州微生活生态农业有限公司主要从事绿色有机稻的种植、鸡鸭的生态放养、无公害蔬菜的种植与农产品的销售和配送。"福州微生活"通过向福州市民推送福州生活服务信息与喜闻乐见的本地化精品内容，吸引城区大量的高端粉丝，最后通过流量变现，实现为市民提供生态农产品的"餐桌配送"业务的目的。

（4）产品定位

产品定位的目的主要是对自己公司（机构）的产品、服务进行营销。其优势有三点：一是原产品、服务本身已有一定的知名度，这有利于公众号的前期推广；二是公众号定位在产品或品牌上，有利于产品、服务的营销；三是有利于公众号后期商业变现或开展电商运营。比如，九阳公司的微信公众号是其产品展示、与用户互动、品牌宣传的一个窗口。

（5）功能定位

功能定位，是指公众号的内容主推某种功能，此类公众号更容易从各色人群中找到有共同需要、共同爱好的用户，具有较大的商业价值。因为粉丝都是为解决某个"功能"而来的，运营者只要设计出合适的产品，就能引起粉丝的共鸣。

（6）内容定位

内容定位是微信公众号持续为用户提供优质内容，吸引用户长期关注和阅读的方式。比如，丁香医生微信公众号是丁香园旗下的健康管理平台，不做活动，只发布内容。该公众号邀请专业医生、营养学家和研究人员为用户答疑解惑，提供可靠、实用的健康资讯和医疗信息，致力于"扫荡"朋友圈里那些流毒甚广的谣言和养生鸡汤，让医生和患者间的交流变得顺畅而无障碍。

4.微信公众号运营

下面以创建订阅号为例，介绍开通微信公众号的步骤，开展相关营销活动。

（1）注册微信公众号

在浏览器中登录微信公众平台官网，在页面顶部点击"立即注册"超链接，进入微信公众平台注册页面。

按照注册的引导顺序填写基本信息，进行邮箱激活账号，选择公众号类型，进行信息登记，填写公众号信息，信息完整后点击完成，注册账号完毕。

（2）账号设置

在注册微信公众号的过程中，设置了公众号账号名称和功能介绍后，接下来将鼠标指针移到界面右上角的头像图标上，在打开的下拉列表框中选择账号详情选项，进入账号详情设置页面，在其中可设置详细信息。

这里需要设置头像、微信号、申请微信认证以及所在地址。其中，头像图片文件不能超过2M，且仅支持BMP、JPEG、JPG、GIF、PNG等几种格式，常见的头像图片有企业名称、企业Logo、个人形象、卡通图像等。

微信号仅可使用6~20个字符，其中字符可为字母、数字、下划线或减号，且必须以字母开头，命名要遵循响亮、易记、易识别的原则，并且要有一定的技巧性，如传递的信息要具有乐趣性、新颖性。

个人类型微信公众号暂时不支持微信认证，企业主体注册的订阅号和服务号则都可进行微信认证，认证账号比非认证账号拥有更多的权限，如有更高的关注用户上限，可以开通微信支付功能等。

（3）设置自动回复内容

对微信公众号运营而言，设置自动回复能够快速建立与粉丝间的联系。自动回复根据粉丝触发行为的不同可分为被关注回复、关键词回复、收到消息回复三种。

被关注回复：指当用户关注微信公众号后自动发送的欢迎语，这也是留给用户的第一印象。被关注回复的内容可用简短的语言体现企业、产品或服务的特色和理念。在微信公众号后台左侧导航栏的"功能"栏中选择"自动回复"选项，系统将自动切换到"被关注回复"选项卡，即可在其设置页面中输入回复内容（如图5-11所示）。

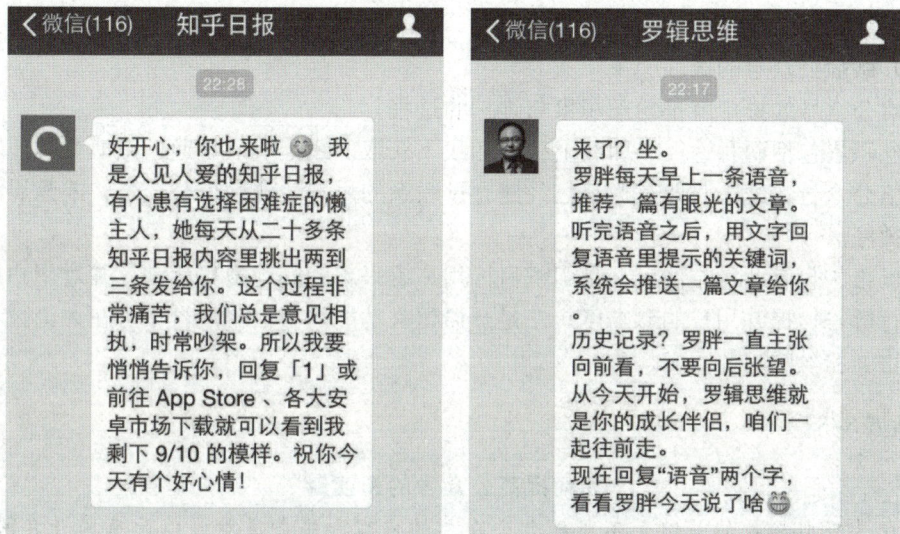

图5-11　知乎和罗辑思维的被关注回复

关键词回复：是指粉丝向微信公众号发送关键词后回复的内容。设置关键词回复的操作如下：在自动回复设置页面单击"关键词回复"选项卡，打开设置页面后，在"规则名称"文本框中添加规则名称；在"关键词"下拉列表框中选择匹配选项，包括"全匹配""半匹配"，在其后的文本框中输入关键词；回复内容的类型可选择图文消息、文字、图片等。

收到消息回复：指粉丝向微信公众号发送任何聊天消息后，微信公众号会自动回复指定内容。我们在自动回复页面中切换到"收到消息回复"选项卡，在打开的页面中设置回复的内容即可。

（4）文章推送

我们可以通过微信公众号向用户推送信息，如通知内容、活动内容、新品上架内容、优惠折扣内容或其他话题等。进行文章推送操作时，首先需要在微信公众号平台首页单击"新建群发"按钮，打开"新建群发"页面。然后在上方选择文章的类型，包括图文消息、文字、图片、音频和视频。"从素材库选择"按钮、"自建图文"按钮和"转载文章"按钮用于设置文章的来源。"群发对象""性别""群发地区"下拉列表框用于设置推送文章的范围。

在"新建群发"页面中单击"自建图文"按钮，可打开图文编辑页面，图文编辑的操作与Word的操作相似。在图文编辑页面可以输入文章的标题和作者名，另外，还可对文章进行设置，包括添加封面和摘要，添加声明原创和设置原文链接等。

（5）设置自定义菜单

自定义菜单功能最多创建3个一级菜单，每个一级菜单下最多创建5个子菜单。当用户选择相应的菜单命令后，即可跳转到相应页面。自定义菜单可以是微信公众号的功能和服务，也可以是消息收取或跳转链接等，其主要目的是满足用户的操作需求，或进行产品推广。设置方法是：在微信公众号平台左侧"功能"栏中选择"自定义菜单"选项，在打开的页面中单击"添加菜单"按钮，在其中设置一级菜单的名称，再单击一级菜单上方的"加号"按钮添加子菜单内容，设置子菜单名称。子菜单内容可以设置3种功能，即发送消息、跳转网页、跳转小程序。

（6）微信公众号的推广

微信公众号的推广就是粉丝积累与维护的过程。

粉丝积累包括两种途径，即线上获取和线下获取。线上获取是通过微博等其他平台引流到微信公众号；线下获取是邀请已经建立过联系的用户关注微信公众号，或开展活动邀请用户关注。

粉丝维护也有两种方法：一是组织目标用户感兴趣的问题搜集活动，并对用户反馈的问题进行解答，提升用户的参与度；二是开通留言功能的微信公众号，可在评论区与用户互动，增强粉丝的黏性。

【知识拓展5-5】

如何提高公众号的阅读量

公众号吸引粉丝的关键是不断提升公众号的内容和服务质量，以此来提升其阅读量，从而让粉丝留存并保持长期关注。在碎片化阅读时代，文章标题写得好不好有时直接决定了文章的阅读量，所以微信图文消息一定要起一个有吸引力的标题。

（1）多用疑问句。疑问句的优点在于能引起读者注意，引出话题。用在标题上，能吸引读者，引发其思考，更好地体现文章的中心。比如："旅行的青蛙，为什么会刷屏朋友圈？""杀熟的App！除了滴滴和携程还有哪些？"

（2）结合热点。结合时下的热门话题、网络热词，用名人效应、热点新闻引起读者的兴趣。

（3）善用数字。在汉字标题中穿插数字，特别吸引读者的眼球，能够快速锁定读者的注意力，很有辨识度。例如："写出阅读量100万+的内容是一种什么体验？"

（4）巧设悬念。在标题中设置悬念可激发用户强烈的好奇心。当然，要巧妙地在标题中设置利益点，对用户形成一种利益引诱，让用户好奇看完文章后能得到什么收获。如"天猫双12攻势强烈，获益最大的竟然是他们"。

（5）制造反差。利用强烈的对比，产生一种显著的反差效果，简单明了又切中要害，立刻就能让读者了解文章要表达的意图。如"吃过这枚凤梨酥，其他的都是将就"。

（6）借势营销。运营者要关注热点新闻，在公众号中发表与热门新闻有关的文章，这往往能够吸引粉丝的阅读。

（7）营销日历。运营者要善于制作营销日历，借助历史上的今天、传统节假日、纪念日、发布会、电影上映日等大众关注的特殊时间点，发表与该时段有关的内容。这是一种比较稳妥的选题方式，可在短时间内增加阅读量。

（8）借鉴同行。在没有较好的内容选择时，可借鉴同行的爆文；同行的文章会带来一些灵感和启示，开拓新思路。但是借鉴不等同于抄袭，在借鉴思路的同时必须加入足够多的原创内容。

（9）内容简练。在当今快节奏的生活情境下，人们已不可能安静地读完一篇长文，反而是一些短小精悍的文章更容易让网民接受，满足了他们快速汲取知识的需求，也会带给他们愉快的阅读体验，所以微信公众号的文章不宜太长。

第五节 内容营销

一、内容营销概述

内容营销是目前移动电商营销中最新鲜热门、最有可能创造以小博大的奇迹、参与门槛较低的营销手段。内容营销，指的是利用图片、文字、动画等介质，通过合理的内容创建、发布及传播，向用户传递有价值的信息，从而实现网络营销的目的。其依附的载体，可以是企业的Logo、画册、网站、广告，甚至是T恤、纸杯、手提袋等。根据不同的载体，传递的介质各有不同，但是内容的核心必须是一致的。

1.内容营销的发展阶段

内容营销并非互联网发展的产物，它其实由来已久，并经历了三个主要发展阶段。

（1）印刷传播时代（让营销信息和内容一样有价值：内容=营销）：内容主要以书籍、报刊等方式存在，传播范围极其有限，营销也面临着同样的困境。因此，企业开始尝试将营销信息包装为对消费者有价值的内容，引起消费者的关注。1895年，约翰迪尔公司开始发行客户杂志《The Furrow》，在介绍农业知识的同时，植入自家产品的相关信息。

（2）大众传播时代（让营销信息和头部内容结合在一起：内容+营销）：内容以广播、电视为主，传播范围广，头部内容逐渐出现，吸引着大量的受众。因此，企业开始尝试将营销信息与这些头部内容有机结合在一起，来引起消费者的关注。1929年，Popeye牌罐头装菠菜在美国卡通片《大力水手》中进行内容植入，让其菠菜罐头的卖点随着卡通片的播放一起传递给观众。

（3）网络传播时代（让营销信息成为不断生产和流动的内容：内容×营销）：内容开始逐渐走向去中心化的传播模式，尤其是社会化媒体出现后，很难有单一的内容能吸引到所有的受众。因此，企业开始尝试将营销信息打造为内容入口，通过话题性、互动性的设计，吸引用户自发地参与进来，实现营销内容的不断创造和流动传播。内容营销已无处不在。

2.内容营销的要素

内容营销是有态度的网络营销中的核心观点之一，它包含了三个要素：

第一要素：内容营销适用于所有的媒介渠道和平台。

第二要素：内容营销要转化为"为用户提供一种有价值的服务"，能吸引用户、打动用户、影响用户。

第三要素：内容营销要有可衡量的成果，最终能产生盈利行为。

3.内容营销的分类

第一类基于自媒体和电商平台的内容营销，以小红书为代表。其主要特点和终极目标是直接通过内容来卖货。从理论上讲，倾向于把这种内容营销称为内容电商。

第二类基于社交媒体的自媒体创业，以新榜为代表。这种内容营销通过微信或微博等社交媒体的公众账号持续输出内容，形成魅力人格体后吸引一批粉丝，最终通过广告或者其他形式实现销售。

第三类针对传统的大、中、小企业，在新的媒介和消费环境下，对传统的基于广告思维的营销思路、逻辑、流程和做法进行调整，并通过持续输出符合品牌调性的价值观，以及让消费者或用户喜欢并且乐于互动的内容，达到促进销售的目的。江小白的内容营销是十几年来非常经典和广为人知的成功案例，作为一款定位于年轻人的白酒，大多数消费者对其印象最深的并不是口感的出众，而是文案上的创意和走心。

4.内容营销的方向

内容营销包含的内容一般来说有图文、短视频和直播三个方向。

（1）图文

图文作为最初的内容展现形式，更容易被品牌商家用来创建一个专业的导购场景，无论是值得推荐的好物榜单，还是新品、爆品推荐，乃至用户自发的评价晒单，都能够为用户营造沉浸式氛围。

（2）短视频

短视频作为一种新业态，已成为当下市场上商家们纷纷选择的全新的内容战略布局，通过走精品化路线，从趣味性和专业度两个方面为用户提供优质内容，一方面吸引用户关注与停留，另一方面深度种草用户，帮助用户做出更好的购买决策。对品牌商家来说，短视频拓展了新的流量场，提供了从种草到转化再到用户沉淀的全链路营销。

（3）直播

直播作为内容生态的核心，正扮演着"火车头"的角色。2020年突发的新冠肺炎疫情催热了电商直播，但直播的价值远不只是带货。尤其是在直播的内容更加"营销化"的观念下，商家更偏向品质化、内容化直播，尤其是新冠肺炎疫情环境下兴起的泛娱乐营销让人们看到了直播的价值。

如果说图文是内容的基础，那么短视频就是将用户视角聚焦到内容的"放大器"，而直播则是最后拔草的转化器。三者相互协同，把内容营销聚合在同一个场景中，重构人、货、场之间的关系，带来营销方式的突变。

【知识拓展5-6】

江小白的成功

"江小白"于2012年创建，起初这个品牌并未获得广泛认可。但是在2015年，借助于互联网经济的发展契机，凭借出色的内容营销，它在短短半年时间内完成了逆袭。说到江小白，大多数人的第一反应不是它的口感如何，而是它走心的文案。在这个越来越多年轻人不爱喝白酒的年代，江小白的文案击中了年轻人需要表达情感的内心。

江小白的主题瓶有很多，表达瓶、音乐瓶、文化瓶……如表达瓶，可以自己在瓶身上创作文案，给了用户一个输出自己观点的机会，使产品具备了更好地与消费者沟通的力量。通过瓶身将每个人的真实情感传递出去，满足消费者的精准社交需求，让企业与用户之间实现真正意义上的互动。表达瓶的运用让江小白实现了广泛的朋友圈、社会化媒介的传播，这是进行低成本传播的有效方式之一。

江小白通过网络社交平台和自媒体，激活了原本单向的广告的互动性，消除了用户与品牌之间的隔阂，消费者不仅是消费个体，同时也是产品的研发者。

传统企业为了让受众了解品牌和产品并最终购买，一般采取的方式是品牌推广（广告等）+渠道铺货（地推团队洽谈）+核心消费者拉动。这样的营销沟通，产品是产品、广告是广告、媒介是媒介；营销成本高，转化率低，结果不可预测，消费者购买的积极性低。移动互联网时代的每一个人都是自媒体，江小白让产品媒体化，自带和消费者沟通的属性，成为表达自己态度和行为的载体；通过自媒体的方式方法来做产品，让沟通的互动性更强。

二、内容营销的流程

1.确定目标客户

企业通过对消费者、潜在客户的直接调研，或者采访与消费者直接接触的人，如公司销售团队、服务团队、经销商等，全方位了解自己服务的客户，明晰客户的关注点、消费偏好，从而确定自己的目标客户。

2.建立品牌形象

通过各种渠道来展现持续的影响力很重要，这就需要企业对自己的品牌形象进行定义。不管是通过哪个平台发布内容，内容的风格都将成为品牌的形象。

品牌形象分为以下几个部分：性格（友好、温暖、激励人心、好玩、权威等）；语调（私人、谦虚、诚实、直接、科学等）；语言（简单、复杂、严谨、专业等）；意图（传播、互动、告知、教育、娱乐、销售等）。一旦确立品牌形象，企业需要将所有内容创作者有效地组织起来，以保证风格一致。

【知识拓展5-7】

IP内容营销

所谓IP内容营销，是指品牌捆绑IP，通过持续产出优质内容来输出价值观，通过价值观来聚拢粉丝。当粉丝认可某一价值观后产生身份认同和角色认可，进而促使其信任产品。

3.选择合适的内容形式

内容营销的形式是多种多样的，企业需要根据自身的需求进行选择。以下对几种主要的表现形式进行分析：

（1）软文。软文作为一种文字广告，通过新闻稿、实例故事、使用心得等形式，巧妙地插入自己的广告。相比其他文字广告，受众接受度更高，而且有可能实现二次或者多次传播。新闻类软文容易让受众信任，故事性软文容易让受众记住，科普性软文往往让受众觉得有所收获。

软文在内容选择上较为宽泛，可以是提醒、号召、自述，也可以是日记、影评、书评。

（2）短视频。内容营销时代，抒发情怀、引发共鸣的营销策略成为趋势，相较于传统手段，短视频的优点是传播快，更具表达力，更吸引人，打开率和传播力都比图文要高，因此更受网友的青睐。短视频能实现多种功能：讲述故事、展示卖点、提高品牌知名度、回答问题、论证说明等。比起图文，短视频内容更具三维立体性，集声音、动作、表情等于一体，可以让用户更真切地感受到品牌传递的情绪共鸣，是更具表达力的内容业态。

2018年以来，短视频营销快速发展，各大电商平台都开始探索通过短视频吸引消费者，增强产品的展示效果，提高用户的点击率、转化率。

（3）H5页面。企业制作的H5页面可以直接在移动端打开，交互性强，适用多种场景，如品牌推广、产品介绍、场景展示、企业活动邀请、企业活动介绍等；制作成本视展示效果而定，但受移动端接口限制较大。现免费制作H5的平台有易企秀、MAKA、兔展、IH5、百度H5等。

（4）电子书。它是最常见的一种内容营销表现形式之一，特别是在B2B领域。目前，最为常用的电子书格式是ePub，能在PC端或移动端根据屏幕自动调整，支持翻页，提供丰富的插图等功能。目前可以制作电子书的软件有Sigil、Escape、epubBuilder、imaker等。其中，Sigil是一种跨平台的开源电子书编辑器，支持Windows、Linux和Mac系统。

4.根据用户需求编写内容

一个企业往往拥有多个媒体账号，每天都要推送大量内容给用户，企业需要考虑用户喜欢什么样的内容，什么时间推送内容，内容是否对用户有价值、有感染力等。因此，如何更好地搭配内容，以更加易于接受的方式呈现给用户，是十分重要的。

5.选择合适的推送时间

以自媒体平台为例，什么时候发布内容比较好呢？根据微信公众号的浏览量情况，可预测用户阅读微信公众号文章的行为习惯，从统计上看，一天当中主要有4个时间点比较重要：

第一个时间点：凌晨4：00，是全天广告曝光量的最低点；

第二个时间点：上午8：00，是上午时间段内广告曝光量的最高点；

第三个时间点：中午12：00，是中午时间段内广告曝光量的最高点；

第四个时间点：晚上22：00，是全天广告曝光量的最高点。

所以，内容推送要关注早、中、晚三个重要时间点，做到内容有针对性地策划和发布。

6.选择合适的推广渠道

企业投入很多时间、精力和金钱创作的营销内容，一定要找到合适的推广渠道和传播媒体，尽己所能地去推广，确保最多的目标受众能看到这些信息。

对企业而言，内容营销平台可分为三大类：一是传统媒体，包括报刊、户外、单页、广播、电视等；二是网络媒体，包括门户网站、博客、贴吧、QQ社群等；三是新兴的自媒体，包括微博、微信、头条、抖音、直播平台等。其中，主要渠道有：

（1）微信。它是当前用户最常用的移动社交媒体，也是重要的个体交流、群体交流、网络阅读、职场协作平台。微信包括微信朋友圈、微信群、微信公众平台。

（2）微博。它是影响力巨大的开放媒体，宣传互动性强，能与粉丝即时沟通，及时获得用户的反馈，且成本较低。利用微博宣传可以选择企业自己的官方微博，也可以选择有影响力的"微博大V"帮忙转发。

（3）头条。它依靠独创的数据分析、数据挖掘、信息检索、个性推荐算法、人工智能等技术手段，向用户推荐最精准的内容。头条号上的标题和封面图要有足够的吸引力、表意清晰，以提高文章的点击率；内容应尽可能图文并茂，以增强文章的可读性，从而增加用户阅读时间。

（4）抖音。抖音一开始是专注于新生代的音乐创意短视频App，随着用户的快速增长，它在内容层面开始向着更加主流化、多元化的方向转变。抖音将自己定位为一个旨在帮助大众表达自我、记录美好生活的短视频分享平台。抖音的内容策划重点关注内容类别、选题、标题、封面、人物造型、脚本编写、背景音乐、内容创作等。

（5）知乎。它主要基于知识问答与分享，拥有问答、专栏文章、知乎圆桌、知乎Live等功能，提供覆盖全生活场景的高价值内容，是知识营销的最佳平台。在知乎上，企业可以给用户提供与产品/服务本身相关的知识，还可以向用户讲述产品背后的人、文化、理念，使产品品牌的形象更加丰满。为了调动用户的积极性，可以从回答者的角色试着转变为提问人，解放品牌生产力，给用户别样的视角和内容。

（6）移动互联网门户网站。很多企业都想把自己的内容营销平台选择在搜狐、新浪、网易等门户网站上，这些网站的访问量巨大，一旦能够成功效果自然显著。但缺点是企业如果与其没有经常性合作的话，操作的难度较大且费用较高。

（7）企业客户端App。很多互联网公同都拥有自己的App，并利用App的开屏广告、信息推送功能来进行内容传播。但是对中小企业来说，这种方式成本高，推广难度大。

（8）第三方App平台。企业也可以利用其他第三方App平台，如爱奇艺、美团、知乎、果壳等；借助节日活动、知识问答等方式来做内容营销，充分利用多平台的优势。

第六节　短视频营销

一、短视频营销概述

1.定义

多家短视频平台曾争相为短视频下定义，但是在很长一段时间里，短视频仍没有一个标准化的定义。直至2019年，艾瑞咨询对"短视频"有了一个比较清晰的定义：短视频是指视频时长以秒计数，一般在10分钟之内，主要依托移动智能终端实现快速拍摄和美化编辑功能，可在社交媒体平台上实时分享和无缝对接的一种新型视频形式。

2.特点

（1）时长较短，传播速度更快

移动互联网时代的到来和大众生活节奏的加快，使人们获取信息的方式越来越"碎片化"，快速、迅捷的内容传播方式逐渐成为主流。短视频的时长控制在几秒到几分钟不等，只突出亮点内容，去掉冗长的部分，通常前3秒内容就能抓人眼球，将"短小精悍"发挥到了极致。以抖音为例，抖音上的大多数短视频的时长都在1分钟以内。尽管在2019年6月抖音开放了上传15分钟视频的权限，但用户普遍偏爱短小精悍的内容，许多热门视频的时长仍然不超过1分钟。

（2）创作流程简单，参与门槛更低

通常情况下，短视频创作者通过一部手机就能进行拍摄、剪辑和发布，这种"即拍即传"的传播方式，降低了创作门槛。虽然短视频行业中有不少专业团队，但与传统影视剧相比，短视频的创作方式已经简化了许多，这使普通大众也能够参与进来。

（3）突出个性化表达，快速打造KOL

许多短视频创作者在自己擅长的领域都已成为关键意见领袖（Key Opinion Leader，KOL），拥有一批忠实粉丝，并成功实现带货，如大众熟知的短视频大咖"papi酱""李子柒"等。

短视频行业能够快速打造KOL的特征，既能让短视频成为触发粉丝经济的利器，拥有营销功能，也能让短视频成为各大商家都会使用的新媒体营销手段；反过来，这也为短视频行业奠定了再度蓬勃发展的基础。

（4）社交属性强，信息传递广

短视频并非时长缩短的视频，而是一种新的延续社交、传递信息的形式。它有3个明显的社交式传播特征：

第一，无论是用户自主拍摄的短视频还是用户在平台上观看到的其他用户拍摄的短视频，用户都可将其转发至社交平台与亲朋好友共同分享。

第二，短视频软件内部设有点赞、评论、分享等功能，用户可在短视频平台上与其他用户进行沟通、交流，成为朋友。

第三，通过用户的转发、推荐，一则短视频甚至可以形成"病毒式"传播，受到不同地域、年龄、性别等特征的用户的喜爱。

二、短视频的分类

1.按照短视频的内容进行分类

按照短视频的内容，短视频主要包括以下十种类型：

（1）颜值/生活类。这类短视频的内容多与旅游、个人自拍等生活相关，一般只有拥有一定的"粉丝"基数和较好容貌的用户或明星才会获得大量的点赞与关注。

（2）舞蹈类。这类短视频多为一些身材苗条、穿着时尚的年轻人拍摄的与舞蹈相关的内容，受关注的点主要在于舞蹈者的衣着、身材以及舞姿。

（3）趣闻类。这类短视频旨在通过生动有趣的内容来吸引人们的关注，如生活中遇到的有趣事件、场景、搞笑段子等。

（4）美妆/穿搭类。这类短视频多展示护肤、化妆的技巧和服饰、鞋包的搭配方式，潜移默化地向受众推销产品或品牌。创作者多为网络红人，通过多变的造型和前卫的穿搭，来吸引喜欢新鲜事物的年轻群体。

（5）搞怪音乐类/电视剧情重现类。这类短视频创作者通常会配合搞笑、有意思的音乐做出夸张的肢体动作，或是对一些经典的电视剧剧情对口型或者场景重现。此类短视频是将生活中戏剧性的情形，通过创意加工后演绎出来，以取得出人意料的效果。

（6）儿童/萌宠类。这类短视频的内容通常是家里的孩子或宠物日常生活中的有趣或者搞笑片段，以其可爱、活泼来打动人。此类短视频的主要受众为一些年轻父母或喜爱宠物的人群。

（7）情感共鸣类。这类短视频主要是利用简单的场景，将生活中大家都非常珍视的感情，如高中同学的友谊等，以短视频的方式重新演绎，配上煽情的文案，很容易引起受众的情感共鸣。

（8）实用知识类。这类短视频主要是分享一些诸如生活的小窍门、美食制作方法等内容，如快速清理粘在裤子上的口香糖的方法，简单去除毛衣上的毛球的妙招等。这类短视频既直观又实用，能够获得很多用户的收藏与转发。

（9）时事热点类。这类短视频主要是紧跟当前的热点事件，拍摄一些与热点事件有关的内容，如对事件的评论或者模仿。

（10）开箱测评类。一些网络达人站在用户的角度，从拆开快递包裹开始，逐步向"粉丝"展示产品的外观，介绍产品的特点，简单试用产品，并对其做出正面评价，以刺激用户产生购买欲望。

2.按照短视频的生产方式进行分类

按照短视频的生产方式，短视频可以分为 UGC（User Generated Content，用户生产内容）、PUGC（Professional User Generated Content，专业用户生产内容）和 PGC（Professional Generated Content，专业生产内容）三种类型。

（1）UGC。UGC 是指平台的普通用户（非专业个人生产者）自主创作并上传的内容。该类型短视频的成本较低，制作简单，具有较强的社交属性，但是商业价值较低。

（2）PUGC。PUGC 类型的短视频制作成本也比较低，往往有一定的人气基础，具有较强的社交属性和媒体属性，商业价值较高。

（3）PGC。PGC 类型的短视频制作成本较高，专业性和技术性也较高，具有很强的媒体属性，主要靠内容盈利，商业价值较高。

三、主流的短视频平台

短视频 2004 年进入人们的视野，经历了萌芽期、探索期、爆发期、优化期和成熟期。2019 年以来，短视频行业迅速崛起，用户流量激增，资本争相进入，各大短视频平台水涨船高，以势如破竹之势进入了人们的日常生活中。目前，主流的短视频 App 有抖音、快手、哔哩哔哩、西瓜视频、小红书、腾讯微视等。下面，我们分别介绍这些平台的优势：

1.抖音的平台优势：技术先进，变现潜力大

（1）技术先进。抖音之所以能在国内异常火爆，甚至远渡重洋吸纳大批粉丝，主要归功于它先进的技术：精准的流量推荐机制，用"中心化"思想打造 KOL；新鲜有趣的玩法，让内容更强大。

（2）变现潜力大。抖音拥有优质的用户资源，用户以年轻群体为主，他们的猎奇心理重，对新鲜事物的接受能力强，不仅是生活必需品的消费主力军，还是新兴产品的推动者。

2.快手的平台优势："流量普惠"策略，保护普通用户的利益，用户黏度高

快手以"去中心化"思想为主要运营策略，实行"流量普惠"策略，将更多的流量分配给普通用户，激励他们创作内容，并保护他们的权益。基于这样的运营策略，快手成功获得了三个独特的竞争优势：①拥有大量的普通用户群；②普通人可凭实用内容成为"网

红"；③封闭的电商体系，保护用户利益。

3.哔哩哔哩的平台优势：观看体验佳，学习氛围浓，收入有保障

哔哩哔哩经过10余年的发展，成功地从小众文化社区跻身主流互联网平台，这与哔哩哔哩独特的文化和运营策略密不可分：①独特的弹幕文化：提升观看体验，制造"梗"文化；②学习属性强：一个终身学习的网站；③广告极少：优质的观看体验；④收入方式多样：官方扶持+粉丝打赏+广告收入。

4.西瓜视频的平台优势：个性化推荐，内容生态完善，变现方式多

（1）基于算法的个性化推荐

西瓜视频与抖音"师出同门"，都是字节跳动科技有限公司旗下的产品，有着强大的人工智能技术积累，将算法导向的流量分配模式贯彻到底。

（2）完善的内容生态环境

西瓜视频与抖音、快手不同，它致力于打造集短视频、长视频和直播于一体的综合视频平台。短视频短小精悍、高效快捷，用户能随时随地地利用碎片化时间观看；长视频内容丰富、成体系化，容易打造优质内容；直播互动性强，变现直接，增强了用户黏性。

（3）创作者变现方式多样

创作者的变现方式包括：①广告收益；②电商变现；③入驻精选联盟。

5.小红书的平台优势："美女效应"+电商平台直接变现

小红书的优势在于"文化输出"，产品的推荐"笔记"新潮、好看，容易激发用户的购买欲。简单来说，在小红书，"笔记"不是在"带"货，而是在"带"一种生活方式。

（1）"美女效应"引发消费潮流

在小红书，许多时尚美丽的女性用户通过分享穿搭、化妆技巧、品质好物等内容，来传达一种追求品质的生活理念，其他女性用户则通过学习她们分享的经验，追随其购买同样的产品，包括旅游产品、文娱产品等，以满足自己追求品质生活的需求。

（2）电商平台出身，带货能力强

小红书通过各种宣传方式带动消费。小红书本身就是"荐物"平台，大部分用户来到小红书的目的都是寻找好物，因此省略了激发消费欲望这一环节，在转化能力上具有先天优势。

6.腾讯微视的平台优势：技术驱动社交娱乐新生态

腾讯微视以技术工具+社交联动驱动增长，聚焦年轻女性与泛娱乐生态，构建"创作—分发—变现"闭环，差异化突围短视频红海。

（1）腾讯生态赋能，创作体验升级

腾讯微视依托腾讯强大的AI技术能力，构建智能推荐系统，精准捕捉用户兴趣，实现"千人千面"的内容分发。其界面设计以简洁高效著称，首页采用"瀑布流"布局，支持手势滑动快速浏览，配合动态预览功能，用户无须点击即可预览视频核心内容，大幅提升使用效率。

（2）创作工具革新

音乐资源：与QQ音乐、酷狗等腾讯系音乐平台深度打通，提供千万级正版曲库，支持一键添加歌词字幕、BGM智能匹配，降低创作门槛。

跟拍与模板：推出"视频跟拍"功能，用户可基于热门视频模板快速创作，内置AR

特效、动态贴纸等素材，普通用户也能轻松产出高质感内容。

跨端联动：与微信、QQ无缝衔接，支持一键分享至社交平台，利用腾讯社交矩阵扩大传播范围。

（3）内容生态泛娱乐布局，IP联动深化

腾讯微视通过"宣推方法论"布局泛娱乐板块，覆盖影视、综艺、游戏等热点IP，并与腾讯系资源深度联动；推出"火星计划"扶持精品微剧，拓展微剧、直播等形态，构建多元化的内容生态。

（4）变现方式多元化，形成商业闭环

创作者可通过广告分成、直播打赏、品牌合作、电商带货等方式盈利。平台提供亿级流量扶持和商业变现权益。微视电商和知识付费模式逐渐成熟，付费会员服务进一步拓展收入来源。

四、短视频的创作

随着新媒体行业的不断发展，短视频迅速成为内容创业的热门选择和社交媒体平台的重要传播方式，越来越多的个人和团队竞相进入短视频的创作领域。要想创作优质的短视频，我们需要经历哪些流程呢？下面就以抖音为例介绍短视频的创作。

1.短视频的用户定位与内容定位

对短视频创作者来说，了解并定位用户也是创作的一大要务。只有了解自己的用户，知道用户喜欢的短视频内容，才能更好地进行运营和推广。下面对短视频的用户定位和内容定位进行介绍。

（1）短视频的用户定位

对短视频的用户进行定位，即构建短视频的用户画像，将用户信息标签化。一般情况下，短视频用户定位的步骤如下：

第一步，获取用户的信息数据。用户的信息数据包括静态信息数据（即用户的固有属性，包括用户的基本信息，如姓名、年龄、性别等）和动态信息数据（即用户的网络行为，如点赞、收藏、关注、分享等）。对短视频创作者来说，要想获取用户的静态信息数据，可以利用各大网站的详细数据，如卡思数据等。

第二步，确定用户的使用场景。掌握了用户信息之后，短视频的创作者还需要将用户信息融入其使用场景。确定用户的使用场景可以使用5W1H方法：①Who——短视频用户；②When——观看短视频的时间；③Where——观看短视频的地点；④What——观看短视频的类型；⑤Why——行为（如关注等）背后的动机；⑥How——综合考虑，确定用户的具体使用场景。

第三步，绘制短视频用户画像。结合用户的信息数据和使用场景，就可形成短视频的用户画像。

（2）短视频的内容定位

短视频的内容定位可以从以下三个方面入手：

第一个方面是行业定位。行业定位是指根据要推广的品牌所属的行业来确定短视频发布的内容。也就是说，企业产品属于哪个行业，就要发布与该行业相关的内容，如一个美妆企业要发布短视频，就应该将短视频的内容定位在美容护肤领域。另外，在进行行业定位时，还可以对同行业的其他竞争者进行分析。如分析竞争者进行短视频营销的方法，找出竞争者中的佼佼者，了解其成功的关键因素并加以模仿。最后，还需要分析自身产品与同行业其他竞争者的产品之间的差异，找出自身的优势，后期在发布作品时加以凸显。例如，主打天然植物配方的护肤品牌，就可以在短视频中强调产品安全、温和、适合敏感皮肤等特点。

第二个方面是人群定位。人群定位是指根据品牌主要消费人群的喜好来确定短视频发布的内容。例如，母婴品牌的用户主要是年轻妈妈，她们更关心孩子健康、教育以及产后调理等方面的问题，因此短视频内容可以与婴幼儿相关，如小孩的日常生活片段、幼儿教育、婴儿食谱，也可以是产后身材恢复、身体调理等。

第三个方面是产品定位。产品定位是指通过分析自身产品来选择合适的表现方式。例如，服饰鞋包类产品可以将内容定位为以美女穿搭为主，数码类产品可以选择以开箱测评的方式来呈现内容；而知识付费、课件教程等虚拟产品由于没有实体，则可以通过展示、讲解等形式来体现自身的专业水准。

2.短视频内容的策划

精彩的内容是短视频得到广泛传播的基本要求，为了能深层次地策划短视频的内容，需要进行脚本的策划和撰写、短视频内容的创意等。

（1）脚本的策划和撰写

短视频的脚本即主线，用于表现内容的整体方向。一个优质的短视频，其脚本的策划和撰写是不容忽视的。短视频的脚本可分为拍摄提纲、文学脚本和分镜头脚本3种，创作者可根据拍摄内容自行选择脚本的类型。

类型一：拍摄提纲。确定短视频的拍摄提纲，即搭建基本框架，适用于那些不容易掌控和预测的内容，如记录类、故事类短视频。一般情况下，确定拍摄提纲包括以下五步：

① 明确选题，即明确短视频的立意、创作方向和创作目标等。

② 明确视角，即确定选题的角度和切入点。

③ 确定调性，即确定短视频的风格、画面、节奏、色调、影调、构图、用光等，如短视频光线的使用，节奏是轻快还是沉重。

④ 呈现内容，即完整地阐述短视频场景的转换、结构、视角和主题等，从而指导创作者的后续工作。

⑤ 充盈细节。短视频的细节可以增强表现感，调动用户的情绪，使视频中的人物更加丰满。细节的完善包括音乐、配音、解说等。

类型二：文学脚本。撰写文学脚本需要列出所有可控的拍摄思路，在拍摄提纲的基础上增添一些细节，使脚本更加完善。文学脚本的重点在镜头拍摄的要求上，适用于没有剧情、直接展现画面的短视频，如教学视频、测评视频等。在文学脚本中，只需规定人物需要执行的任务、台词、所选用的镜头和视频的长短。如下所示为一个简化形式的关于某哑铃的脚本：

场景：看电影，吃零食，坚果打不开，用手机砸、用门夹……

字幕："巧剥各种坚果"

镜头：剥核桃，拿出核桃，用哑铃轻轻敲打，然后挑出核桃壳。把夏威夷果、碧根果等坚果都按照上述方法操作一次。

空镜：将剥好的各种坚果摆放在精美的托盘里。

结尾：哑铃不仅可以用来健身，还可以用来快速剥坚果。

类型三：分镜头脚本。对分镜头脚本的要求十分细致，每一个画面都要在掌控之中，包括每一个镜头的长短和细节，适合类似微电影的短视频。策划分镜头脚本时，必须充分体现短视频故事所要表达的真实意图。另外，还需要清晰规划短视频的对话和音效等。分镜头脚本大多采用表格形式，格式不一，一般设有镜号、景别、拍摄技巧、时长、画面内容、解说、声音内容等栏目。

① 镜号，即镜头顺序号，可作为某一镜头的代号，通常用数字标注。在拍摄短视频时，不必按顺序号进行，而在编辑短视频时则必须严格按照顺序号进行。

② 景别。其包括远景、全景、中景、近景和特写等，代表在不同距离观看拍摄的对象。景别能根据内容、情节的不同来反映对象的整体或突出局部。

③ 拍摄技巧。其包括拍摄时镜头的运动技巧（如推、拉、摇、移、跟等）和镜头画面的组合技巧，以及镜头之间的组接技巧（如切、淡入淡出、叠化等）。在分镜头脚本中，一般在技巧栏只标明镜头的组接技巧。

④ 时长，即镜头画面的长短，一般以秒标注。

⑤ 画面内容。它是指用文字叙述所拍摄的具体画面。为了阐述方便，拍摄技巧也在这一栏中与具体画面相结合，加以说明。

⑥ 解说。它是对应一组镜头的解说词，与画面密切配合。

⑦ 声音内容，即需要注明声音的内容、起止位置、配音等。

策划分镜头脚本比较耗时、耗力。分镜头脚本既是前期拍摄的脚本，也是后期制作的依据。

（2）短视频内容创意

短视频内容创意需要创作者突破既有的思维定式。其创意主要体现在内容和表现形式两个方面。

① 内容。内容的创意主要体现在创作过程中对内容的把控上。经典、有趣、轻松的视频内容更容易吸引用户，同时在这些内容中加入创意，增强其趣味性、想象力、延伸力，可以引发用户对短视频的传播，甚至形成病毒式扩散。故事性就是体现创意的一个方面，很多广为传播的短视频都具有故事性的特点；只有为内容设计值得品味的开头、过程和结尾，或跌宕起伏的故事情节，才能吸引用户的注意。为了快速获得用户的关注，还可以利用热点、借势热点进行内容的创意。

② 表现形式。短视频的表现形式非常多元化，精彩的创意内容与恰当的短视频的表现形式相搭配，能够取得更好的传播效果。这就需要运营人员和创作人员根据内容设计出更加合适的视频形式。

3.短视频的拍摄和制作

在抖音上，超过百万点赞量的短视频中，有很大一部分都是普通创作者的作品。短视频是否能够获得用户的点赞、转发等，在很大程度上还依赖创作者对短视频的拍摄和制作。

（1）短视频的拍摄原则

一般情况下，短视频的构成要素主要包括被拍摄的主体、陪体和环境。被拍摄的主体，即摄影师表现的主要对象；陪体，即辅助被拍摄主体表现的对象；环境，即围绕主体和陪体的环境。要想拍摄出优秀的短视频作品，还应当掌握以下基本拍摄原则：

① 主体不应当居中，应注意黄金分割和画面的平衡。

② 主体应当清楚、明确，主体和陪体之间要主次分明。

③ 人与物的连续线应高低起伏、层次分明，人与物之间的距离不应当均等，应有疏有密。

④ 短视频的结构应当均衡。要想判断画面是否均衡，可以将画面分为4等份，每等份中应当有相应的元素，元素之间构成了画面的平衡。

专家指导 5–1

黄金分割是指将整体一分为二，较大部分与整体部分的比值等于较小部分与较大部分的比值，其比值约为 0.618。这个比例被公认为是最能引起美感的比例，因此被称为黄金分割比例。

（2）短视频的构图

在短视频的拍摄过程中，不管是移动的镜头还是静止的镜头，拍摄的画面都是静止画面的延伸，都需要对短视频进行合理的构图。常用的短视频构图方法有：

① 对角线构图法。它就是把画面的两个对角线连成一条引导线，将画面沿着引导线进行分布。对角线构图有效利用了画面对应的两个角，形成了一条极长的斜线，让画面既显得活泼又富有动感，吸引用户的注意，以取得突出主体的效果。

② 垂直式构图法。它以垂直线形式进行构图，常用于表现参天大树、摩天大楼，以及由竖直线组成的其他画面，主要分为建筑构图、树木构图、人物构图等。垂直式构图法能够强调被拍摄主体的高度和气势，给人以雄伟之感。

③ "S" 形构图法。它的被拍摄主体以 "S" 形在画面中进行延伸，优美且充满活力，用户的视线随着S形移动，画面能够有力地表现场景的空间感和纵深感。"S" 形构图法分为竖式和横式两种：竖式可强化场景的纵深感，展现空间的深远意境；横式则能拓展场景的横向维度，营造开阔大气的视觉张力。"S" 形构图法适用于表现本身富有曲线美的景物，如弯曲的河流、庭院中的曲径、矿山中的羊肠小道等；也适用于表现人体或者物体的曲线，如排队购物、游行表演等场景。采用 "S" 形构图法在夜间拍摄时，可选择蜿蜒的路灯、车灯行驶的轨迹等作为拍摄对象。

④ 中心构图法。它是将画面中的主要拍摄对象放到画面中间。画面中间一般是人们的视觉焦点，人们看画面时最先看到的一般会是中心点。中心构图法的主体突出、明确，画面易取得左右平衡的效果。

⑤ 九宫格构图法。它是利用画面的上、下、左、右4条黄金分割线对画面进行分割，黄金分割线相交的点则为画面的黄金分割点。

专家指导 5–2

除了上述几种常用的构图方法外，短视频拍摄的构图方法还包括二分构图法、三分构图法、对称构图法、水平线构图法、三角形构图法等。

（3）短视频的拍摄方法

在抖音中，短视频的拍摄比较简单，但是要想拍摄出优质的短视频，还应当掌握一些拍摄方法。抖音短视频的拍摄方法主要包括美化、滤镜功能和道具的使用，以及分段拍摄、合拍、使用快慢速拍摄和变焦拍摄等。

① 美化、滤镜功能和道具的使用。创作者在拍摄抖音短视频时，应当注重美化、滤镜等功能和道具的使用。拍摄短视频时使用美化和滤镜功能，操作方法非常简单：打开"抖音短视频" App，单击下方的按钮，进入拍摄模式后，单击"拍摄"按钮，再单击右上方的"美化"按钮和"滤镜"按钮即可。使用道具拍摄短视频，可以使短视频更加生动有趣。在拍摄状态下，单击左下方的"道具"按钮，打开道具列表就可以选择各种类型的道具。

② 分段拍摄。在抖音中，通过分段拍摄可以创作出更有创意的作品，如拍摄实现瞬间换装的短视频，就可以在拍摄的过程中暂停拍摄，更换衣服后再继续拍摄。在抖音中，分段拍摄短视频时，长按"拍摄"按钮即开始拍摄，松开按钮即停止拍摄。

③ 合拍。抖音中的合拍可以在一个短视频界面中同时显示他人拍摄的多个视频，该功能可以将视频创作者的视频与他人的视频组合在一个画面中。要想在抖音中合拍，首先需要找到可合拍的视频，然后单击右下方的"分享"按钮，在弹出的界面中单击"合拍"按钮即可。进入合拍界面后，左侧为正常拍摄的画面，右侧为合拍的画面。

④ 使用快慢速拍摄和变焦拍摄。快慢速拍摄是创作者经常会用到的一种方法，可以产生突然加速或减速的效果。在抖音的拍摄模式下，单击右上方的"速度开"按钮，即可开启该功能。另外，在拍摄短视频时，还可以通过变焦拍摄改变被拍摄物体的景别，既可以拍摄物体的全图，也可以拍摄物体的细节图。在拍摄模式下按住"拍摄"按钮并向屏幕上方拖动，即可实现镜头变焦。

（4）短视频的制作

短视频拍摄完成后，即可对其进行制作。短视频的制作就是后期处理，包括剪辑、包装等。在抖音中，短视频的制作包括添加特效、贴纸，以及剪辑短视频和选择封面等。

① 添加特效、贴纸。在拍摄后期，可以添加的特效包括滤镜特效、分屏特效和时间特效等。在抖音短视频录制完成后，就会自动进入视频的编辑界面（若属于前期保存的未发布的短视频，则在"抖音短视频" App 的"本地草稿箱"中），在视频编辑界面下方单击"特效"按钮，就可在其中选择"滤镜""识别""分屏""转场""时间"特效。另外，在视频编辑界面下方单击"贴纸"按钮，就可以为视频添加有趣、漂亮的贴纸，并可设置贴纸的显示时长。

② 剪辑短视频。剪辑是指将拍摄的视频整理成一个完整的故事，剪除多余影像、添加声音等。一般来说，创作者可以直接利用抖音对短视频进行剪辑，也可以利用第三方工具，如会声会影、爱剪辑、快剪辑、Pr（Adobe Premiere Pro）等。需要注意的是，在剪辑的过程中要保证短视频的背景音乐与短视频画面相呼应，发挥声音与画面结合的最佳效果。

③ 选择封面。在默认的情况下，抖音会自动将短视频的第1帧画面作为其封面图，用户可以根据需要更改封面。设置封面的方法非常简单，在"发布短视频"的右上方，单击"选封面"选项，然后在视频条上拖动白色方框，选择要作为封面的画面即可。另外，除

了在 App 中设置封面图外，还可以通过第三方工具（如海报工厂、美图秀秀）制作更加精美的封面。

4.短视频的"吸粉""涨粉"技巧

在短视频账号创建初期，对于上传到平台的短视频，平台会在审核通过后给予每个短视频均等的初始曝光量，将短视频分发给关注的用户和附近的用户，然后才会根据标签、标题等数据进行智能分发。要想获得更多的播放量、获取足够多的"粉丝"，还需要掌握以下技巧：

（1）多渠道转发、引流

对短视频运营人员来说，在短视频运营前期，可以利用个人的社交关系和影响力，通过朋友圈、微信群、微博等渠道进行转发，或者将其他平台（如微博、豆瓣、直播、问答、微信、QQ、媒体网站等）上已有的"粉丝"引流到短视频平台，以提升曝光率，获得更多用户的关注。另外，还可以与其合作伙伴进行沟通，双方发动各自的资源互相宣传和关注。

（2）参加平台挑战和比赛

短视频平台上有很多挑战项目，利用这些挑战项目可以获得较大的流量。另外，用户还可以参加短视频平台举办的各种比赛，如"金秒奖"（由国内领先的 PUGC 平台——西瓜视频主办的新媒体短视频奖项）等；参加比赛不仅可以获得曝光，还可以向优秀的短视频同行学习，从而提高自身的水平。

（3）借助热点

热点新闻、热点话题等都自带流量，对运营人员来说，第一，可以在流量比较大的热门短视频下方评论、回复及分享自己的观点，帮助用户解决问题等。第二，创作短视频内容时可以"蹭"热度和热点，从而为账号提升关注度，吸引"粉丝"。运营人员可借助网络流行语、娱乐新闻、社会事件、文化节日等热点编辑短视频内容。借助热点可以节省人力、物力，成功吸引用户的注意，从而将产品或品牌推送到目标用户的视野范围内，甚至引发裂变式的病毒传播效应。

5.短视频的推广策略

进行短视频推广的目的是促进短视频的有效传播，加强与用户的沟通，增强视频营销的效果。如何才能让短视频得到广泛传播，以获得更多的流量，是运营人员需要关注的问题。下面介绍短视频营销常用的推广策略。

（1）持续发布、更新短视频

形成固定的发布频率，可以培养用户的观看习惯，增强用户黏性。最佳的短视频更新频率是每日更新或隔天更新。如果是生产周期较长的短视频，可以选择每周更新。另外，在发布短视频时，还应当注意发布时间，应当选择人流量比较大的时间段进行发布，如上班前、下班后以及休息、放假时等。由于用户的职业不同、工作性质不同，每个细分行业的人群的时间有着不同的属性，所以还应当结合目标客户群体的时间安排发布短视频。

（2）具有吸引力的标题

标题是"点燃"短视频传播的引线，由于上传到短视频平台上的短视频标签是可以修改的，因此，在上传短视频的时候，应该设置一个具有吸引力的标题。在拟定短视频标题时，应当明确受众的标签和痛点，找到其情绪的共鸣点。在撰写标题时可以按照以下步骤进行：

① 确定短视频的关键词。高流量的关键词是让短视频吸引用户注意力的要点，因此，在撰写短视频标题时，可以加入一些带有流量的关键词，如明星、热点话题等。

② 确定标题的句式和字数。撰写短视频的标题时要多用短句，句式要多样化，除陈述句外，还可以多尝试用疑问、反问、感叹等句式，以引发用户的思考，增强代入感。另外，相比一段式的标题，两段式和三段式的标题能承载更多的内容，层层递进，表述更为清晰。短视频标题的字数应当控制在 20 个字左右，标题的长度一般与短视频的播放量呈正相关关系。

③ 优化标题。确定标题后，创作者还需要对拟定的标题进行优化，如使用修辞手法、数字等。另外，在撰写短视频标题时还可以利用一些工具，如微信小程序、标题大师、热词分析等，初步判断某关键词的相关热度指数，并进行关联分析和评论分析等。

（3）互动体验策略

互动体验策略是指在短视频运营过程中，及时与用户保持互动和沟通，关注用户的体验，并根据他们的需求提供更多的体验手段。一般来说，用户体验效果越好，营销效果就越出众。短视频互动体验的前提是要有一个多样化的互动渠道，能够支持更多的用户参与互动，如常见的具有互动功能的社交平台都可以进行沟通。同时，为了增强用户的体验，建立更牢固的关系，需要综合设计短视频表达方式，如通过镜头、画面、拍摄、构图、色彩等专业手法制作短视频，为用户提供更好的视觉体验；用贴心的元素、贴近用户的角度、日常生活中的素材制作视频，拉近与用户之间的心理距离等。在保证短视频本身互动性的基础上，还需要通过平台与用户保持多元化的互动，包括引导用户评论、转发、分享和点赞等，让用户可以通过多元化的互动平台表达自己的看法和意见。

（4）连锁传播策略

连锁即一环扣一环，短视频的传播渠道是营销中非常重要的一环，很多时候，单一的传播渠道无法取得良好的营销效果。此时，就需要采用多渠道、多链接的形式——连锁传播，从而打造具有连续性和连锁性的传播方式，扩大视频的影响范围。连锁传播应当贯穿短视频构思、制作、宣传、发布、传播的每一个环节，精确抓住每一个环节的传播节点，配合相应的渠道进行推广。例如，某企业要制作一个推广短视频，制作初期可以透露短视频的制作消息，包括短视频热点、拍摄人员等信息，进行宣传预热；制作阶段也可以剪辑一些片段发到网上，利用各种媒体和新闻渠道进行宣传；短视频上线后，进一步对前期预热的效果进行扩展和升华，加大宣传的力度和广度，强化短视频营销的作用。在连锁传播的过程中，运营人员可以选择更多、更热门、更适合的传播平台，不局限于某一个媒体或网站，将社交平台、视频平台全部纳入整个传播过程中，扩大每一个纵向环节的传播范围，增强传播的深度和广度，让营销效果进一步提升。

（5）整合营销策略

整合营销是对各种营销工具、营销手段的系统化结合，注重系统化管理，强调协调统一。应用到短视频中的整合营销，不仅需要体现在工具和手段的整合上，还需要在整合的基础上进行内容传播。以用户为中心，以产品或服务为核心，以互联网为媒介，整合营销和传播的多种形式和内容，以取得立体传播的效果。

不同的用户通常拥有不同的上网习惯，拥有不同的与短视频进行接触的途径，这使单一的传播途径很难取得良好的效果。因此，在通过互联网进行短视频营销的过程中，还可以整合线下活动资源和媒体进行品牌传播，进一步增强营销效果。

第七节　社群营销

一、认识社群

1.社群的定义

点与点之间通过某种媒介的互动和连接，就出现了联系，连接这两个点之间的这条线就是社交。每个点不只连接一个点，于是多个点之间的多线条社交就形成了面，经过不断地优胜劣汰、协作，连接线越来越牢固，形成的这个面也越来越稳固。这些点与线形成的面，就是社群。

随着移动互联网的快速发展，桌面端转移到移动端，再加上打破空间、时间的高效率工具（如QQ、微信）的出现，这些限制逐渐被摆脱，使得社群组织更容易、互动更容易、管理也更容易。

2.社群的构成要素

构成社群的第一要素——同好，它决定了社群的成立。所谓同好，是对某种事物的共同认可或行为。可以基于某一个产品，如苹果手机、小米手机；可以基于某种行为，如爱旅游的驴友群、爱读书的读书交流会；可以基于某一个空间，如某生活小区的业主群；可以基于某一种情感，如老乡会、校友群、班级群；可以基于某一种观念，如"每天进步一点点"的亲友团。

构成社群的第二要素——结构，它决定了社群的存活。社群的结构包括组织成员、交流平台、加入原则、管理规范四部分，这四部分工作做得越好，社群活得越久。

构成社群的第三要素——输出，它决定了社群的价值。没有足够价值的社群，迟早会成为"鸡肋"，群主和群成员就会选择解散或者退群。好的社群一定能给群员提供稳定的服务输出，这也是群成员加入群、留在该群的价值。例如，罗辑思维坚持每天一条语音、某些行业社群可以定期接单等。另外，"输出"还要衡量群成员的输出成果，全员开花才是社群。

构成社群的第四要素——运营，它决定了社群的寿命。通过运营要建立"四感"：仪式感，如入群要申请，行为要接受奖惩；参与感，如通过有组织的讨论、分享等，保证群内有话说、有事做、有收获的社群质量；组织感，如通过对某主题事务的分工、协作、执行等，以保证社群的战斗力；归属感，如通过线上线下的互助、活动等，保证社群的凝聚力。

构成社群的第五要素——复制，它决定了社群的规模。由于社群的核心是情感归宿和价值认同，社群越大，情感分裂的可能性越大。一个社群如果能够复制多个平行社群，将会形成巨大的规模。在复制多个平行社群之前需要完成以下三件事：首先，需要构建好自组织，具备足够的人力、财力、物力；其次，组织核心群，要有一定量的核心小伙伴，他们可以作为社群的种子用户加入，引导社群向良性的方向发展；最后，要形成一种群体沟通的亚文化，如大家聊天的语气、表情风格一致。

二、社群组建

1.找同好

社群的组建离不开灵魂人物，对企业而言，可安排专业人员来专项负责社群的创建与经营管理工作，也可根据企业自身定位，找到产品"发烧"级用户，让这样的用户成为自己运营的社群里面的精神领袖，从而完成企业领袖的培养。

有了社群的创建者，还要确定社群的管理者。管理者要做到赏罚分明，能够针对成员的行为进行评价，并运用平台工具实施不同的奖惩。群的活跃度决定了参与度，要想提高活跃度，参与者中有一些意见领袖、萌妹子、搞笑大神等会很有效，这样一群人能激发社群整体的活跃度，所以在找"同好"加群的同时要特别留意此类人的加入，日后可以借助他们提高群的活跃度。

2.定结构

群结构有环形结构与金字塔结构。在环形结构中，每一次群交流，每个人的身份都可以互相变化和影响，但是一个群里面应至少存在一个活跃的灵魂人物，他可能身兼思考者、组织者等多个身份；如果一个群拥有两三个活跃的思考者，那么这个群不但生命力很强，而且会碰撞出很多火花。

在金字塔结构中，一定有个高影响力人物，然后发展一些组织者帮助管理群，群成员基本上是追随影响力人物进行学习的。所以在群里必须设计严格的群规，否则若每个成员都直接与高影响力人物沟通，会导致其陷入沟通过载的状态，无法进行有效的信息处理。在群里，影响力人物进行定期分享时，由组织者进行日常的群管理。

好的社群可以从四个方面来设置群结构。

（1）组织成员。群管理人员发现并号召那些有"同好"的人抱团形成建群最初的一批成员，并以此为基础不断扩大群的规模，最初的一批成员将会对以后的社群产生重大影响。在社交群里，必须有活跃分子，清谈者很难奉献出结构化、有深度的内容，但他们往往有比较多的信息来源，可以给群提供一些有趣的话题，诱发思考者奉献出质量的内容；一些围观者也可能被激活，带来有深度的内容。另外，清谈者往往有比较开放包容的心态，能够接受调侃，这样会让一个社群不至于像工作群一样变得单调乏味。

（2）交流平台。组织好成员之后，要有一个聚集地作为日常交流的大本营，目前常见的有QQ、微信、YY等。那么什么工具更适合做社群营销呢？

如果是B2C类型的电商，采用微信公众号或微博比较合适，因为B2C平台的客户太多，少则几十万，多则几千万，唯有微信公众号与微博才能管理这么多的客户群体，其他工具无法胜任；如果是自媒体类或者企业交流分享群，则采用QQ群为好，QQ群最多人数为3 000人，能够将3 000人聚集起来，一起分享，一起创造价值，自然会产生很大的经济效应。

还可以在微信上开设微信公共账号，聚焦电子商务、互联网、网络营销等领域，专注于经典网络营销案例的分享、话题探讨与深度分析。该账号主要推送全网营销、社会化营销、微博营销、精准营销等的行业新闻、知识干货与观点洞察，同时追踪热点趋势变化，分享前沿营销概念。此外，该账号每日为用户推送电商、互联网、网络营销及科技类最新资讯，实时回复用户的提问与咨询，并通过二维码与微博等平台联动推广，形成跨渠道传播矩阵。

（3）加入原则。有了元老成员，也建好了平台，慢慢会有更多的人慕名而来，那么就得设立一定的筛选机制作为门槛。加群方式可以为邀请制，可以是群管理人员主动邀请，也可以是群成员推荐好友加入；申请加入的人员需要通过管理员的审核才可以加群。这种加入方式一是能保证质量，二是会让新加入者感觉加入不易而格外珍惜这个社群。

（4）管理规范。社群中的人越来越多，就必须进行管理，否则大量的广告与灌水会让很多人选择屏蔽。所以，一是要设立管理员，二是要不断完善群规。

一般群规主要是限制群成员发和群无关的内容，特别是发垃圾广告，或者两个人在群空间里过度聊天，影响他人的阅读体验。对于违规的群成员，可以采取的方法有小窗口提醒、公开提醒晒群规、私下警告、直接移除。

3.产输出

输出决定了社群的价值，要进行社群进化，就要让普通群成员也能输出。比如一个学习群，核心输出是优质课程与学习资料的不断开发与升级，群输出还包括群每天的"新闻早知道"，群每周的群作业，每周一、二、四的话题分享，每周末的教学分享等。

比如，一个学习群主要是服务于学习的教学平台，不管是对学生的学习还是教师的教学都有很大的帮助。在此平台上，教师梳理自己的教学过程，应用平台内的资源、训练任务等串联起教学，并可定制个性化的教学课程；平台提供的学生在站内的动态数据汇总，如学习进度、训练完成结果分析等，会被系统化地进行归类，给教师提供教学建议，进一步稳固和增强教学效果。同时，便捷的班级管理能够让教师与学生在平台上进行充分的联系与交流。

学生进入平台可以学习海量免费课程，也可付费购买精品课程完成学习。学生也可通过完成技能点下的训练任务，实现技能提升，在获取技能模块勋章后，就可承接企业实战任务，获得综合实践经验与经济回报，还有机会直接被企业选中获得工作机会。

4.巧运营

群的运营要建立"四感"，激活群内的活力也是从"四感"开始的。"四感"指的是仪式感、参与感、组织感和归属感。

建立仪式感，如加入社群要通过申请、入群要接受群规、行为要接受奖惩等，以此保证社群规范。

建立参与感，如有组织地进行讨论、分享等，以此保证群内有话说、有事做、有收获的社群质量。

建立组织感，如通过对某主题事务的分工、协作、执行等，以此保证社群战斗力。

建立归属感，如线下交流、聚会吃饭等活动，以此保证社群凝聚力。

5.能复制

能复制决定了社群的规模，在保证社群质量的前提下要适当扩大群规模。社群管理人员可运用交叉法复制社群。当第一个社群的运营进入良性循环阶段，人数突破1 500人时，就可以开始第二个社群的组建。首先通过内部小窗口，转移一部分老群员到2群，这样做的好处是2群一开始就有了一定的规模，再添加新人入群就会容易很多。老群员在社群里自然就把社群文化传承下去了，不需要管理人员再过多地干涉和引导。第二个社群快加满时，再建设第三个群，然后交叉引入，以此类推，组建更多的社群。交叉法引入群员的好处是新老结合，既可以形成数量上的抱团感，又可以为社群管理打下了良好的基础，社群文化也自然得到了复制。

【案例阅读5-3】

十点读书会是如何搭建完整的社群架构的？

"十点读书"成立至今，已经坐拥千万读者，各大自媒体矩阵都有着大量粉丝。不管是头条号还是其他自媒体，几乎篇篇10万的阅读，日均阅读量高达700万，旗下的10个矩阵号全网粉丝合计已达5 000万，商业估值4亿元。十点读书会社群是十点读书新媒体矩阵中的一个子品牌，成立于2015年4月23日世界读书日。那么十点读书会是如何搭建社群架构的呢？

一、共同的理念

十点读书会吸引的是一群爱读书的人。十点读书会认为一个人的知识储备等于阅读力乘以阅读量，他们在关注每一个人阅读量的基础上，关注提升大家的阅读力，通过潜移默化的影响，促进社群成员的进步。社群成员每日阅读打卡，每周探讨阅读话题，每月组织线下活动，还有十点线上直播间、作家见面会，有关读书的环节环环相扣，把相同频率的读书人联系在一起。

二、组织架构

十点读书会采用全媒体矩阵布局，包括新媒体矩阵（头条号、公众号、微博十点直播间等）、作家见面会、十点训练营、十点课程和全国分会等。由微博、微信、电台、微社区组成平台，招募各个城市的会员和班长组成线下读书会，又征集助手管理微社区和微信群。

十点读书会全网粉丝超过千万，且有多个"千万级阅读量话题"成为微博热门话题，还有千万粉丝及自媒体资源"十点读书"作为坚实后盾。

十点直播间：通过严格筛选，面向全国招募了20多名高质量十点读书会专属主播，全程参与线上直播间访谈节目，并作为各地读书会活动主持人；同时，建立了十点读书会电台。

作家见面会：举办了多场知名作家见面会。

十点训练营：与多位大咖合作开展训练营活动，取得了不错的活动效果，提升了曝光率。除此之外，还有全国分会，如线下读书会、线上分享会与兴趣活动小组等。

三、内容输出

持续输出有价值的东西是考验社群生命力的重要指标之一。十点读书会公众号中的文章曾经以名家授权转载为主，原创性不强，后来开始推出约稿、领读模式，极具特色的训练营矩阵更让整个社群有所输出。

100天训练营：十点读书会联合warfalcon面向全国读书人发起100天阅读训练营活动。仅3天时间，该计划招募文阅读量超过10万，最终确定2 500人进入训练营。十点读书会在新浪微博发起了"100天阅读计划"话题，成为新浪微博热门话题，拥有超4 000万的话题阅读量，读书类相关内容迅速冲上新浪微博话题排行榜，为全民阅读时代的到来添砖加瓦；并且训练营学员在微博上持续阅读打卡，导师携手助教团进驻10个营员群，零距离悉心指导，秒问秒答。训练营作为十点读书会首创的线上学习分享模式，不管是宣传规模还是招募营员数量，都在不断刷新纪录。

十点读书会通过公众号、电台等多个栏目进行内容推送，并定期邀请嘉宾分享；正是这样杰出的输出能力，使十点读书会与社群成员之间产生了超强黏性，为社群的发展打下坚实的基础。

四、运营

十点读书会招募管理员、群助手、线下读书会的班长，让他们来协助管理各个分会的社群，并组织线下读书会，以提升成员的参与感和组织感。

仪式感：十点读书会的训练营每次开营都会有开营仪式和结业仪式，给社群参与人员一种强烈的仪式感，从而更加认真严肃地对待100天的训练。

参与感：十点读书会的训练营活动，每天都是固定的打卡模式，在朋友圈或者微博提交自己的作业，且每周填表提交周作业，让自己的成长得到系统的输出总结。

组织感：十点读书会的训练营会进行分班，从社群成员中选拔出组长，还配备有助教等，使活动有序开展。

归属感：训练营因为有分班制度，所以能让小团队更有凝聚力，归属感也就更强。

五、复制

十点读书会围绕着读书，在线下全国性的复制能力上是做得比较好的，线下黏性也比较好。根据读者的需求增加很多栏目，各个城市线下的读书会也相继发起。由于书籍有知识类和文化类之分，后期还可以组建各个文化类、学习类社群。相对于吴晓波书友会来说，十点读书会更偏向于个人品牌化，以"十点读书"这个品牌作为辐射点进行复制。

近两年，十点读书会也开始涉足在线教育，借助自己的导流能力，整合优质社群，特别是能够产出优质课程的社群，一起运营在线课程，通过教育型社群扩展十点读书会的规模。如果十点读书会能打通、整合优质社群的商业模式，在复制上的潜力非常可观！

资料来源　作者根据百度文库的相关资料整理而成.

三、如何做好社群营销

要做好企业的社群营销，需要重点解决一系列的操作问题：如何有效利用各个平台，如何维护社群的活跃度，如何在社群中进行推广。为什么很多企业在社群营销上总觉得施展不开？无论是粉丝的数量，还是用户的活跃度，都让企业伤透脑筋。明明有了账号，也有了自己的页面，还经常发布话题分享，为什么粉丝的回应总是不够积极？

图5-12用一个三维空间图来帮助了解社群营销的定位。从这个三维空间图中我们可以判断一个企业的社群究竟是实现了"立体沟通""平面沟通"还是停留在原点没有任何进展。三个维度分别是"内容""交流""引导"，而原点就是品牌账号。

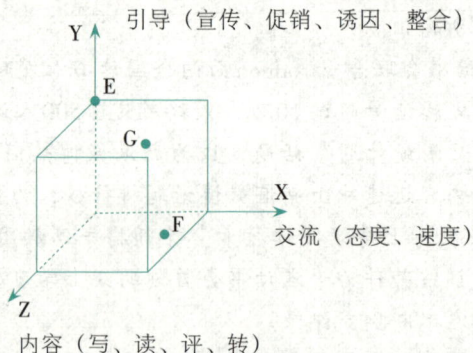

图5-12　社群营销的三维空间图

1.内容

内容是所有社群营销的基础，其要点不外乎4个字"写、读、评、转"。一个好的话题，需要让用户"希望写、想要读、愿意评、用力转"（不必4项兼备，满足一两项即可）。汽车可以写保养小常识，食品可以写养生心得，化妆品可以写美丽秘诀，计算机可以介绍趣味软件等。说来简单，然而纵观目前的品牌账户，还是多以自我宣传为主，很少从真正意义上与消费者互动。固然，企业社群担负着企业营销的任务，但是如何巧妙糅合两者是企业社群在经营上首先需要思考的议题。毕竟，群建好、群成员加入只是社群营销的第一步。内容和互动才是接下来的关键。

2.交流

一旦有了品牌账户，企业就开启了一扇门，消费者随时有权进来在这个平台上发表任何言论，这时候企业的回应方式极为重要。用有诚意的态度交流，正面的言论能够得到正面的印证，负面的言论也有可能变成转机。此外，还需要让消费者看见改变，鼓励消费者勇于建言，并且针对消费者的建言做出改进。

3.引导

消费者很少特意经常上网搜索和询问一个企业的品牌专页或者官方微博是否上线。他们需要企业来告诉他们企业有了这样一个平台，甚至告诉他们为什么要上这个平台。适度的引导非常必要，尤其是需要在短期内看到效果的时候。不只是互联网，其他一切可以运用的媒体都需要引导这一步。好的产品需要做广告，好的平台亦然。

没有人会拒绝一个经常发红包的社群，随机红包，金额不一定很多，却能起到很好地调动气氛的作用。除了随机红包，如果某位群成员为某件事做出了贡献，也可以私下发一个红包感谢一下，钱不在多，重在暖人心，以提升群的活跃度。

在社群营销中，有一个关键的位置常常被忽略，那就是QQ空间。在社群营销的过程中，通过在QQ空间中发表说说，将每一次活动以实时转播的方式进行呈现，引导QQ好友及时围观，可为平台提供有力的推广与宣传服务。

在活动结束之后进行总结回顾，并在平台论坛上发布，让没有及时参与的人也可以了解到本次活动的大体内容，进一步引导平台用户加入社群中，加强平台与用户的沟通与交流。

三维定位只是检验社群营销的一个标准。要在每一个维度上都有好的表现，必须让整个工作团队不断地思考"用户体验"这个极为重要的命题。当能够真正在用户体验上用心并且实践，思考如何将品牌精神传递给消费者，而非单纯地、重复地传递自己的广告信息的时候，消费者也一定会用相应的热情来回馈，这才是社群营销真正的意义所在。

课堂训练 5-1

请大家挑选一个自己加入的社群或了解的优秀社群，分析其营销模式，并填写表5-2社群调查分析表。

表5-2　　　　　　　　　　　　　社群调查分析表

社群名称		所在平台	
用户数量		共同爱好	
建群目的		会员招募	
内容创作		社群活动	

【素养课堂5-1】

守护网络舆论阵地，抵制低俗违规内容

当前，网络舆论在社会和生活中发挥着重要作用，网民对网络舆论十分关注。但网络舆论是把"双刃剑"，它能捧红一些人物、产品，也可能扰乱公共秩序，侵犯个人权利，带来负面影响。这几年网络暴力、虚假新闻、歪曲历史、操纵舆论的事件层出不穷，造成部分网民的认知困难。因此，要加强网络空间治理，打击网络水军、造谣生事者，维护网络安定，促进社会和谐。网民们要"不信谣、不传谣、不造谣"，培养批判性思考能力，支持专业的新闻媒体。

近日，国家网信办会同有关部门，针对自媒体账号存在的一系列乱象问题，开展了集中清理整治专项行动，依法依规处置近万个自媒体账号。据悉，这些被处置的自媒体账号，有的传播政治有害信息，恶意篡改党史、国史，诋毁英雄人物，抹黑国家形象；有的制造谣言，传播虚假信息，充当"标题党"，"以谣获利、以假吸睛"，扰乱正常社会秩序；有的肆意传播低俗色情信息，违背公序良俗，挑战道德底线，损害广大青少年健康成长；有的肆意抄袭侵权，大肆洗稿圈粉，构建虚假流量，破坏正常的传播秩序。这些自媒体乱象严重违反法律、法规，损害广大人民群众的利益，破坏良好的网络舆论生态。

相关负责人指出，自媒体绝不是法外之地。绝不允许自媒体成为某些人、某些企业违法违规牟取暴利的手段。欢迎广大网民、媒体和社会各界共同维护网络传播秩序，营造风清气正、积极向上、健康有序的网络空间。

【实训项目】

H5广告营销

一、实训目的

（1）使学生掌握H5广告的制作方法。

（2）掌握常见的营销推广方法。

（3）能够对H5广告进行优化，创新营销方法。

二、实训要求

（1）学生能够熟练运用H5开发工具进行H5广告制作。

（2）具备H5广告营销创新思维。

（3）小组分工完成实训，具有团结协作意识。

三、实训内容

（1）使用市场上常用的H5制作工具，为××牛奶公司设计一个企业宣传作品。

（2）采用合适的方法对H5进行优化与推广。

四、实训方法与步骤

1.资料收集与整理

收集××牛奶公司的简介、发展历程、公司优势、公司荣誉、产品分类、产品信息等资料，包括文本、图片、动画、视频等多种形式；同时，可以收集一些与公司产品风格一致的背景、配饰、字体、音乐等素材文件。

2.H5广告的制作

（1）注册登录。打开易企秀官方网站（https：//www.eqxiu.com/），可以利用自己的手机号、个人微信以及QQ、微博、邮箱账号等第三方账号注册。

（2）创建场景。进入工作台，点击上侧的功能栏，选择"H5"，可以从"模板创建"或"空白创建"中选择一种。模板创建是指将平台内现有的作品作为模板，去修改完善；空白创建指在空白状态下设计自己的作品（如图5-13所示）。

图5-13 创建场景页面

（3）熟悉工作台界面。易企秀的工作台（如图5-14所示）包括左中右三部分。左侧是素材区，提供文本模板、艺术字、图片、图文模板等素材，可供用户自由选择；中间是工作区，用户可以将各种素材添加到手机尺寸大小的工作区中，也可以修改工作区中的文字、图片、背景、音乐、形状、组件表单、特效等素材；右侧是管理区，用户可以设置页面、管理页面、管理图层，以及执行预览、保存、撤销、导出、发布等动作。

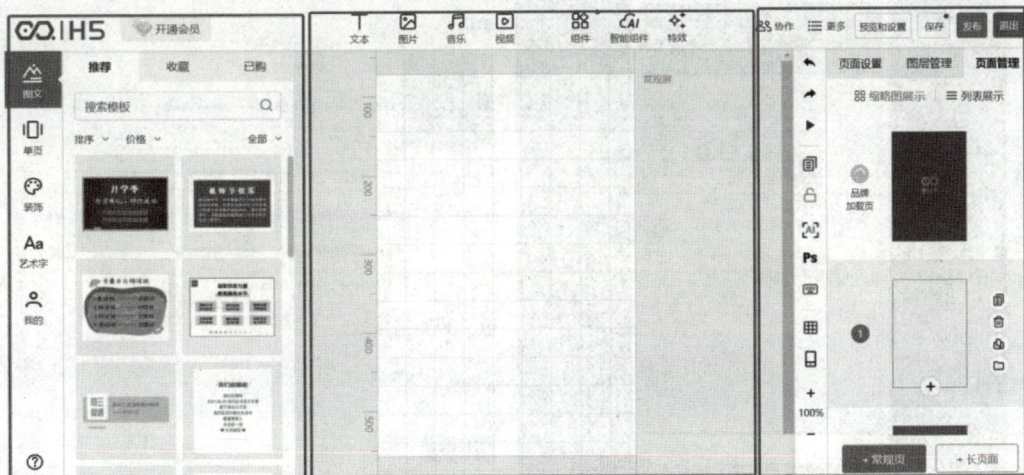

图5-14 易企秀工作台页面

（4）确定作品主题与作品结构。由于作品的主旨是宣传公司，所以作品中应该包括封面页页、公司简介、发展历程、主打产品、公司优势、公司荣誉、联系方式、封底页等内容，这样作品主题与作品结构就规划好了。

（5）页面设计。在管理区中点击"页面管理"，可通过"+常规页"按钮，在工作区中增加一个新页面；在页面中，可导入公司的图片作为背景或者配图；在页面上侧点击"文本"按钮，可以在页面中添加"文本框"，增加公司的文字介绍（如图5-15所示）。

图5-15　H5图文页面设计

（6）添加音乐。H5作品一定要添加与内容相匹配的背景音乐，这样作品的效果才能体现出来。在工作区点击音乐按钮，可从乐库中选择适合的音乐，也可以自行上传音乐。

（7）作品发布。各页面设计完成之后，可以点击右上角的"预览和设置"按钮，填写作品标题、作品描述，更换封面图片，设置翻页方式、作品访问状态等（如图5-16所示）。作品设置完成之后，可以点击"发布"，将作品分享到社交网络中。

图5-16　作品设置与发布页面

3.H5广告的优化与推广

（1）互动式内容创建

在数字时代，用户不再满足于单一、静态的信息展现方式，他们期望与内容进行更多的互动与沟通。正是基于这样的背景，H5以其互动性为其赢得了一席之地。

创意互动设计的重要性：互动设计可以有效引导用户参与，增加其停留时间，从而提升品牌的曝光率。例如，H5页面上的互动问卷、抽奖、投票等活动，都能够吸引用户主动参与，转化率也相对较高。

使用动画和多媒体元素：动画和多媒体元素能够让页面内容更加生动有趣。例如，使用动画展示产品特点、利用视频展示用户评价等，这些都能够增强用户的浏览体验，使其更愿意分享，提升品牌的影响力。

（2）SEO优化

在H5页面的推广中，SEO仍然是关键的一环。一个优化良好的H5页面，不仅能够在搜索引擎中获得更高的排名，还能够带来更多的有意向用户。

第一，关键词优化：在内容创建之初，就应该进行关键词研究，确保H5页面的内容与用户的搜索意图相匹配；同时，在页面的标题、描述、内容中合理分布关键词，提升其在搜索引擎中的权重。

第二，内容质量：高质量的内容不仅能够吸引用户，还能够被搜索引擎视为权威内容，提高排名；内容应该是原创的、有价值的，并且结构清晰，易于用户阅读。

第三，技术优化：除了内容外，技术方面的优化也不容忽视。页面的加载速度、移动设备的适配性、代码结构的清晰度等都会影响搜索引擎的评价。

（3）社交媒体推广

随着社交媒体的飞速发展，它已成为现代营销的核心部分，这为H5页面的推广提供了广阔的平台和无限的可能性。

第一，选择合适的平台。

微信：作为最大的社交通信平台，微信提供了诸如公众号、小程序等工具，使品牌能够与用户建立更深层次的链接。推广H5页面时，可将其嵌入公众号文章中或使用微信朋友圈广告，借助微信的社交属性，实现口碑式传播。

微博：其信息传播速度快、覆盖面广。发布吸引眼球的H5项目，结合热门话题或标签，能迅速实现大量曝光。

第二，创意分享。

H5小游戏：设计与品牌或产品相关的小游戏，不仅能吸引用户参与，还能有效传递品牌信息。例如，饮料品牌可以推出"虚拟摇瓶子"游戏，让用户在游戏中体验产品带来的乐趣。

互动故事：以故事化的形式呈现内容，让用户成为故事的一部分，通过互动深化用户对品牌的印象。例如，旅游公司可以设计一款"虚拟环游世界"H5，让用户在互动中体验旅行的魅力。

（4）合作与广告

在高度竞争的数字营销领域，与其他品牌或网站的合作，以及合理的广告策略，都是推广H5页面不可或缺的手段。

第一，与其他网站/品牌合作：通过内容合作、广告交换或者联合活动等方式，实现与其他网站或品牌的资源互补，扩大双方的影响力。例如，一个健身H5页面可以与健康食品网站进行合作，为用户提供完整的健康生活建议。

第二，利用广告。

Google AdSense：通过精准的关键词定位，使用Google AdSense在相关内容网页上展示H5页面广告，吸引目标用户点击。

Baidu推广：针对中国市场，Baidu为品牌提供了一个高效的搜索引擎营销平台。通过对关键词的优化，确保H5页面在相关搜索结果中获得更高的排名，从而提高点击率。

总体而言，结合社交媒体的推广策略与外部合作，利用广告的手段，能更全面、有效地推广H5页面，实现品牌与用户的紧密链接。

4.成果展示

小组课堂展示并汇报。

5.实训考评

教师根据学生实训成果的汇报情况，对学生的表现进行点评，然后学生自评、互评，教师最后进行总结。

【本章测试】

一、单项选择题

1.移动营销的核心目的是（　　　）。

A.提高品牌知名度　　　　　　　　B.增强用户黏性

C.推广产品或服务　　　　　　　　D.扩大市场份额

2.（　　　）不是移动营销的特点。

A.便携性　　　　　　　　　　　　B.精准性

C.高成本　　　　　　　　　　　　D.互动性

3.4C理论中的"C"分别代表（　　　）。

A.成本、沟通、便利、顾客需求　　B.顾客、成本、便利、竞争

C.沟通、成本、便利、渠道　　　　D.顾客需求、成本、沟通、竞争

4.移动广告中最常见的计费方式是（　　　）。

A.CPC（每次点击费用）　　　　　B.CPA（每次获取成本）

C.CPM（每千人印象费用）　　　　D.CPS（每次销售费用）

5.（　　　）不是微信营销的主要形式。

A.朋友圈营销　　　　　　　　　　B.微信公众号营销

C.微信小程序营销　　　　　　　　D.微信广告投放

6.社群营销中的"四感"不包括以下中的（　　　）。

A.仪式感　　　B.参与感　　　　C.体验感　　　　　D.归属感

7.短视频营销中，（　　　）平台以"流量普惠"策略维护普通用户的利益。

A.抖音　　　　B.快手　　　　　C.西瓜视频　　　D.小红书

8.内容营销的核心要素不包括（　　　）。

A.传播媒介　　　　　　　　　　　B.有价值的服务

【本章小结】
本章测试

答案

C.可衡量的成果　　　　　　　　　D.独特的创意

9.微信营销中，（　　）适合与用户经常产生联系的企业。

A.订阅号　　　　　B.服务号　　　　　C.小程序　　　　　D.企业微信

10.在微博营销中，用于增加粉丝数量的方法不包括（　　）。

A.微博账号认证　　　　　　　　　B.付费媒体推广

C.发布高质量内容　　　　　　　　D.禁止他人转发

二、多项选择题

1.移动营销的主要渠道包括（　　）。

A.微信　　　　　B.微博　　　　　C.短视频平台　　　　　D.传统电视广告

2.移动广告的类型包括（　　）。

A.旗帜广告　　B.视频广告　　C.信息流广告　　D.原生广告　　E.插屏广告

3.4I理论中的"I"分别代表（　　）。

A.趣味　　　　　B.利益　　　　　C.互动　　　　　D.个性

4.短视频营销的优势有（　　）。

A.时长短，传播速度快　　　　　　B.创作流程简单，参与门槛低

C.社交属性强，信息传递范围广　　D.受众固定，难以拓展新用户

5.社群营销的构成要素包括（　　）。

A.同好　　　　B.结构　　　　C.输出　　　　D.运营　　　　E.复制

三、简答题

1.简述移动营销的作用。

2.简述4P策略及其包含的内容。

3.移动广告的特点有哪些？

4.简述社群营销中"四感"的具体内容。

5.简述内容营销的分类及其特点。

四、材料分析

三只松鼠的个性化营销之路

三只松鼠股份有限公司是一家以研发、销售坚果等食品为主的互联网品牌公司，成立于2012年6月，创始人为章燎原，总部位于安徽芜湖。2019年7月，三只松鼠在深交所上市。多年来，以"服务全球绝大多数的大众家庭"为终极目标，三只松鼠将产品的风味、鲜味、趣味注入每一款产品中。从2012年到2022年，10年间三只松鼠已然成为国内规模领先的、以坚果为主的休闲食品品牌，并快速建立起全国化的品牌认知。目前，三只松鼠淘宝店铺粉丝数、京东系店铺粉丝数均位列零食类目第一位，领跑休闲食品行业粉丝榜。

那么三只松鼠是如何在激烈的电商竞争中脱颖而出的呢？

1.主打情感品牌

（1）精准定位，起好名称。三只松鼠品牌的设计萌且俏皮，个性鲜明、鲜活，同时具备生动感和质感，无论老幼，都会被松鼠可爱的形象所吸引。三只松鼠的目标人群定位是互联网用户群体。这类群体个性张扬，有自己的主见和行为准则，追求时尚、享受生活、善待自己；对细节挑剔，习惯网购，注重全方位的消费体验。三只松鼠的命名及卡通形象可爱又好记，传播性强，再配上贴合消费群体心智的超萌动漫形象，迅速成为网购群体关注并喜爱的品牌。

（2）品牌形象渗透到企业的各个环节。三只松鼠塑造并传达了属于自己的松鼠森林式文化，无论是产品描述页的第一屏，还是服务卡上的文字、包裹箱、果壳袋、附赠的手机挂件、插卡套及员工工作环境等各个细节和场合，无一不流露出松鼠文化——快乐可爱、绿色天然、关爱环境。

三只松鼠利用微博、旺旺、自有杂志、动漫短片等各种渠道，建立独特的形象体系，让品牌与消费者更好地沟通、互动，令人过目不忘。

（3）客服卖萌彰显松鼠个性。三只松鼠开创了中国电商客服场景化的服务模式，亲切地称买家为"主人"，并从客服到售后将"松鼠"品牌立体化，带给买家一次完整的"松鼠与主人"的购物体验。此外，"客服"还时不时地跟顾客卖个萌，如"主人，买一个吧""主人，鼠胖胖在呢"。三只松鼠将消费者和客服的关系演化成主人和宠物的关系，增强了品牌的趣味性、独特性和互动性。

2. 卓越的产品品质

首先，三只松鼠的原料均选自全球的原产地，力求实现产品的原汁原味。同时，采取订单式合作模式，坚持原料检验、过程品控、出厂检验。收购后委托当地企业加工成半成品，并将合格的半成品直接送回总部封装，在工厂或低温仓中完成最后的分装工作，最大限度地保证产品的新鲜安全。其次，成立食品研究院进行食品研发，如何令食物更新鲜、美味。最后，完善信息化体系，建立安全可追溯的供应链系统，实现资源透明、安全可追溯。

3. 极致的细节体验

三只松鼠把坚果产品加工得易剥取，设计了时尚有质感的双层包装，突出松鼠形象；提供各种工具，如开箱器、吃坚果的工具、扔果壳的纸袋甚至还有纸巾；包裹中有趣的提示语，如"主人，我是鼠小袋，吃的时候记得把果壳放进袋子里哦"；根据买家的购买次数更换包装袋，时不时提供抽奖卡片、优惠券、试用新品、微杂志等小惊喜。

4. 基于数据挖掘，改善客户体验

三只松鼠运用大数据方法，通过后台数据筛选目标用户，如顾客购买历史客单价、二次购买频率、购买内容、购买打折商品的比例、几次购买等。在数据分析的基础上，实现一对一地为客户服务，以保证客户收到的包裹及包裹中的附赠品能时时更新。

5. 搭建线上线下立体化渠道

三只松鼠自2016年起从线上走向线下，不断探索立体化渠道。迄今已有100余家投食店覆盖各大商圈并提供极致服务；40余家松鼠小店助力小镇青年实现创业梦想；38万家线下便利小店为大众家庭提供便捷的产品服务。

三只松鼠扎根于线上渠道，在天猫、京东、当当、苏宁易购等传统电商平台都设立了旗舰自营店，并开发了自己的App；同时，还注重基于微信生态圈的社交电商渠道的搭建。

"松鼠小店"是三只松鼠旗下新零售赋能创业平台，提出了"助力年轻人创业，让天下没有难开的零食店！"的平台使命，尝试以线下联盟模式帮助更多年轻人开一家属于自己的、更有幸福感的，而且未来有更多可能性的松鼠小店！自此，三只松鼠开启了和主人一起开店的新时代。

结合上述案例资料，回答下列问题：

（1）三只松鼠的目标客户群体有哪些？他们有哪些特殊的消费行为表现？

（2）三只松鼠能在市场竞争中脱颖而出，采取了哪些营销策略？

第六章　移动商务保障

【学习目标】

知识目标:

(1) 了解移动商务的安全需求和安全问题, 能够列举三种以上安全威胁。

(2) 了解移动商务涉及的主要法律问题。

(3) 了解移动商务的相关立法, 能够说出重要的法律条款。

能力目标:

(1) 能够简单分析移动商务的安全问题, 并制订初步安全方案。

(2) 能够辨识移动商务面临的主要法律问题, 并运用相关法律解决实际问题。

素养目标:

(1) 具备没有网络安全就没有国家安全的意识, 不断筑牢网络安全防线, 让人民群众安享美好的数字生活。

(2) 具备责任意识, 能够担当应有的社会责任, 遵从网络行为规范和职业道德。

(3) 坚持依法治网、依法办网、依法上网, 让互联网在法治轨道上健康运行。

第一节　移动商务安全保障

一、移动商务面临的安全威胁

随着移动通信的普及以及移动互联网业务的迅猛发展, 移动商务所依赖的移动网络逐渐成为黑客关注的目标。网络的开放性以及无线传输的特性, 使安全问题成为整个移动通信系统的核心问题之一。窃听、伪装、破坏完整性、拒绝服务、非授权访问服务、否认使用/提供和资源耗尽等形形色色的潜在安全攻击威胁着正常的通信服务。

移动商务的迅速发展得益于移动通信的广泛应用, 由于移动通信网络的建设不像有线网络那样受地理环境的限制, 因此移动用户也不受有线通信电缆的限制, 而是可以在移动中进行通信。移动通信网络的这些优势都源自其采用的无线通信信道。无线通信信道是一个开放性信道, 它在赋予移动用户通信自由的同时, 也带来了一些不安全的因素, 如通信内容容易被窃听、通信内容可能被更改、通信用户的身份可能被假冒等。当然, 无线通信网络也存在有线通信网络所具有的不安全因素。移动商务同样面临多种安全威胁, 主要包括以下几个方面:

1.无线窃听

在移动通信网络中，所有的网络通信内容都是通过无线信道传送的。而无线信道是一个开放性信道，理论上，任何拥有适当无线设备的人均可以通过窃听无线信道而截获上述信息。无线窃听会导致通信信息和数据的泄漏，而移动用户身份和位置信息的泄漏会导致移动用户被无线追踪。这对无线用户的信息安全、个人安全和个人隐私都构成了严重威胁。

2.漫游安全

在无线网络中，当用户漫游到攻击者所在的一定区域内时，在终端用户不知情的情况下，信息可能被攻击者窃取和篡改，网络服务也可能被拒绝。中断交易后，由于缺少重新认证的机制，通过刷新使链接重新建立会给系统带来风险。没有再认证机制的交易和链接的重新建立是危险的，链接一旦建立，使用安全套接层（SSL）协议和无线传输层安全（WTLS）协议的多数站点将不再重新认证和重新检查证书，因此，此漏洞极易被黑客攻击。

3.身份冒充

在移动通信网络中，移动站（包括移动用户和移动终端）与网络控制中心以及其他移动站之间不存在任何固定的物理连接（如网络电缆），移动站必须通过无线信道传送其身份信息，以便网络控制中心及其他移动站能够正确鉴别它的身份。当攻击者截获一个合法用户的身份信息时，他就可以用这个身份信息来假冒该合法用户入网发送诈骗信息。此外，攻击者还可通过冒充网络控制中心，如在移动通信网络中假冒基站以欺骗用户，骗取用户的身份信息。

4.完整性侵害

完整性侵害指网络攻击者窃取信息，并私自修改、删除、插入、重传合法用户的信息或信息数据的过程。完整性侵害可以通过信息的修改阻止用户双方建立链接，也可以欺骗接收者相信收到的已被修改的信息是由原发送者传出的未经修改的信息，还可以通过阻止合法用户的身份信息、控制信息或业务数据，使合法用户无法享受正常的网络服务。

5.物理安全侵害

物理安全侵害是指在使用移动终端的过程中，受到人为或自然因素的侵害而使信息丢失、泄露和破坏。对终端设备采取的安全技术措施包括受灾防护、区域防护、设备防盗、设备防毁、防止线路截获、抗电磁干扰和电源保护等。

6.RFID被解密

RFID技术目前应用得越来越广泛，如手机上应用此技术后便可成为电子钱包，在消费时直接通过手机进行付费等。一旦RFID被解密，将会对用户资金造成极大威胁。

7.软件病毒

软件病毒在这里主要指的是手机病毒，无论是桌面网络系统还是移动网络系统，都不可避免地会面临软件病毒造成的安全威胁。病毒是指经存储介质和网络进行传播，从一台移动设备到另一台移动设备，未经授权认证破坏计算机系统完整性的代码或程序，包括计算机病毒、蠕虫、特洛伊木马、逻辑炸弹、系统后门、Rootkits、恶意脚本等。恶意代码编写者一般利用三类手段来传播恶意代码：软件漏洞、用户本身以及两者的混合。有些软件病毒是自启动的蠕虫和嵌入脚本，对人的活动没有要求；像特洛伊木马、电子邮件蠕虫等病毒，利用受害者的心理操纵他们执行不安全的代码；还有一些是哄骗用户关闭保护措施来安装恶意代码。用户被感染软件病毒后，移动终端便会出现这样或那样的问题，进而导致用户信息泄露、资金损失、硬件损毁等严重后果。

8.SIM卡被复制

SIM卡也被称为用户身份识别卡和智能卡，SIM卡在计算机芯片上存储了移动电话客户的数字信息、加密的密钥，以及用户的电话簿等内容，可供GSM网络客户进行身份鉴别。据报道，全球至少有几亿部手机的SIM卡存在安全漏洞，导致黑客可以从远端复制SIM卡，并盗取SIM卡绑定的银行账户内的资金。

9.业务抵赖

业务抵赖是指交易的一方在业务发生后否认业务的发生以逃避责任。在移动商务中，这类安全问题包括两个方面：一方面，交易双方中的买方收货后否认交易，企图逃避付费；另一方面，卖方收款后否认交易，企图逃避付货。

10.移动商务平台的运营管理漏洞

移动商务平台是买卖双方实现交易的必需场所，如果该平台出现运营管理方面的漏洞，自然会对移动电子商务的开展构成安全威胁。移动商务平台运营管理漏洞可能导致的安全威胁有：

（1）服务篡改。移动商务平台管理方如果因为工作疏忽或人为攻击，使平台运营管理的服务遭到篡改，导致移动商务的某些业务无法开展或错误开展，就有可能使交易双方都受到损害。

（2）账号被盗。账号是平台交易双方身份认证的有效手段，如果因运营管理不善导致账号被盗，则交易双方将遭受严重的损失。

（3）资料泄露。当平台交易双方不需要公开的信息，由于电商平台管理不善而遭到泄露时，将对交易双方都产生一定的影响。当客户资料被泄露出去后，最直接的体现就是客户会受到垃圾短信的长期骚扰，而客户也将不再信任该平台。

二、移动商务的安全管理

1.安全移动商务系统的特点

通过分析移动商务系统所面临的安全威胁，可以看出安全对移动商务的重要性。一个完整且安全的移动商务系统应该具有以下特点：

（1）保密性和身份认证需求

移动终端的SIM卡通常需要具有加密和身份认证的能力，SIM卡卡号就像无线通信中的物理地址，具有全球唯一性。随着移动用户实名制的实施，一个用户对应一张SIM卡，SIM卡可以识别用户身份。利用可编程的SIM卡，还可以存储用户的银行账号和CA证书等用于标识用户身份的有效凭证。另外，可编程的SIM卡还可以实现数字签名、加密算法和身份认证等，识别这些信息是电子商务领域必备的安全手段。

（2）数据信息完整性

要使数据信息在传输、交换、存储和处理过程中保持非修改、非破坏和非丢失的特性，可以使用消息摘要技术和加密技术（Hash函数）来实现，而支付信息的完整性可由支付协议来保证。

（3）不可否认性

不可否认性是指保证接收方对自己已接收的信息内容不能否认，发送方对已经发出的信息不能抵赖和否认；保证交易数据的正当保留，维护双方当事人的合法利益。这可以通过数字签名技术来实现。

（4）匿名性

移动商务的匿名性主要包括以下三个方面：①用户身份隐藏。用户的永久身份不能在无线接入链路上被窃听到。②用户位置的隐藏。用户到达某个位置或某个区域时，其位置信息无法通过无线接入网被窃取。③用户的不可跟踪性。攻击者无法通过无线接入网窃听，推断出是不是对某个用户提供了不同的服务。

（5）容错能力

信息在网络中传输，设备和线路经常会发生故障，要保证在故障发生时系统不会长时间处于停滞状态，要有备用解决方案，还要保证更新系统时对原有软硬件的兼容能力。

另外，系统的经济性也得适当考虑，要在增强系统安全性的同时，尽量减少所需支付的费用。合理的加密技术是增强安全性的最有力措施，目前已有不少加密算法可以应用，要依据算法的可实践性进行适当选择。

2. 移动商务的安全技术

了解了移动商务安全所面临的主要威胁后，我们要积极地去解决问题，解决方法主要包括两个方面：一是从立法层面，国家已推动《中华人民共和国网络安全法》《中华人民共和国数据安全法》等立法工作，在详细的法律规定和规章制度的监管下，可以提供一个方便、快捷、安全的移动商务环境；二是从技术层面，重点瞄准完整性保护技术、认证性与私密性保护技术、抗抵赖技术、安全协议、杀毒技术等多项技术，不断进行技术完善与创新。

现有的移动商务的安全技术主要有以下几种：

（1）完整性保护技术

完整性保护技术用于提供消息认证的安全机制。通常情况下，完整性保护是通过计算消息认证码来实现的，就是利用带密钥的 Hash 函数对消息进行计算，产生消息认证码，并将它和消息捆绑在一起传给接收方。接收方收到消息后首先计算消息认证码，并将重新计算的消息认证码与接收到的消息认证码进行比较。如果它们相等，接收方就认为消息没有被篡改；如果它们不相等，则接收方就知道消息在传输过程中被篡改了。

（2）真实性保护技术

真实性保护技术用来确认某一实体所声称的身份，以防假冒攻击。在移动商务中，交易信息通过无线网络转发，在传输过程中可能出现一定的延迟，需要通过鉴别数据源来确认交易信息的真正来源。最简单的方法是让声称者与验证者共享一个对称密钥，声称者使用该密钥加密某消息（通常包括一个非重复值，如序列号、时间戳或随机数等，以对抗重放攻击），如果验证者能成功地解密该消息，那么验证者相信消息来自声称者。

（3）机密性保护技术

机密性保护技术用于防止敏感数据泄露给那些未经授权的实体。通常，最简单的方案是收发双方共享一个对称密钥，发送方用密钥加密明文消息，而接收方使用密钥解密接收到的密文消息。

（4）抗抵赖技术

抗抵赖技术是为了防止恶意主体事后否认所发生的事实或行为。要解决此问题，必须在每一事件发生时，留下关于该事件的不可否认的证据。当出现纠纷时，可由可信的第三方验证这些留下的证据，这些证据必须具有不可伪造或防篡改的特点。通常，不可否认证据是由发送者使用数字签名技术产生的。

（5）其他安全技术

安全协议是以密码学为基础的信息交换协议，目的是在网络环境中提供各种安全服务，其安全目标是多种多样的。例如，认证协议的目标是认证参加协议的主体的身份，许多认证协议还有一个附加目标，即在主体之间安全地分配密钥或其他各种秘密。在网络通信中，最常用、最基本的安全协议按照其目的可以分为以下四类：

①密钥交换协议

这类协议用于完成会话密钥的建立，一般情况下是在参与协议的两个或多个实体之间建立共享的秘密，如用于一次通信的会话密钥。密钥交换协议有 Blom 协议、Girault 协议、Diffie Hellman 协议、MIT 协议和 Andrew RPC 协议等。

②认证协议

认证协议包括身份认证协议、消息认证协议、数据源认证协议等，用来防止假冒、篡改和否认等攻击。认证协议有 Schnorr 协议、Okamoto 协议、Kerboros 协议和 Guillou-Quisquater 协议等。

③认证密钥交换协议

这类协议将认证协议和密钥交换协议结合在一起，先对通信实体的身份进行认证，在认证成功的基础上，为下一步安全通信分配所使用的会话密钥。认证密钥交换协议是网络通信中应用最普遍的一种安全协议，有 Needham-Schroeder 公钥认证协议、分布式认证安全服务（DASS）协议、互联网密钥交换（IKE）协议和 X.509 协议等。

④电子商务协议

与上述协议明显不同的是，电子商务协议中的主体是交易双方，其利益目标是矛盾的。电子商务协议最关注的是公平性，即协议应保证一个交易方达到自己的目标，当且仅当另一交易方达到自己的目标。当前，应用比较广泛的电子商务（安全）协议主要有 Digicash 协议、Netbill 协议、SET 协议和 SSL 协议等。

一般来说，前三类安全协议是第四类电子商务协议的基础。通常情况下，在移动商务交易中，并不只采取上述某一种安全协议来保证交易的安全性，而是采取其中两个或多个协议的组合。

3.我国移动商务安全发展策略

虽然信息安全形势较为严峻，但我国已将网络空间信息安全建设提高到国家安全层面，通过政府、企业和个人的共同努力，未来必将做到自主、安全、可控。移动互联网信息安全的发展同样应该从国家、企业和个人层面来进行描述。

（1）国家层面

在国家层面上，通过不断完善相应的法律、法规，建立信息安全的法律和政策框架；通过加大对信息产业的投入，逐步建立自主的技术路线、标准和体制，实时掌握信息产业发展的话语权；突破以核心芯片为代表的关键技术，推动自主可控移动互联网生态系统的建设。

（2）企业层面

在企业层面上，积极应对移动办公带来的信息安全挑战，研究移动办公安全体系及架构，以云计算和安全终端等关键技术为突破口，制订自主可控的包括终端自身安全、接入安全和传输安全在内的完整移动办公解决方案。

（3）个人层面

在个人层面上，依托国家法律、法规，在为工业界提供移动互联网安全解决方案的基础上，加大信息安全知识的宣传推广力度，提高个人信息安全保护意识，由点到面、自下而上地提高移动互联网信息安全整体水平。

三、移动终端的安全

当前，电子商务信息安全越来越受到人们的关注，移动终端作为用户开展移动商务活动的工具、存储用户个人信息的载体，在信息安全方面要配合移动网络保证移动业务的安全，要实现移动网络与移动终端之间通信通道的安全可靠，同时还要保证用户个人私密信息的安全。随着移动终端的普及率和使用率越来越高，各种安全问题也日益凸显。

1.移动终端操作系统安全技术

操作系统是移动终端应用软件运行的基础，因此，保障移动终端操作系统的安全，是保障移动终端信息安全的必要条件。移动终端操作系统作为连接软硬件、承载应用的关键平台，在智能终端中扮演着举足轻重的角色。

嵌入式操作系统的广泛应用，使移动终端的功能日益强大，可以支持蓝牙、电子邮件和无线上网等服务；同时，移动终端上存储的数据、运行的软件越来越多，而针对移动终端的病毒和木马等也逐渐出现，威胁着移动终端的操作系统安全。目前，针对移动终端操作系统的安全威胁主要包括以下几个方面：

（1）病毒

病毒可寄生在主机文件中，并通过它复制恶意代码。病毒主要通过移动终端系统的漏洞、程序的下载、蓝牙等进行传播，可能导致移动终端运行失常、信息被破坏甚至使硬件损毁。

（2）蠕虫

蠕虫可以通过红外线、蓝牙或彩信等自动传播，并消耗移动终端的带宽和存储等资源。

（3）木马

木马可以潜伏在目标移动终端上，窃取用户的有效信息。

（4）拒绝服务攻击

随着移动技术的发展，移动终端与服务器一样，也存在拒绝服务攻击（DoS）。一旦被攻击，终端资源将被大量占用，无法正常工作。

针对上述攻击的一般对策主要包括：①定时更新操作系统，安装升级补丁，备份系统。②安装杀毒软件和防火墙，不接收未知的信息，不随便开启蓝牙等通信功能。③设置程序行为监控机制，分析程序的操作是否安全合法等。④根据移动终端操作系统的组成部分，文件系统、指令系统、系统管理及安全服务等，可以对移动终端操作系统的安全技术进行划分。目前，针对移动终端操作系统的各个主要部分，已经存在相应的基本安全要求及相关测试方法，在实际使用时应保证各项安全措施的实施。

2.移动终端安全认证

当前，移动终端的安全性越来越重要。移动终端数量的增长、软件平台"缺乏控制手段"的开放，使得一些恶意开发者"有利可图"，恶意开发者可以利用软件平台的漏洞，轻易地开发出恶意软件，给用户带来经济损失。因此，必须从源头解决软件安全的管理漏洞，软件的认证是一套有效的管理手段。移动终端安全认证流程如图6-1所示。

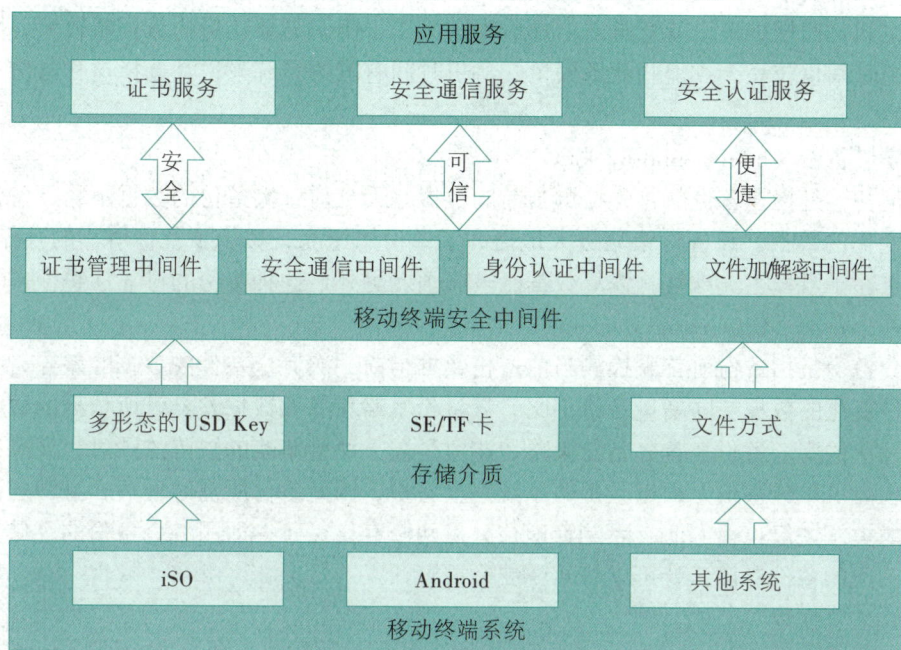

图6-1　移动终端安全认证流程

（1）移动终端安全中间件

移动终端安全中间件包含证书的生命周期管理、传输加密和身份认证等功能，可集成到应用App中，提供全面的认证用户管理服务；提供认证计费功能，用于商业运营；可分为按次认证和包年认证等模式。

（2）存储介质

存储介质支持多形态的Key，包括蓝牙Key、音频Key、双接口Key等，以及SE/TF卡、文件方式存储数字证书，以保证证书的安全性；提供终端软件上传服务，支持病毒扫描、邮件通知、短信通知、认证审核和软件入库等功能。

（3）移动终端系统

在移动终端系统上，可以对数字证书进行管理，通过数字证书实现身份认证和数据加密等；支持对本地文件进行加解密；提供终端软件签名功能，可以支持多种平台；提供软件入库和查询等功能。

3.移动终端存储信息的备份与恢复

（1）信息备份

信息备份是指当移动终端存储的信息由于某种原因遭到破坏时，将保存的数据副本恢复，并重新加以利用的过程。由于信息的内容、备份时间及备份方式不同，因此采用的备份策略也不同。通常采用的备份策略有以下三种：

①完全备份（Full Backup）

完全备份是指不管原信息是否被修改，都对整个信息进行备份。如果信息没有做任何修改，则所备份数据与原数据是一样的。这种备份策略的好处是：当发生数据丢失的灾难时，只要用灾难发生前的最近一次备份，即可恢复丢失的数据。然而它也有不足之处：第一，每次都对整个系统进行完全备份，造成备份的数据大量重复。这些冗余数据占用大量的存储空间，对用户来说就意味着增加成本；第二，由于需要备份的数据量较大，因此备份所需的时间也较长。对那些业务繁忙、备份时间有限的系统来说，选择这种备份策略是不明智的。

②增量备份（Incremental Backup）

增量备份是指在备份前首先检测当前的数据是否与前一次备份的数据不同，备份引擎只备份变化的数据。该备份策略极大地提高了备份的速度，减少了备份所需的存储空间。它的缺点在于当发生灾难时，恢复数据比较麻烦。另外，这种备份的可靠性也很差。

③差分备份（Differential Backup）

差分备份是指备份前首先检测当前备份数据与前一次完全备份的数据的差异，备份引擎只备份变化的数据。同增量备份相比，该备份策略在寻找数据差异时所依据的数据基准是最近一次的完全备份。差分备份策略在避免了以上两种策略的缺陷的同时，又具有它们的所有优点。差分备份无须每天都做系统完全备份，因此备份所需时间短，且节省磁盘空间。它的灾难恢复也很方便，系统管理员只需两个存储设备，即系统全备份的存储与发生灾难前一天的备份存储，就可以将系统完全恢复。

（2）信息恢复

信息恢复是指对那些由于操作失误或移动终端系统故障造成数据丢失的信息进行恢复。实现信息恢复主要靠软件技术、硬件技术及二者的结合。

软件技术可分为三类：一是信息存储类软件内置信息恢复功能，其通过备份和存储数据来实现信息恢复，由于很难及时备份，所以数据恢复得往往不完整；二是反病毒软件内置信息恢复功能，其信息恢复能力有限，对非病毒造成的数据丢失往往作用不大；三是专业的信息恢复软件，其不仅具有数据备份和数据存储功能，还拥有较强的数据修补、数据分析处理和数据直接读取技术，与前两类相比，其信息灾难恢复能力更强。用软件技术恢复的优点是速度较快且费用较低，但它不能解决些由硬件损坏造成的数据丢失。

信息恢复的硬件技术能在不破坏原有系统的情况下，对各种存储介质、硬件平台、软件平台下的任何原因造成的信息丢失进行信息恢复，但费用较高，且需要高精尖设备的支持，因此很少使用。

【素养课堂6-1】

筑牢网络安全屏障

党的十八大以来，习近平总书记高度重视网络安全和信息化工作，提出了一系列具有开创性意义的新思想、新观点和新论断。在习近平总书记关于网络强国的重要思想的指引下，我国网络安全工作取得了重大进展，人们在网络空间中的获得感、幸福感、安全感日益增强。但同时我们也要清醒地认识到，尽管网络安全建设成效明显，但网络空间仍不太平，网络安全工作任重道远。

网络安全为人民，网络安全靠人民。网络安全是整体的而不是割裂的，维护网络安全必须有全局视野、大局意识，从整体出发谋划、推进、落实网络安全工作；网络安全是动态的而不是静态的，树立动态的防护理念，及时监测态势变化，始终将维护网络安全作为常态化工作；网络安全是开放的而不是封闭的，只有立足开放环境，提高开放水平，吸收先进技术，网络安全水平才能不断提高；网络安全是相对的而不是绝对的，网络安全防护是不断进步、发展的过程，不可能在特定时间段内实现超越当下网络安全技术水平的绝对安全；网络安全是共同的而不是孤立的，需要建立政府、企业、社会组织、广大网民共同参与的网络安全维护机制，需要国际社会加强沟通、扩大共识、深化合作，共同维护网络空间安全。

筑牢网络安全屏障，既要着力提升全民网络安全意识，也要全面加强网络安全保障体系和能力建设。要加强关键信息基础设施安全防护，着力构建全国一体化的关键信息基础设施安全保障体系，落实关键信息基础设施防护责任；加强网络安全态势感知和应急处置，强化网络安全信息统筹机制建设、手段建设、平台建设，建立健全重大安全事件处置联动机制；加强网络安全审查，运用法律武器对重要信息技术产品和服务提出安全管理要求，坚决维护国家利益和人民群众的合法权益；加强数据安全管理、政策引导、法律规制、行政监管、行业自律、社会监督、公众参与，形成数据安全共同维护和发展、共同促进的工作格局；加强个人信息保护，综合运用政策、法律、经济、技术等手段，保障个人信息安全，维护公民在网络空间的合法权益。

资料来源　佚名. 求是网评论员：筑牢网络安全屏障［EB/OL］.［2024-09-09］. https：//baijiahao.baidu.com/s？id=1809698364567049314&wfr=spider&for=pc.

第二节　移动商务立法保障

一、移动商务面临的法律问题

1.移动商务的不良短信问题

（1）移动商务不良短信的分类

移动商务不良短信包括垃圾短信、谣言短信和其他违法短信。

①垃圾短信。在移动通信给人们带来便利和效率的同时，也带来了垃圾短信和垃圾广告，困扰着人们的生活。垃圾短信使人们对移动商务充满恐惧，不敢使用自己的移动设备开展移动商务活动。

②谣言短信。手机短信与其他媒介相比，有其独特的表现形态和作用方式，而且渗透力和影响力与日俱增。但是，随着短信业务的不断发展，其副作用也日益显现，其中，含有谣言的短信层出不穷，其大范围传播在一定程度上造成了不良的社会影响。

谣言短信是指在特定环境下，以手机短信为媒介进行传播的受众关注的事物、事件或问题的未经证实的阐述。谣言短信可以从多种方式与角度进行分类：

第一，从造谣者的动机来看，可分为攻击性手机谣言短信、牟利性手机谣言短信、煽动性手机谣言短信。

第二，从造谣者和传谣者的主观程度来看，可分为故意性手机谣言短信和无意性手机谣言短信。

第三，从产生的影响来看，可分为宣传性手机谣言短信、牢骚性手机谣言短信、误解性手机谣言短信、攻击性手机谣言短信、牟利性手机谣言短信。

第四，从时间上来看，可分为短期性手机谣言短信与长期性手机谣言短信。

第五，从后果上来看，可分为有害性手机谣言短信与无害性手机谣言短信等。

③其他违法短信。已有案例表明，有人大量转发恐怖短信，如何时何地将有恐怖活动、何时何地将发生地震等，这会造成部分人群恐慌，社会危害较大。

（2）移动商务不良短信的特点

手机短信谣言与普通谣言在本质上是类似的，但是由于其传播借助手机进行，所以手机短信谣言又有其独特性：①在特定人群中传播；②以人际传播形式为主；③传播内容难以监管；④传播的延续性强；⑤受众对传播内容的认可度高。手机短信谣言之所以能够形成并得以传播，概括地看，既与特定时期的特定环境有关，又与社会的特定事件有关，也与社会成员的自身识别能力和道德素养有关，同时还与谣言传播者的传播动机、传播过程和传播目的有关。加之在信息时代话语霸权遭遇强大的挑战，完全限制消息的传播是不现实的，因此更应该加大信息公开的力度与范围，避免受众对手机短信谣言的依赖性。

更重要的是，目前对短信谣言确实也存在着取证难、制裁难的困境。一旦出现问题，很难确认个人对谣言的传播是否负有主观故意责任。从过去发生的谣言短信事件来看，谣言短信一个共同的特点是：公共信息及时到位，便会迅速终止谣言；倘若公共信息迟到，则会助长谣言的声势。

（3）移动商务不良短信的治理

面对新的形势，如何进行有效的信息监管，使信息监管既不侵犯公民的正当权益，又能维护社会稳定，已经成为摆在各级政府面前的一个新课题。

①完善手机短信立法与司法

2015年5月工业和信息化部公布的《通信短信息服务管理规定》，对短信息服务规范、商业性短信息管理、用户投诉和举报、监督管理、法律责任等做出了具体的规定。但从目前情况来看，垃圾短信对用户的骚扰仍屡禁不止，用户仍处在被动接收短信的阶段，如何帮助用户不接收或少接收不良短信，相应的法律还需要进一步完善。

②加强政府信息的公开

手机短信谣言的传播，在很多情况下是因为政府没有建立相应的信息发布机构，未对信息进行透明、及时、权威的发布。所以，对于受众普遍关注的社会事件，要及时进行详尽的通报，不要认为传播事实会影响稳定；相反，遏制真实信息的传播才会导致手机短信谣言的传播。保证公共信息的及时公开，是可操作的应对之策。

③建立手机不良短信的监督机制

建立公共舆论监督制度，争取在谣言泛起之初就对相关问题有所察觉；可以制定便利的查询举报制度，鼓励民众积极举报，及时传播正确信息，以对不良居心者起到震慑作用。目前，在技术层面上，很难做到在开放的通信平台上对传播内容进行屏蔽和过滤，因此通过移动通信技术对手机短信进行监管的难度较大。对于手机这种新媒介，需要在管理中采用一些新办法。

④铲除产生不良短信的社会土壤

一般情况下，传播范围广、影响力大的手机谣言短信与现实生活有一定的对应性，是现实生活中非正常事件、传播者的压抑及不满的影射与放大。形形色色的社会问题是滋生手机谣言短信的土壤，因此要从根本上解决问题，必须找到其影射的现实问题，并及时、合理地加以解决，从而消灭其传播的源头与动力。当然，对手机用户而言，也应树立一定的责任感，尽量减少传播未经核实的消息，即使要传播，也应注明"未经核实"字样，避免自己成为谣言蔓延的帮凶。近年来，随着信息公开制度的完善，公共信息的谎报、瞒报、不报情况已经得到了有效纠正。但怎样使这些信息更快速、更便捷地传达给群众，是政府迫切需要解决的问题。只有解决了这些问题，才能真正有效地遏制谣言短信的传播。

⑤用户自觉抵制短信谣言

谣言止于智者，遏制谣言短信传播的关键在于提高自身的识别能力。政府要增强信息透明度，尤其是关系公众安全方面的信息，要让老百姓信任政府，自觉抵制谣言、不信谣、不传谣。除了造谣短信的原创者，很多市民转发造谣短信都是为了提醒朋友、同事，他们在主观上没有恶意，一般在法律上可以不予惩罚。但如果具有一定的社会危害性，就应该给予一定的处罚。广大公民在收到此类造谣短信或不确定真实性的信息后，不要再向他人传播，以免触犯法律。

2.移动商务的隐私侵权问题

（1）移动商务面临的隐私问题

隐私权作为一种基本人格权利，是指公民享有的私人生活安宁与私人信息依法受到保护，不被他人非法侵扰、知悉、搜集、利用和公开的一种人格权。隐私权是公民人格权利中最基本、最重要的内容之一，伴随着人类对自身的尊严、权利、价值的认识而产生。随着隐私权的不断发展与完善，隐私权保护的内容也日渐丰富，不仅强调个人和生活事务不受公开干扰，而且强调个人资料的支配控制权。

随着移动通信技术的发展，手机已不单纯限于通话功能。网络融合时代隐私权的侵权方式表现出与传统侵权方式不同的特点，其形式、手段都更加多样化，并且更难设防、控制。通常，移动商务隐私权侵权的主要方式有：①利用移动终端通过移动互联网非法进入个人计算机系统；②未经许可截取、浏览、持有、篡改他人短信和电子邮件等；③擅自在移动微博、广告上宣传和公布他人隐私；④利用移动终端非法搜索、获取、利用个人数据；⑤垃圾短信的发送。

当前，网络上已经出现了专门出售个人资料的公司，这些公司通过各种渠道收集很多人的资料，然后明码标价公开出售，这对个人隐私权的保护构成了极大的威胁。

（2）移动商务应用的隐私侵权威胁

①定位业务的隐私威胁

定位是移动业务的新应用，其技术包括两类：一是GPS，该技术利用3颗以上GPS卫星来精确定位地面上的人和车辆；二是基于手机的定位技术TOA（Time of Arrival，到达时间），该技术根据从GPS返回响应信号的时间信息确认手机用户所处的位置。定位服务在给人们带来便利的同时，一定程度上也侵犯了个人隐私。利用定位技术，执法部门可以监听信道上的数据，并能够跟踪一个人的物理位置。但如果定位技术被恐怖分子利用，他们通过定位用户的位置，可以对其实施抢劫和绑架等犯罪活动。

②搜索业务的隐私威胁

大部分搜索引擎在用户使用其服务时，都会记录用户的IP地址、搜索的关键词、从搜索结果中跳转到哪个网站等信息。通过数据挖掘等技术，搜索服务提供商可以从中获得用户的身份、爱好及其在网上的行为等隐私信息，并可能使用这些隐私信息开展商业活动。

近年来出现的"人肉搜索"就是利用现代信息科技，将传统的网络信息搜索转变为人找人、人问人、人碰人、人挤人、人挨人的关系型网络社区活动，它在伸张正义的同时，也极易侵犯公民的隐私权、名誉权等合法权益。

③数据挖掘业务的隐私威胁

数据挖掘（Data Mining），简单地说，就是从大量的数据中抽取潜在的、有价值的知识（模型或规则）。这些知识是隐含的、事先未知的，并且是可信的、新颖的、潜在有用的、能被人们理解的。近年来，数据挖掘技术越来越完善，甚至可以使用"蜘蛛""网络爬虫""机器人"等数据挖掘技术搜索竞争者的网站信息，这就有可能侵犯他人的网络隐私。数据挖掘只有在安全、隐私及知识产权等方面得到足够的保护时，才能发挥其作用。

④P2P业务的隐私威胁

P2P（Peer-to-Peer，对等联网）就是一个用户可以直接链接其他用户的计算机去交换文件，而不是像过去那样连接服务器去浏览与下载。P2P的另一个重要特点是改变了互联网现在以大网站为中心的状态，重返"非中心化"，并把权力交还给用户。在现实生活中，我们每天都按照P2P模式面对面地或者通过电话交流和沟通。通过移动终端的P2P交流活动，也会散播个人信息或侵犯个人的安宁权，从而造成隐私侵权。随着移动商务的发展，移动终端之间的P2P交流活动会大幅度增加，由此引发的隐私威胁应引起注意。

⑤短信业务的隐私威胁

近年来，垃圾短信令手机用户不胜其烦，其中除了商业促销广告外，还暗藏着诸如陌生短信骗取话费、短信中奖、故意诈骗、诱骗犯罪等欺诈陷阱。在垃圾短信的利益链条中，通信运营商、服务提供商、内容提供商构成了一个完整的利益链。在短信群发设备研制者、销售者及个人信息销售者的推动下，该利益链日益完善。垃圾短信是典型的侵犯消费者权益的行为：首先，垃圾短信使消费者的个人资料被泄露，侵犯了消费者的隐私权；其次，垃圾短信侵犯了消费者的安宁权，用户收到垃圾短信的时间可能是半夜或者开车时，这影响了人们正常的工作和生活，虽然垃圾短信是免费的，但这种未经同意擅自向他人发送垃圾短信的行为，属于《消费者权益保护法》上的强迫接受服务行为。

⑥手机微博业务的隐私威胁

手机微博业务存在诸多隐私威胁。微博"智搜"功能上线后，被指会检索分析用户的历史博文，归纳用户的地理位置、兴趣爱好、情感经历等信息，甚至包含非公开博文内容，而微博未明确告知数据使用范围，也未征求用户的明确授权。另外，微博App还存在"关注推荐"等默认打开的设置，关闭流程复杂，其背后可能涉及对个人信息的收集和分析，对用户隐私构成威胁。

（3）移动商务隐私问题的规范

对于隐私权保护在网络时代出现的种种新问题，欧美等网络业较发达的国家已积累了许多先进的经验。目前，比较有代表性的保护模式包括以美国为代表的行业自律模式、以欧盟为代表的立法规制模式和一种"技术及消费者自我主导"模式。

在我国，对隐私权的保护来源于《中华人民共和国宪法》第38条规定的公民的人格尊严不受侵犯；第39条规定的公民的住宅不受侵犯；第40条规定的公民的通信自由和通信秘密受法律的保护。这三条规定是我国隐私权保护的宪法依据。另外，《中华人民共和国民法典》（以下简称《民法典》）规定了公民的人格尊严受法律保护，这是对公民名誉权保护的规范，但在司法解释中认为这里包括对隐私权的保护，因此《民法典》被认为是对公民隐私权保护的间接规范。目前，我国关于隐私权的内容、类型、体系、保护等还主要停留在理论上，在民法上还没有形成一个完整的体系。

3.移动商务的知识产权侵权问题

网络在为人们提供便捷舒适的生活的同时，也向人们提出了信息的使用和保护问题，尤其是网络环境下对知识产权的保护，已成为摆在各国政府面前急须解决的迫切问题。知识经济时代的到来，使知识产权的保护面临全新的问题，而这些问题主要集中在计算机网络的应用上。正是计算机网络的迅速发展，推动了数据信息共享的需求，并导致了与知识产权特性的强烈冲突。知识产权突出的特点之一就是它的专有性，而网络上应受到知识产权保护的信息则是公开的、公用的。地域性是知识产权的又一特点，而网络传输的特点则是无国界性。

移动商务活动中涉及最多的是知识产权问题。目前，知识产权侵权问题呈现出新的特点：一是侵权形式多样化，如短视频、直播带货等新型营销方式中，"搭便车"现象频发，包括模仿知名品牌商标、盗用专利设计等；二是侵权手段更加隐蔽，如通过算法隐藏侵权商品或利用"分身"应用逃避平台审核；三是数据侵权问题日益凸显，表现为未经许可抓取用户数据或盗用商业数据模型。这些侵权行为不仅损害了权利人的合法权益，也扰乱了市场秩序。

为应对移动商务领域的知识产权侵权问题，我国已初步构建起相应的立法框架。其核心法律依据是《中华人民共和国电子商务法》（以下简称《电子商务法》），该法第41~45条明确规定，电子商务平台经营者须建立知识产权保护规则，公示处理流程，并在收到侵权通知后及时采取删除、屏蔽等措施；若未采取必要措施，平台将与侵权人承担连带责任。同时，该法还规定知识产权人恶意投诉需加倍赔偿，以防止权利滥用。《民法典》第1 197条则进一步明确了网络服务提供者对"明知或应知"侵权行为的连带责任。此外，配套法规与司法解释，如《电子商务平台知识产权保护管理》国家标准和《最高人民法院关于审理涉电子商务平台知识产权民事案件的指导意见》，对侵权认定、平台责任边界等进行了细化。

在移动商务知识产权侵权治理中，技术监管手段日益重要。部分地方性法规要求平台利用AI技术主动筛查侵权内容，但强调需避免"算法霸权"。此外，数据产权保护也成为立法探索的热点，如深圳、上海等地试点数据产权登记制度，探索移动商务中的数据侵权规制。这些技术监管与立法探索为移动商务知识产权侵权治理提供了新的思路和解决方案。

4.移动商务的合同法律问题

在移动商务发展背景下，合同法律问题日益凸显，主要表现为合同形式与效力认定、交易安全与信任机制、平台责任与治理义务三大挑战。

首先，合同形式与效力争议。电子合同的法律效力需符合《电子签名法》的要求，但实践中对电子签名、电子证据的认定存在争议，尤其是移动商务中"点击合同""自动信息系统订立合同"的效力规则尚不明确，需平衡技术便捷性与法律严谨性。

其次，交易安全与信任危机。当前，交易安全与信任机制面临严峻考验，移动支付、电子签名等技术依赖无线网络安全，但技术漏洞、数据泄露风险较高，且虚假交易、合同欺诈等违法行为频发，现有信用监管和惩处机制不足。

最后，平台责任边界模糊。当前，平台责任与治理义务边界模糊，平台对第三方商家合同行为的监管责任尚不明确，如"自营"标识误导消费者时的连带责任认定，以及平台服务协议、交易规则的修改权与商家权益保护之间的平衡问题。

为应对移动商务合同法律问题，我国已初步构建起相应的立法框架。核心法律依据是《电子商务法》，其明确了电子合同订立规则，规定了自动信息系统订立合同的效力、商品或服务信息符合要约条件的合同成立规则，并强化了平台对合同欺诈、虚假宣传的治理义务。同时，《电子签名法》赋予电子签名与手写签名同等的法律效力，为电子合同合法性提供了基础。此外，配套法规与司法解释，如《最高人民法院关于审理网络消费纠纷案件适用法律若干问题的规定（一）》和《网络交易监督管理办法》对合同格式条款、平台自营责任认定、消费者无理由退货权等进行了细化。在技术监管与标准探索方面，推动防火墙、加密技术、身份认证等标准的制定，从技术层面保障合同交易安全，并探索电子数据取证保全机制，解决网络欺诈的追踪与惩处难题。

在移动商务合同法律问题的司法实践中，已涌现出多个典型案例。例如，消费者因平台未审核商家资质购买到假货，法院依据《电子商务法》判决平台承担连带责任；平台单方面修改服务协议，商家退出后主张按原协议履行，法院支持商家的诉求；电子合同因技术故障未完整展示条款，法院认定合同不成立，平台需返还价款。这些案例为移动商务合同法律问题的解决提供了宝贵的司法经验和参考。

5.移动商务支付的法律问题

（1）移动商务支付法律问题面对的主要挑战

① 用户信息与资金安全。移动支付涉及用户个人信息、账户资金的传输与存储，存在信息泄露、资金被盗风险。第三方机构的系统漏洞或用户自身保管不善，均可能导致安全问题。例如，部分支付平台因技术缺陷导致用户数据泄露，或用户因密码管理不当遭遇账户盗刷。

② 沉淀资金与洗钱风险。移动支付过程中产生的沉淀资金（如未结算资金）的归属、收益权及挪用风险需由法律明确。移动支付的便捷性可能被用于洗钱等非法活动，需强化反洗钱监管。例如，一些非银行支付机构擅自挪用备付金进行高风险投资，或未严格审核商户的资质导致非法资金转移。

③ 未经授权的支付责任。用户账户被盗用或支付工具丢失导致的未经授权支付，需界定支付服务提供者与用户的责任边界。司法实践中，常因举证困难导致责任划分不清，引发纠纷。

④ 市场准入与监管缺位。移动支付机构的资质参差不齐，部分机构存在违规经营（如挪用备付金）现象，需完善市场准入与退出机制。例如，一些小型支付机构通过虚假

注册进入市场，缺乏必要的风控措施，扰乱了市场秩序。

（2）我国移动商务支付立法现状

为应对移动商务支付法律问题，我国已初步构建起相应的立法框架。核心法律依据是《非银行支付机构监督管理条例》，其明确了非银行支付机构的定义、设立许可要求，规定支付业务分类，强化备付金管理，要求支付账户实名制，并强化了支付服务协议公平性，保障用户资金与信息安全。同时，《电子商务法》规范了电子支付服务提供者的责任，明确了错误支付、迟延支付及未经授权支付的责任划分。此外，配套法规如《电子签名法》《非金融机构支付服务管理办法》《互联网金融风险专项整治工作实施方案》等，为电子支付合法性提供了基础，建立了支付机构准入与监管框架，强化了支付行业风险整治。在监管职责与法律责任方面，中国人民银行负责对非银行支付机构的监管，针对违法违规行为明确法律责任，加大处罚力度。

6.移动商务认证的法律问题

手持移动设备的一个特有缺陷是容易丢失和被盗，虽然可以通过简单方法立即挂失，但由于缺乏类似建筑的物理边界安全保障，加上体积小巧，手持移动设备难以预防丢失和被盗。目前，其最大的问题是缺少针对特定用户的实体身份认证机制。

（1）移动商务认证法律问题面对的主要挑战

① 身份认证的安全风险。移动商务依赖无线网络进行身份认证，但无线信道的开放性导致认证信息在传输过程中易遭窃听、篡改或干扰。例如，攻击者可能通过截获认证信息冒充合法用户，进行交易欺诈。此外，移动终端的计算能力、存储空间及电源供应受限，难以支持复杂加密运算，增加了身份认证的安全隐患。

② 认证标准的统一性与互操作性。目前，我国移动商务认证领域缺乏统一的认证标准，不同认证机构（CA）之间的证书互操作性不足。例如，某平台颁发的数字证书可能无法在另一平台使用，导致跨平台交易时认证效率低下，增加了交易成本。

③ 法律责任界定不清。在认证过程中，若因认证机构（CA）的过失（如系统漏洞、审核不严）导致用户信息泄露或交易损失，CA应承担何种法律责任，以及用户如何维权，现有法律尚未明确界定。例如，用户因CA证书错误导致合同签署对象错误，损失赔偿责任难以界定。

④ 监管主体分散化。移动商务认证涉及电子支付、电子认证服务、通信服务等多个领域，监管主体分散（如中国人民银行监管电子支付、工信部监管电子认证服务、商务部监管商务交易行为），缺乏统一的监管框架，导致监管效率低下。

（2）我国移动商务认证立法现状

为应对移动商务认证法律问题，我国已初步构建起相应的立法框架。其核心法律依据是《电子签名法》，该法确立了电子签名的法律效力，为电子认证提供了法律基础，并规定从事电子认证服务需经国务院信息产业主管部门许可。同时，《电子商务法》规范了电子商务经营者的行为，要求平台核验、登记经营者信息。然而，这些法律并未直接涉及移动商务认证的具体规则，也未明确认证机构的市场准入条件及责任限制。在配套法规与标准方面，《电子支付指引（第一号）》《网络交易监督管理办法》等规范了电子支付和网络商品交易行为，但未细化移动商务认证要求。部分行业标准对认证有具体要求，但缺乏全国性统一标准。在监管框架方面，监管主体分散，缺乏协调机制，导致监管空白与重复监管并存，对认证机构退出机制的规定也不完善。

7.移动商务安全的法律问题

建立正常、有序、规范的网络交易环境和网上交易秩序是加快电子商务发展的重要内容，也是维护消费者权益、打击网上交易违法行为、规范网上交易秩序的重要举措。联合国下属机构国际电信联盟特别向世界发出警告，要求各国注意阻碍电子商务发展的网络风险。针对这种情况，为净化网络环境，我国有关部门联合开展了一些打击活动，并取得了一定的效果。

为了规范网络商品交易及有关服务，保护消费者和经营者的合法权益，促进网络经济持续健康发展，2021年3月15日，国家市场监督管理总局出台了《网络交易监督管理办法》（以下简称《办法》）。《办法》的内容包含了对网络交易主体、客体和行为三方面的规范，涵盖了通过互联网（含移动互联网）销售商品或提供服务的全部经营活动，包括为网络商品交易提供第三方交易平台、宣传推广、信用评价、支付结算、物流、快递、网络接入、服务器托管、虚拟空间租用、网站网页设计制作等各类营利性服务。《办法》在售后服务、个人信息保护、格式合同管理、不正当竞争行为等方面也做出了具体规定。

8.移动商务证据的法律问题

（1）移动商务证据的内涵

在证据信息化的大趋势下，以计算机及其网络为依托的电子数据在证明案件事实的过程中起着越来越重要的作用。广义的电子证据是指以电子形式存在的、用作证据的一切材料及其派生物，或者说借助电子技术或电子设备形成的一切证据。狭义的电子证据基本上等同于数字证据。电子证据是现代高科技发展的重要产物和先进成果，是现代科学技术在诉讼证据上的体现。与其他证据相比，电子证据主要有以下特点：

① 电子证据具有数字技术性和高度的科学技术性，其物质载体是电脉冲和磁性材料等。从技术上说，电子证据具有数字信息的准确性、精密性、迅速传递性等特点。

② 电子证据具有脆弱性，易被伪造、篡改。由于电子证据均以电磁浓缩的形式储存，所以电子数据和信息的无形性使其易被毁灭与变更，而其真实性也会大打折扣。

③ 电子证据具有复合性、表现形式的多态性与丰富性。多媒体技术的出现使信息在计算机屏幕上的表现形式多种多样，其呈现出图、文、声并茂的形态，甚至人机交互处理，与其他证据相比，更具表现力。

④ 电子证据具有间接性。现阶段，由于电子证据的公信力有限，所以在很多情况下，电子证据常作为间接证据来使用，并不能单独、直接地证明待证事实，必须结合其他证据。此外，电子证据本身的特性决定了它具有无形性、易收集性、易保存性、可反复重现等特征。

一份电子文件要具有充分的证据力，必须符合法律所规定的如下要求：

① 客观性，又称实质性，即证据必须是客观存在的事实。电子文件的客观性在于其内容必须是可靠的（非法虚构、篡改的数据电文没有客观性），必须保证信息的来源和信息的完整性。为保证储存的公正性，可由具有较强公信力的第三方机构提供服务。

② 相关性，又称关联性或者证明性，即证据同事实具有一定的联系并且对证明事实有实际意义。这要求对与诉讼有关的诸多数据进行重组与取舍，而要保证重组后的数据与诉讼事实具有本质上的联系，就必须保证重组方法和过程的客观性、科学性与合法性，只

有紧密围绕事实，严格按照操作程序进行的重组才符合这一要求。

③合法性，又称有效性或者法律性，即证据必须是依法收集和查证属实的事实。对数据的固定、收集、存储、转移、搜查等行为必须依法进行。

（2）移动设备取证方法

①手机电子证据。手机取证的电子证据主要来自手机内存、SIM 卡、网存卡和移动运营商网络及短信服务提供商系统。随着手机功能的不断加强，手机内存可存储的信息量越来越大，这些信息也就成了潜在的电子证据。其主要包括以下几种：A.手机识别号；B.电话簿资料；C.发送、接收或编辑存储的短信和 MMS 等信息；D.图片、动画和声音；E.语言、日期与时间、铃声、音量和短信等的设置信息；F.拨出、已接或未接电话的记录；G.日历中的日程安排信息；H.被存储的可执行文件和其他计算机文件；I.网络设置信息及上网的缓存记录。

以上信息在不同的手机中格式和内容可能有所不同，这些信息一般都能被删除，但也可以利用软件或由手机制造商来恢复。

②手机取证要点。取证分析是对所有潜在的电子证据进行分析，试图找出案件线索或有效证据。当进行手机取证分析时，应注意以下几点：A.尽早关闭手机，以免破坏数据；B.单独分析手机内存、SIM 卡、闪存卡等证据介质，以免破坏数据；C.从用户或移动运营商处获取访问代码，用专用软件分析 SIM 卡；D.用取证软件分析闪存卡；E.镜像备份手机内存的原始数据，然后对备份数据进行分析。

③手机内存分析。一般来说，手机内存中的数据是利用手机操作系统或手机制造商提供的接口软件来读取的，但这样操作有可能会破坏原始数据，也不能恢复被删除的数据。最好的方法是像计算机取证软件（如 Encase）那样镜像备份手机内存数据，然后进行数据提取与分析。

要获取手机内存的镜像备份，目前有两种方法可以使用：一是从手机上卸载手机内存芯片而后读取数据，但这会毁坏手机；二是用专用导线接入手机系统主板，然后快速读取内存芯片的内容，但由于手机类型繁多，所以这种方法对技术要求很高。

（3）移动商务证据的效力

①对电子证据的审查判断。根据《电子签名法》的规定，对电子证据的审查判断应从以下几方面入手：

第一，电子证据的生成，即考虑作为证据的数据电文是怎样形成的。例如，数据电文是在正常业务中按常规程序自动生成的还是人工录入的，自动生成数据电文的程序是否可靠，有没有非法干扰；在由人工录入数据电文时，录入者是否按照严格的操作规程、采用可靠的操作方法合法录入；该电子证据是在正常业务中制作的，还是为诉讼目的制作的，在正常业务中制作的电子证据的可靠性要高于为诉讼目的制作的电子证据的可靠性。

第二，电子证据的传递与接收。数据电文通常要经过网络的传递、输送，因此要考虑传递、接收数据电文时所采用的技术手段或方法是否科学、可靠，传递数据电文的"中间人"（如网络运营商等）是否公正、独立，数据电文在传递过程中有无加密措施，数据电文的内容是否被改变等。

第三，电子证据的存储，即要考虑作为证据的数据电文是怎样存储的。例如，存储数据电文的方法是否科学；存储数据电文的介质是否可靠；存储数据电文者是否公正、独立；数据电文是由不利方存储的还是由有利方存储的，或是由中立的第三方存储的，不利方存储的数据电文的可靠性最高，第三方存储的数据电文的可靠性次之，有利方存储的数据电文的可靠性最低；存储数据电文时是否加密；所存储的数据电文是否被改动等。

第四，审查电子证据的内容。审查判断电子证据是否真实，有无剪裁、拼凑、伪造、篡改等，因为电子证据的内容可以通过技术手段修改，所以要借助科学手段加以鉴别。对于自相矛盾、内容前后不一致或不符合情理的电子证据，应谨慎对待，不可轻信。

②电子证据的证明力认定。电子证据的证明力，是指电子证据在证明待证事实时体现其价值大小与强弱的状态或程度，即证据力。考察电子证据的证明力，就是要考察电子证据本身或者电子证据与案件中的其他证据一起能否证明待证事实，以及在多大程度上能够证明待证事实。电子证据证明力认定的基本原则包括以下三个：

第一，自由认证为主、参照标准为辅的原则。一方面，法律不对在什么情况下电子证据有多大的证明力做出硬性规定，其坚持自由认定的原则，完全由法官凭个人意志予以判断；另一方面，通过国家法律规定认定电子证据证明力的标准，以及各有关机关或各个行业组织颁布、执行各种电子技术或信息技术运行的标准等，指导、约束并帮助法官对电子证据的认证。

第二，平等赋予的原则。在当前的法律环境下，要给予电子证据与传统证据以平等的待遇，不能因为不信任而不愿意使用电子证据，或者不敢赋予电子证据以足够的证明力。

第三，综合认定原则。电子证据无论是作为直接证据还是作为间接证据，都不能单独发挥其证明力，应与其他证据一起发挥应有的证明力。只用一个电子证据定案的情况是极为罕见的。

二、移动商务的立法保障

近年来，我国持续加强电子商务法治和诚信建设，治理水平不断提升，为电子商务高质量发展提供了重要保障。电子商务相关法规、政策体系不断完善，诚信建设成效显著，有关部门不断加强电子商务重点领域、重点问题治理，稳步推进多元共治，网络营商发展环境、市场秩序和消费环境进一步改善。

1.《电子商务法》的建设与实施情况

作为我国电商领域首部综合性法律、电子商务法律法规领域的"宪章"，《电子商务法》于2019年1月1日正式实施。国务院及有关部门积极推动《电子商务法》的贯彻落实，推动《电子商务法》相关政策体系的完善；有关部门不断提高监管和执法能力，促进社会共治，推动电子商务治理能力和治理水平现代化，优化电子商务发展环境。

（1）《电子商务法》实施总体情况

《电子商务法》是国家有关部门履行电子商务监管职责、维护电子商务秩序的有力抓手，对保护消费者和经营者等各方主体的合法权益、维护电子商务交易环境和市场秩序、促进电子商务持续健康发展具有重要意义。

自《电子商务法》实施以来，国家和地方各级政府部门积极推动该法的贯彻和学习工作。国家和各省（自治区、直辖市）有关部门通过举办业务培训班、专家讲座、专题研讨班、研讨会等多种形式，分层次、分批次组织商务主管部门、市场监管部门以及其他相关部门学法、知法、用法，不断提高政策制定以及执法的水平和能力。此外，国家和各省

（自治区、直辖市）有关部门还积极组织多维度普法活动，利用报纸、电视、广播、微博、微信及其他新媒体渠道大力宣传《电子商务法》，提高《电子商务法》的公众认知度，增强消费者的依法维权意识，为法律的贯彻执行营造良好氛围。商务部邀请《电子商务法》起草专家录制视频解读课件，免费向公众推送。

国家和各省（自治区、直辖市）有关部门将规模大、知名度高的电子商务平台（企业）作为普法重点对象，通过行政指导、行政约谈等方式宣传《电子商务法》，并深入电子商务园区、行业组织和相关企业开展普法活动，为电子商务企业提供依法登记、亮照亮标、网络促销、广告发布等方面的指导，引导其进一步落实法定主体责任。国家市场监督管理总局针对春节前"双11""双12"期间线上消费投诉举报热点情况，召集多家电子商务企业召开行政指导会，引导企业切实落实主体责任，并指出企业作为消费维权"第一责任人"，要建立并完善首问和赔偿先付、消费纠纷和解等制度，积极妥善地处理消费纠纷；尽快解决在产品质量、售后服务、履行合同等方面存在的问题，特别是消费者高度关注的预付费"交费容易退费难"问题，主动维护消费者的合法权益；要切实承担起平台主体责任，畅通维权渠道，加强对入驻平台经营者及商品的管理和审核，积极维护春节期间公平竞争的市场秩序。

（2）《电子商务法》实施具体情况

自《电子商务法》实施以来，电子商务立法、执法和司法等相关工作全面展开，取得较大成效。

在立法方面，《电子商务法》配套制度建设日臻完善。国家市场监督管理总局根据《电子商务法》对《网络食品安全违法行为查处办法》等规章进行修订，并对后续制度建设需求进行研究，及时清理、废止不符合电子商务监管工作需要的相关规定，实现规章、规范性文件与法律的有机衔接，增强监管执法的规范性、统一性和有效性；研究电子商务经营者市场主体登记辅助措施，落实与登记有关的各项具体工作。同时，地方各级人民代表大会及政府相关部门还积极配合做好电子商务相关地方性法规、规章的制修订、完善和清理等工作，切实提高立法立规质量和依法行政水平。

在执法领域，执法部门立足法定职责加强和优化执法。以贯彻实施《电子商务法》为市场监管的重要抓手，围绕法定职责，综合运用宣传引导、行政约谈、行政指导、行政处罚等手段，着力在规范主体行为上下功夫，督促电子商务经营者特别是电子商务平台经营者履行法定责任和义务；着力在落实消费者与经营者权益保护制度上下功夫，切实维护消费者和经营者的合法权益；着力在维护电子商务交易秩序上下功夫，依法破除妨碍公平竞争的陈规旧习；着力打击侵权假冒、虚假宣传等不正当竞争行为，维护电子商务各方主体的合法权益。

2019年6月20日，国家市场监督管理总局等部门印发了2019网络市场监管专项行动（网剑行动）方案的通知，并开展专项行动。通知要求落实《电子商务法》，着力规范电子商务主体资格，营造良好准入环境；严厉打击网上销售假冒伪劣产品、不安全食品及假药劣药的违法行为，营造放心消费的环境；严厉打击不正当竞争行为，营造公平竞争的市场环境；深入开展互联网广告整治工作，营造良好的广告市场环境；强化网络交易信息监测和产品质量抽查，营造良好的消费环境；落实电子商务经营者责任，营造诚信守法的经营环境；依法打击其他各类网络交易违法行为，有效净化网络市场环境。

2019年，商务部为促进电子商务高质量发展，顺应产业发展新趋势，多措并举，推动电子商务发展规模壮大；积极开展《电子商务法》宣贯，组织专家深入解读，在商务部网站上线培训课程，开展面向地方商务主管部门的专题培训。在2019中国电子商务大会期间举办《电子商务法》专题论坛，营造知法、懂法、用法的良好氛围。积极组织配套法规标准研究，会同国家知识产权局知识产权发展研究中心发布《中国电子商务知识产权发展研究报告（2019）》。为落实《电子商务法》及其他政策、法规中环境保护、绿色发展等方面的规定，商务部电子商务和信息化司发起了电子商务绿色发展倡议，阿里巴巴等8家主要电子商务企业首批响应倡议。在"全国节能宣传周"期间开展电子商务绿色发展系列宣传，依托国家级电子商务示范基地积极整合社会服务资源，促进消费和扶贫，带动就业创业等。

在司法领域，各地司法机关适用《电子商务法》裁判的案例逐步增多，并不断发布典型案例，推动《电子商务法》的适用。2019年1月2日，义乌市检察院启动全国首例侵害药品安全行政公益诉讼案件；2019年1月24日，杭州铁路运输法院适用《电子商务法》第42条关于恶意投诉的惩罚性赔偿条款，审理《电子商务法》实施后的首例恶意投诉案件；2019年5月，北京互联网法院对一起因"刷流量"产生的纠纷进行判决，对任何通过不正当方式提高流量数据的行为给出否定性评价；2019年8月，杭州铁路运输法院对首例平台管理者诉平台经营性用户不正当竞争案件做出宣判，探索网络平台治理的新型保护机制。随着各地法院适用《电子商务法》裁判案例的增多，《电子商务法》司法适用不断成熟和完善。

《电子商务法》作为综合性法律，需要相关法律、行政法规和政策的配套与衔接，以全面解决电子商务发展中存在的问题。法律、法规、政策的出台与完善，不断推动和深化《电子商务法》落实与适用，促进电子商务法律、法规、政策体系的日益完善。

2.电子商务相关法律、法规不断出台

（1）个人信息保护

为回应互联网时代公民隐私权和个人信息保护的社会关切，2020年5月28日，十三届全国人大三次会议表决通过《民法典》，自2021年1月1日起施行。其中，人格权编对个人隐私的内涵、侵犯个人隐私的方式、数据权属及数据行为等做出明确规定；2021年8月20日，十三届全国人大常委会第三十次会议表决通过《中华人民共和国个人信息保护法》，自2021年11月1日起施行。

（2）知识产权保护

为加强知识产权保护工作，《民法典》总则编及侵权责任编在确认民事主体享有知识产权的基础上，对网络侵权主体及责任承担方式、"通知-删除"规则、侵权认定程序等做出明确、细化规定。《中华人民共和国刑法修正案（十一）》加大对侵犯知识产权犯罪的打击力度。《中华人民共和国专利法》《中华人民共和国著作权法》完成修订，重点加强对专利权人、著作权人合法权益的保护，加大侵权赔偿力度和网络版权产业保护强度。

（3）网络安全

为规范数据活动，推进数据安全与开发利用，全国人大常委会第二十九次会议于2021年6月10日通过了《中华人民共和国数据安全法》，自2021年9月1日起施行。其坚持安全与发展并重，并设专章对促进数据安全与发展的措施做出规定。

（4）电子商务平台主体责任

关于电子商务平台主体责任，全国人大常委会于2020年4月29日审议通过了《中华人民共和国固体废物污染环境防治法》，督促电子商务平台主体承担环境保护责任；自2020年12月1日起实施的《中华人民共和国出口管制法》明确了电子商务平台为出口管制违法行为提供服务的法律责任。

（5）电子签名

电子签名是电子合同成立的重要基础，但在立法时，考虑到互联网经济、电子商务发展的实际情况，未允许土地、房屋等不动产权益转让活动使用电子签名。随着经济的发展，相关交易已经可以通过互联网进行，因此2019年4月23日，第十三届全国人民代表大会常务委员会第十次会议通过修改《中华人民共和国电子签名法》的决定，这次修正允许土地、房屋等不动产权益转让使用电子签名，以扩大电子合同在实践中的适用范围，为相关交易提供便利。

（6）公平竞争

电子商务领域的不正当竞争问题是治理的重点之一。为了维护公平竞争的市场环境，2019年4月23日，第十三届全国人民代表大会常务委员会第十次会议决定对《中华人民共和国反不正当竞争法》进行修改，增加互联网不正当竞争条款以适应互联网发展，规范电子商务交易，促进网络经济有序发展。

（7）农村电商

在促进农村电商发展方面，2019年5月16日，中共中央办公厅、国务院办公厅发布《数字乡村发展战略纲要》，在提出加快乡村信息基础设施建设、发展农村数字经济、强化农业农村科技创新供给、推进乡村治理能力现代化、深化信息惠民服务、激发乡村振兴内生动力、统筹推动城乡信息化融合发展等重点任务的同时，要求深化电子商务进农村综合示范，培育农村电商产品品牌。2019年8月27日，《国务院办公厅关于加快发展流通促进商业消费的意见》发布，要求推动流通创新发展，加快建设农村流通体系，扩大电子商务进农村覆盖面，优化快递服务和互联网接入，培训农村电商人才，提高农村电商发展水平。2021年，全国人大常委会第二十八次会议审议通过了《中华人民共和国乡村振兴促进法》，以法律的形式明确了国家鼓励和扶持农村一二三产业融合发展，鼓励支持乡村物流、电子商务等产业的发展。

（8）跨境电商

为推动跨境电商规范快速发展，《中共中央 国务院关于推进贸易高质量发展的指导意见》于2019年11月19日颁布实施。意见提出，推进跨境电子商务综合试验区建设，复制推广成熟经验和做法。完善跨境电子商务零售进出口管理模式，优化通关作业流程，建立全口径海关统计制度。推进中欧班列、西部陆海新通道等国际物流和贸易大通道建设。发展"丝路电商"，鼓励企业在相关国家开展电子商务，推进商建贸易畅通工作机制。为进一步推动跨境电商政策、法规的落实，2019年12月24日，《国务院关于同意在石家庄等24个城市设立跨境电子商务综合试验区的批复》发布，同意在石家庄等24个城市设立跨境电子商务综合试验区，提出有关省（自治区、直辖市）人民政府要切实加强对综合试验区建设的组织领导，健全机制、明确分工、落实责任，有力有序有效推进综合试验区建设。国务院有关部门要按照职能分工，加强对综合试验区的协调指导和政策支持。

（9）电子商务营商环境

优化电子商务营商环境是推动电子商务高质量发展的重要基础。近年来，国家持续优化电子商务营商环境，国务院聚焦平台经济发展面临的突出问题，于2019年8月1日出台了《关于促进平台经济规范健康发展的指导意见》，加大政策引导、支持和保障力度，创新监管理念和方式，落实和完善包容审慎监管要求，推动制定《电子商务法》实施中的有关配套规则和建立健全适应平台经济发展特点的新型监管机制，着力营造公平竞争的市场环境。2019年10月22日，国务院公布了《优化营商环境条例》，规定政府及相关部门应当按照鼓励创新的原则，对新技术、新产业、新业态、新模式等实行包容审慎监管，针对其性质、特点分类制定和实行相应的监管规则和标准，留足发展空间；同时，确保质量和安全，不得简单化予以禁止或者不予监管。随着法规、政策体系的不断完善，营商环境持续优化，世界银行发布的《2024年营商环境报告》显示，中国排名从一年前的78位跃升至46位，一次性提高32位。

3.实践成效

（1）数据信息利用和保护水平显著提升

针对移动App强制授权、过度索权、超范围收集个人信息的违法违规现象，2019年，《中央网信办 工业和信息化部 公安部 市场监管总局关于开展App违法违规收集使用个人信息专项治理的公告》发布，宣布在全国范围内开展专项治理。在专项治理工作中，对1 000余款App的协议文本、使用体验、技术细节三方面进行了测试，并督促问题严重的App进行整改。2019年11月28日，中央网信办、工业和信息化部、公安部、国家市场监督管理总局联合制定了《App违法违规收集使用个人信息行为认定方法》，对明示收集使用个人信息的目的、方式和范围，经用户同意收集使用个人信息的条件，以及违反必要原则，收集与提供的服务无关的个人信息等方面进行了规定，为明确App收集使用个人信息的操作规则、指引App运营者自查自纠、评估和处置App提供了参考。

（2）知识产权保护与治理不断强化

为加大对侵权行为的打击力度，提高知识产权执法水平，国家有关部门积极制定知识产权保护与治理的相关政策。2019年4月，国家市场监督管理总局、国家知识产权局印发了《2019年知识产权执法"铁拳"行动方案》，要求建立线上排查、源头追溯、协同查处机制，推进线上线下一体化执法，严厉查处电子商务经营者存在的侵权、假冒违法行为；国家市场监督管理总局发布《假冒伪劣重点领域治理工作方案（2019—2021）》，明确指出持续开展专项治理，治理假冒伪劣大案要案，净化生产源头和流通网络；国家知识产权局办公室印发《2019年度全国知识产权系统执法保护专项行动方案》，指导各地方知识产权管理部门积极开展专项行动，加大对知识产权侵权假冒行为的打击力度；中共中央办公厅、国务院办公厅于2019年11月印发《关于强化知识产权保护的意见》，要求完善新业态、新领域保护制度。

《中国电子商务知识产权发展研究报告（2021）》指出，通过在完善保护规则体系、构建多元共治的治理模式、加大打假防假技术研发和应用投入力度三个方面积极作为，中国电子商务领域知识产权保护取得了显著成效。

（3）电子商务标准体系日渐完善

没有标准化就没有现代化，标准化是现代经济社会运行的重要基础，也是推动现代经济发展的重要抓手之一。中国电子商务多年来砥砺前行，随着"一带一路"倡议的推进、《电子商务法》的实施以及5G、人工智能、区块链、物联网、云计算等新技术的应用，中国电子商务标准化、国际化、品质化趋势日益明显，质量与标准的建设步伐不断加快。

2018年发布的《电子商务交易产品信息描述—家具》《电子商务交易产品信息描述—玩具》《电子商务交易产品信息描述—塑料材料》《电子商务交易产品信息描述—煤炭》和2019年发布的《电子商务平台服务保障技术要求》《电子商务交易产品质量网上监测规范》《电子商务数据资产评价指标体系》《电子商务产品执法查处取证规则》《电子商务产品质量监测抽样方法》等标准，不断推动中国电子商务标准体系的完善，促进治理能力和水平的提升，为电子商务行业的规范发展提供保障和支撑。

（4）电子商务市场环境进一步优化

诚信、公平的市场环境是电子商务快速健康发展的前提，但网络市场的虚假宣传和不正当竞争等问题屡禁不止。为全面治理虚假互联网广告等问题，2019年国家市场监督管理总局印发了《关于深入开展互联网广告整治工作的通知》，针对医疗、药品、保健食品、房地产、金融投资理财等关系人民群众身体健康和财产安全的虚假违法广告，加大执法力度，压实互联网平台主体责任，着力祛除互联网广告市场"顽疾"。

此外，2019年发布的《国务院办公厅关于促进平台经济规范健康发展的指导意见》提出，要建立健全协同监管机制。广东省东莞市市场监督管理局先后与阿里巴巴、美团、饿了么签署合作备忘录，实行线上线下一体化监管、政府与企业平台立体式共治；以电子商务行业为试点，探索"协会排查预警-企业自查自纠-行政部门查处违法行为"社会组织协同监管模式，指导市电子商务协会完成近万家网站网店的排查、源头治理和行业风险防范。

（5）电子商务网上争议解决机制日益成熟

随着电子商务的快速发展，与电子商务有关的争议案件不断增多，互联网法院、互联网仲裁以及在线调解工作不断推进，为网络纠纷的妥善解决提供了全面、多样化的方式，促进了纠纷的快速化解，推动了电子商务环境进一步优化。

①互联网法院。2017—2018年，杭州、北京、广州互联网法院相继成立。3家互联网法院共设置8个互联网专业审判庭，有84名法官，法官平均从事审判工作年限10年以上，年人均结案700件以上。互联网法院作为集中管辖互联网案件的基层人民法院，以"网上案件网上审理"的新型审理机制为主，集中管辖所在市辖区内的网络金融借款合同纠纷、网络购物合同纠纷、网络服务合同纠纷、网络侵权纠纷、网络著作权纠纷等11类互联网案件，基本涵盖了电子商务领域的常见纠纷类型。

②互联网仲裁。近年来，国家十分重视仲裁作为国际通行的纠纷解决方式的发展。党的十八届四中全会提出"完善仲裁制度，提高仲裁公信力"的改革任务；党的十九大提出要加强预防和化解社会矛盾机制建设，开启了中国特色社会主义仲裁事业发展的新征程。2019年4月16日，中共中央办公厅、国务院办公厅印发了《关于完善仲裁制度提高仲裁公信力的若干意见》，提出要积极发展互联网仲裁；要适应互联网等新经济新业态的发展需要，依托互联网技术，建立网络化案件管理系统以及与电子商务和互联网金融等平台对接的仲裁平台，研究探索线上仲裁、智能仲裁，实现线上线下协同发展；建立并完善互联网仲裁规则，明确互联网仲裁的受案范围，完善仲裁程序和工作流程，为当事人提供经

济、便捷、高效的仲裁服务；研究仲裁大数据建设，加强对仲裁大数据的分析应用，推动与相关部门数据的互联互通，构建多方参与的网络治理协作机制，有效化解涉网纠纷，促进仲裁与互联网经济的深度融合。

为贯彻落实互联网仲裁发展要求，各地仲裁委根据相关意见分别在网络仲裁技术、网络仲裁模式以及互联网仲裁规则等方面不断改进和完善，推动互联网仲裁的进一步发展。

③在线调解。传统的争议解决方式相对复杂且成本较高，难以适应互联网经济发展的需求。随着互联网对人们生活的渗透普及，民众对纠纷解决的便捷性要求越来越高。为此，最高人民法院于2018年年初启动人民法院调解平台，覆盖纠纷受理、分流、调解、反馈等流程，实现在线办理当事人诉前调解、诉中和解和司法确认等事项。

【素养课堂6-2】

新时代的中国网络法治建设

互联网是人类文明发展的重要成果。互联网在促进经济社会发展的同时，也对监管和治理形成了巨大挑战。发展并治理好互联网，让互联网更好地造福人类，是世界各国共同的追求。实践证明，法治是互联网治理的基本方式。运用法治观念、法治思维和法治手段推动互联网发展和治理，已经成为全球的共识。

自1994年全功能接入国际互联网以来，中国坚持依法治网，持续推进网络空间法治化，推动互联网在法治轨道上健康运行。进入新时代，在习近平新时代中国特色社会主义思想的指引下，中国将依法治网作为全面依法治国和网络强国建设的重要内容，努力构建完备的网络法律规范体系、高效的网络法治实施体系、严密的网络法治监督体系、有力的网络法治保障体系，网络法治建设取得历史性成就。网络立法、网络执法、网络司法、网络普法、网络法治教育一体化推进，国家、政府、企业、社会组织、网民等多主体参与，走出了一条既符合国际通行做法又有中国特色的依法治网之路。中国的网络法治建设不仅有力提升了中国互联网治理能力，也为全球互联网治理贡献了中国智慧和中国方案。

资料来源 国务院新闻办公室.《新时代的中国网络法治建设》白皮书［EB/OL］.［2023-03-16］. https://www.gov.cn/zhengce/2023-03/16/content_5747005.htm.

【实训项目】

移动商务法律案件分析

一、实训目的

（1）了解移动商务面临的主要法律问题。

（2）能够运用移动商务相关法律解决实际问题。

（3）培养学生的法律意识。

二、实训要求

（1）能够跟踪、了解电子商务立法的最新信息。

（2）能够做到遵纪守法、合法经营。

三、实训内容

（1）通过移动商务法律案例，分析其涉及的问题是哪种类型，该如何应对这一类型的事件。

案例：某网络平台超级VIP会员吴某，因84.54%的高退货率，被唯品会依据用户协议冻结了账户，吴某不服向法院起诉。法院经审理认为，消费者虽享有退货权，但若退货率长期高于消费者普遍的退货率，则有悖于诚实信用原则，构成权利滥用。

（2）请同学们查询电商主体类型、服务协议与交易规则、电商信用制度、平台责任、平台知识产权保护、数据权属争议和劳动关系纠纷七大类型案例，掌握各类法律案件的应对策略。

四、实训方法与步骤

（1）资料收集：通过互联网查找移动商务营销活动中发生的法律案件，详细描述案件内容，要求案件具有典型性。

（2）案例分析：通过查找相关的法律条款，明确案件类型。

（3）制订处理方案：小组内部讨论，分析每类法律案件的处理措施。

（4）形成成果：教师引导，学生对案件进行分析、总结与整理，分组制作移动商务法律案件分析PPT。

（5）成果展示：小组课堂展示PPT并汇报。

（6）实训考评：教师根据学生的汇报情况对学生的表现进行点评，然后由学生自评、互评，教师最后进行总结。

【本章测试】

【本章小结】
本章测试

答案

一、单项选择题

1.（　　）不是移动商务面临的主要安全威胁。

A.无线窃听　　　　B.网络拥堵　　　　C.身份冒充　　　　D.软件病毒

2.在移动商务中，（　　）可以保障数据信息的完整性。

A.数字签名技术　　B.防火墙技术　　　C.加密技术　　　　D.杀毒软件

3.（　　）不属于移动商务立法保障的内容。

A.个人信息保护　　　　　　　　　B.知识产权保护

C.网络安全　　　　　　　　　　　D.移动终端外观设计

4.在移动商务认证中，（　　）主要源于无线信道的开放性。

A.身份认证的安全风险　　　　　　B.认证标准的统一性与互操作性

C.法律责任界定不清　　　　　　　D.监管主体分散化

5.在移动商务证据中，电子证据具有（　　）特性。

A.易保存性　　　　B.稳定性　　　　　C.不易伪造性　　　D.直观性

6.作为我国电商领域首部综合性法律、电子商务法律法规领域的"宪章"，《电子商务法》于（　　）年1月1日正式实施。

A.2018　　　　　　B.2019　　　　　　C.2020　　　　　　D.2021

7.（　　）不属于移动商务合同法律问题面临的挑战。

A.合同形式与效力认定　　　　　　B.交易安全与信任机制

C.移动终端操作系统安全　　　　　D.平台责任与治理义务

8.在移动商务安全技术中，（　　）用于提供消息认证的安全机制。

A.机密性保护技术　　　　　　　　　B.完整性保护技术

C.匿名性保护技术　　　　　　　　　D.容错技术

二、多项选择题

1.移动商务面临的主要安全威胁包括（　　　）。

A.无线窃听　　　　　　B.漫游安全　　　　　　　　C.身份冒充

D.网络延迟　　　　　　E.软件病毒

2.移动商务的安全管理策略包括（　　　）。

A.国家层面　　　　　　B.企业层面　　　　　　　　C.个人层面

D.社会层面　　　　　　E.国际层面

3.移动商务立法保障涉及（　　　）等方面。

A.个人信息保护　　　　　　　　　　B.知识产权保护

C.网络安全　　　　　　　　　　　　D.移动终端外观设计

E.电子签名

4.移动商务证据的效力认定需要遵循（　　　）原则。

A.自由认证为主、参照标准为辅的原则

B.平等赋予的原则　　　　　　　　　C.综合认定原则

D.直观性原则　　　　　　　　　　　E.稳定性原则

5.移动商务支付面临的法律问题主要包括（　　　）。

A.用户信息与资金安全　　　　　　　B.沉淀资金与洗钱风险

C.未经授权的支付责任　　　　　　　D.市场准入与监管缺位

E.支付平台的稳定性

三、简答题

1.简述移动商务面临的主要安全威胁及其应对措施。

2.阐述我国移动商务安全发展策略应从哪些层面进行制定？

主要参考文献

［1］王忠元，张明勇．移动商务基础［M］．2版．北京：中国人民大学出版社，2022.

［2］许应楠，刘婷，周萍．移动电商基础与实务（慕课版）［M］．2版．北京：人民邮电出版社，2022.

［3］张成武，刘晓艳．移动商务基础［M］．北京：北京师范大学出版社，2023.

［4］王亮，李岚．移动电子商务基础［M］．西安：西安电子科技大学出版社，2021.

［5］黄轲，金晓，裴蕾．移动电子商务基础与实务（微课版）［M］．3版．北京：人民邮电出版社，2024.

［6］方英．移动商务基础与实务（慕课版）［M］．北京：人民邮电出版社，2023.

［7］王贤君．移动电子商务基础与实务［M］．北京：中国人民大学出版社，2021.

［8］钟元生，徐军．移动电子商务［M］．2版．上海：复旦大学出版社，2020.

［9］黄轲，谢超，易俗．移动电子商务基础与实务（慕课版）［M］．2版．北京：人民邮电出版社，2021.

［10］李志刚．移动电子商务运营［M］．北京：机械工业出版社，2023.

［11］刘雷，汤飞飞．移动商务运营（慕课版）［M］．北京：人民邮电出版社，2021.

［12］罗晓东，吴洪贵，潘峰．移动商务运营［M］．南京：南京大学出版社，2024.

［13］邓金梅．移动营销（慕课版）［M］．北京：人民邮电出版社，2021.

［14］娜日．移动商务实用教程［M］．上海：上海交通大学出版社，2020.

［15］魏振锋，张小华．移动营销实务［M］．北京：电子工业出版社，2021.

［16］曾令辉，崔野，倪海青．移动互联网运营（中级）［M］．北京：人民邮电出版社，2021.

［17］陈月波．移动电商实务［M］．2版．北京：中国人民大学出版社，2020.

［18］胡守忠，陈洁，胡璇，等．移动商务［M］．北京：清华大学出版社，2022.

［19］王忠元．移动电子商务［M］．3版．北京：机械工业出版社，2022.

［20］张作为．移动电商运营（慕课版）［M］．北京：人民邮电出版社，2020.

［21］高长元，杜巍．基于用户体验的移动商务推荐模式［M］．北京：科学出版社，2021.

［22］王红蕾，安刚．移动电子商务［M］．3版．北京：机械工业出版社，2023.

［23］陈庆，黄黎，徐艺芳，等．移动商务文案写作［M］．2版．北京：人民邮电出版社，2023.

［24］李小斌. 移动电子商务［M］. 2版. 北京：中国人民大学出版社，2022.

［25］钟元生，许艳，李普聪，等. 移动商务：新应用新创意［M］. 2版. 北京：清华大学出版社，2023.

［26］秦绪杰，葛晓滨. 移动电子商务教程［M］. 2版. 合肥：中国科学技术大学出版社，2021.

［27］吴洪贵，陈文婕. 移动商务基础［M］. 北京：高等教育出版社，2019.